燕赵文艺名家丛书·文学

从《史记》出发

傅剑仁 著

河北出版传媒集团
河北教育出版社

图书在版编目（ＣＩＰ）数据

从《史记》出发 / 傅剑仁著 . -- 石家庄 : 河北教
育出版社 , 2025.3. -- （燕赵文艺名家丛书：文学）. -- ISBN
978-7-5545-9089-8

Ⅰ . K204.2

中国国家版本馆 CIP 数据核字第 20251GQ236 号

燕赵文艺名家丛书·文学

从《史记》出发

CONG SHIJI CHUFA

作　　者　傅剑仁

出 版 人　董素山

选题策划　汪雅瑛

责任编辑　荆　蕊

特约编辑　赵鑫雅

装帧设计　郝　旭

出版发行　河北出版传媒集团

河北教育出版社 http://www.hbep.com

（石家庄市联盟路 705 号，050061）

印　　制　石家庄名伦印刷有限公司

开　　本　787 mm×1092 mm　1/16

印　　张　20.5

字　　数　273 千字

版　　次　2025 年 3 月第 1 版

印　　次　2025 年 3 月第 1 次印刷

书　　号　ISBN 978-7-5545-9089-8

定　　价　108.00 元

序言

　　文化兴则国家兴，文化强则民族强。燕赵文化源远流长、博大精深，形成了慷慨悲歌的燕赵精神，孕育了灿若星河的文艺名家。他们立时代之潮头、发时代之先声，传承着河北文艺的优良传统，书写和记录着人民的伟大实践，为河北文化事业的繁荣发展做出了巨大贡献。

　　星河灿烂，艺道日新。为了继承和发扬老一辈文艺名家的宝贵精神，发挥好他们在文艺创作道路上的"传帮带"作用，推动文艺繁荣发展，河北省坚持以习近平文化思想为指导，组织实施了文艺名家推出工程、中青年文艺人才"秀林计划"、文艺后备人才"春苗行动"、文艺名家情系河北"故乡创作计划"，通过每年为文艺名家出版专著、召开研讨会、成立工作室等方式，支持名家开展创作、发展事业，鼓励名家收徒传艺、扶携后辈，勉励新一代文艺工作者见贤思齐、接续奋斗，努力形成河北文艺事业长江后浪推前浪的生动局面，构建"老中青梯次衔接、省内外交相辉映"的人才格局。

　　作为文艺名家推出工程的重要内容，省委宣传部会同省文联、省作协开展了"燕赵文艺名家丛书"的编辑出版工作，按照"一人一书"的原则，为我省文艺名家出版作品集或个人专著，集中展示文艺名家的创作历程、奋斗精神和创作成果，强化文艺名家的行业引领效应，带领人才成长、带动文艺事业发展。首批文艺名家包括张峻、尧山壁、封秋昌、蔡子谔、刘小放、边国政、梅洁、刘家科、何玉茹、傅剑仁、谈歌等 11 位著名作家，以及边发吉、旭宇、郑一民、铁扬、孙德民、曹贤邦、刘瑞新等 7 位著名艺术家。

择一事，终一生。这 18 位著名作家、艺术家，是河北文艺发展的实践者和见证人，代表着一个时代的文艺水平和精神。他们用一生的文艺实践，走出了一条扎根时代、扎根人民的创作之路；他们用无愧时代的精品，绘就了欣欣向荣的文艺画卷；他们用发自内心的真诚和热爱，传递了生生不息的文艺薪火。全省广大文艺工作者要以名家为榜样，不忘初心、牢记使命，不负时代、不负人民，创作更多思想精深、艺术精湛、制作精良的优秀作品，热忱描绘新时代新征程的恢宏气象，书写生生不息的人民史诗，奋力攀登新时代文艺新高峰！

编委会

2024 年 9 月

目 录

从《史记》出发

1

从《史记》出发

从《史记》出发

读史的路径
——《从〈史记〉出发》

贾平凹

《从〈史记〉出发》在《美文》连载一年多，读者反响很好，现在要结集出版，我向剑仁先生祝贺。

从《史记》出发，不是从书本出发，而是从历史经验出发，这是这本书的基础。一本书像一座房子，基础很重要。基础是立脚点，是根本。历史是过去发生的事，有价值的历史里藏着有价值的人和事。读史是采矿，是从中寻找价值和意义。读历史有两条途径，一种是做学问，做研究，这是学者从事的工作；另一种是致用，是资政，把历史当镜子，为正衣冠，也为更清醒地观察现实。用以做学问的人读史，如大学历史系的教授，如历史研究所的专家，是采矿中的"系统开采"，层层剥离，循序渐进，寻朝代沿袭规律，得发展流变原则。用以致用的人读史，因目标在心，是"掠夺性开采"，删繁从简，走的是距目的地最近的那条路。剑仁先生是第二种读史方法。《史记》不仅是一部文学大书，更是一部历史哲学大书，可读，可再读，可反复读。剑仁先生是从历史和生活哲学层面去读的，有知，有识，有趣，有益。

读历史得出的认识叫远见，相对应的叫短视。从大处讲，人的外在环境没有太大的变化，太阳还是那个太阳，月亮还是那个月亮，天体还是那样星罗棋布着。变化的是朝代，是人，是人的思维方式和行为方式。我们常说的"自古以来"，那个"古"是很有限的，最早可上溯到人祖初现的"五千年文明"，和身处的宇宙大环境比较，人类的历史是很短暂的。明白了这个道理，如何读历史就会简单得多。读历史，就是让人认识到现实生活中短视行为的可怕。

我和剑仁先生没见过面，和许多作家一样，是通过文章彼此了解和熟悉的。《美文》开设专栏写作，发表长篇文章，一为了开阔散文认识的促狭局面，二是为了直视现实生存。散文写作如何更清醒地抒写现实，是作家们共同面临的问题和难题，解决好这个问题已成为我们这一代作家不可推卸的责任。

是为序。

2008 年 8 月 3 日

炎黄华夏

　　盘古开天地以后，发源于黄河、长江流域的炎黄祖先，从黄河、长江出发，走向广阔且蛮荒的华夏各地，开垦放牧，繁衍生息，生育后代。他们用双脚丈量着华夏的版图，哪里就成为华夏的版图。年复一年的大自然造化，使得走向各地的炎黄祖先，在一定的区域形成了人类进化才有的民族特色，并以相应的文字、语言和区域，将中华民族的不同风格凸显出来。司马迁所著的《史记》，诠释了中国五十六个民族共有的炎黄印记。

　　毛主席说，自从盘古开天地，三皇五帝到于今。司马迁说，五帝的年代太久远了，就连残缺不全的《尚书》也只是记载尧、舜以来的事。讲到尧，当然不能不从残缺的《尚书》中追溯他的贵族出身。于是，司马迁从黄帝与炎帝的战争开始，梳理尧的祖先的发展脉络：炎帝神农氏势力衰弱，诸侯相互侵伐，于是黄帝轩辕举兵征讨，巩固了炎帝的统治地位；炎帝打算侵犯诸侯，黄帝于是带领诸侯，在阪泉之野三战炎帝，形成了自己统治天下的霸主地位；蚩尤作乱，黄帝率四方诸侯在涿鹿擒杀蚩尤；再经过黄帝子孙的若干代传接，使尧在黄帝的血脉中横空出世。在梳理尧的祖先这些遥远历史中，司马迁的刀笔没有刻意追溯什么叫炎黄子孙，但他传递了炎黄华夏的诸多信息。

　　司马迁写道：从前有四个口碑和德行都不好的人，一个叫"浑沌"，一个叫"穷奇"，一个叫"梼杌"，一个叫"饕餮"，尧把这四人放逐到四境最偏远的地区，叫他们去抵御人面兽身的妖魔鬼怪。这之后，司马迁的刀笔就再也没有光顾他们。这四个人可都是名门之后，他们被放逐到最偏远落后的地方之后，不会坐在那里等死，也不大可能被本就不存在的人面兽身的妖怪吃掉，而是千方百计生存下来，并不断求得发展壮大，这是他们唯一的出路和选择。可以想象，若干年以后他们成为一方诸侯是可能的，成为一国之君也是可能的。虽然他们在蛮荒之地的生存会打上强烈的部落印记，但他们是炎黄子孙这一点，永远都不会改变。

《史记·周本纪》卷四写到周朝的明君古公亶父。古公继位后弘扬周朝祖先后稷的伟业，做了许多修德爱民的事情，得到全国民众的拥戴。因为国家兴盛，百姓富庶，周边的少数民族便来掠夺财物。面对掠夺，民富国强的周朝完全有能力给予痛击，可古公不这么做。他采取的做法是，人家来夺，他就给；人家觉得古公居住的豳地不错，要他的领地，古公便带着自己的亲人和愿意与他同行的臣僚离开豳地，越梁山，渡漆、沮二水，定居于岐山之下。

面对外敌入侵，国君丢弃国土、舍弃人民、远离而去，这在今天的人们看来，是绝对不能容忍的！

但我们不能超越历史。古公当时的做法，不能完全用我们今天的目光来衡量。今天我们拥有九百六十万平方公里的广阔领土，如果哪个国家企图掠夺我国的一寸土地，我们绝不答应！但古公当时的情况就不是这样了。同是炎黄子孙，地广人稀，有待开垦的沃土多的是，开垦起来、繁衍起来、发展壮大起来是炎黄子孙的头等大事。在这样一种时代背景下，战争就只是一家之内的兄弟之争，掠夺是一家人的你争我夺。虽然同根同源的自家兄弟不该这么做，但众多兄弟的脾气性格各异，有的性情暴躁，生性好斗，在这种情况下，就得有人做出忍让，息事宁人，求个不兵戎相见，图个百姓不生灵涂炭。如果谁也不让谁，就会导致同室操戈。这样一来，损害的就不只是各自圈定的区域利益，而是庶民百姓的生产、生活和生命，是炎黄华夏的发展。

古公到达岐山脚下之后，开辟耕地，建设城郭，不久又名扬天下。

司马迁的刀笔如此记载：豳地的百姓扶老携幼，翻梁山，越漆水、沮水，又全部归附古公，定居岐山，安居乐业，过着幸福生活。不仅如此，岐山周边的人们，包括曾经侵犯过周朝的少数民族，也纷纷前来归附。岐山，于是成了周朝的经济文化中心，成了司马迁笔下贤明君王施贤布道的发祥地。

　　周朝古公亶父处理的这一事件说明，远古时代的自然条件非常恶劣，生产力水平极其低下，在这种情况下，人类能够生存下来并繁衍生息才是最重要的。一个家族、一个部落需要大量增加人员数量，以形成与大自然抗争、与其他部落抗争的生存力量。那个时候的炎黄子孙，只有部落之分，没有民族之分，所谓戎狄、胡奴、西南夷等，不是民族的划分，而是相对发达地区的人们对地处偏远落后地区人们的一种贬称。随着历史的向前推进，强大的家族部落几经战火锤炼之后组成了国家。一度在华夏广阔的领土上，成立了很多国家，且各国所占的地盘都不大，大都源于其部落的原始版图。那时的中国大地上，"天下共主"周天子册封了成百上千个国家。到春秋末期，孔丘在摘掉鲁国的司寇官帽后，潜下心来写了一本《春秋》，一口气搬出被其他国家打败并灭亡的五十二个国家，探究其被灭亡的原因。写进《春秋》被灭亡的国家是五十二个，没有灭亡的还有多少呢？恐怕连孔老夫子本人都搞不清楚。

　　因为源于黄河、长江，源于炎黄这一同祖同根，各部落、各民族乃至各国的交往，很早就从未间断过。从此国到彼国做官，从彼国来此国为臣的现象，在司马迁的《史记》中经常见到。只是在秦始皇统一全国后，炎黄华夏各民族才汇聚在中国这面旗帜下。

尧、舜的大德

上古时期的尧帝、舜帝是人们传说中的好君主，以至毛主席都以"六亿神州尽舜尧"的著名诗篇对这两个君主给予褒奖。

尧、舜二帝到底好在哪里？司马迁写道：尧帝差人考察日月星辰的运行，定出了一年的历法，并传授给百姓。从此以后，天下百姓知道，一年中日夜长度均等，傍晚鸟星在正南方出现的这一天是春分，是播种耕作的日子；一年中白天最长，傍晚火星在正南方出现，这一天是夏至，是庄稼需要全力助耕的日子；一年中日夜长度均等，傍晚虚星在正南方出现，这一天是秋分，这个时节庄稼熟了，该收割了；一年中白天最短，傍晚昂星在正南方出现，这一天是冬至，到了这个时节，就要将收获的果实储藏起来了。尧帝着人确定的这些时令季节，足以叫天下百姓享用万代千秋。

至于舜帝，司马迁要写得更详细了。他命皋陶做狱官，能主持天下公平，百姓信服；他命伯夷主持礼仪，上上下下都能礼貌谦让；他命弃主持农业，天下谷物获得丰收；他命契做司徒，百姓之间相亲和睦；他命禹治水，九州的大江大河从此畅通。舜帝任命的二十二位大臣，个个忠于职守，功绩显赫。事实上，上古华夏政府管理机构的雏形，在舜的二十二位大臣身上得到最早的印证。

这些事关时令节气的确定、国家管理体制创立的大事，是前无古人的，也是后代享用不尽的，无疑要算作尧、舜二帝的大德。

但司马迁的刀笔告诉后人，尧、舜还有一个共同的大德，即选择好的接班人。

尧在位七十年后，开始选择接替他的人。按照老祖宗黄帝的传统，是把君位传给儿子或孙子的，但这个传统被尧帝改变了。他有法定继承的儿子叫丹朱，可他并没有把君位传给丹朱，而是传给了舜，原因是丹朱不贤，舜贤。他如是说："把天下传给舜，全天下都可得到好处，只是丹朱痛苦；如传给丹朱，全天下便都痛苦，只有丹朱得到好处。总不能拿天下的痛苦，去造福一个人吧！"

选择舜，是有原因的。舜虽也有贵族血统，但到他父亲时，已经降为贱民了。舜的父亲在舜的母亲死后续弦生了个弟弟叫象。象成了这家的宝贝，父亲和象总找碴儿杀舜，可舜一次次死里逃生。一次，舜爬到仓库上抹缝隙，他父亲便从下面点火，熊熊大火把仓库烧成了灰烬，舜靠两个斗笠护着，跳下来逃生了。又一次，舜挖井，待井挖深了以后，父亲和弟弟象便使劲往里填土，把个井填了个结结实实。他们以为这回舜死定了，不承想，舜预先有准备，早就从旁边挖了一个斜洞，从斜洞里逃了出来。虽多次遭到父亲和弟弟的暗算，舜不予计较，仍然恪守孝道，尽儿子和兄长之礼。因此，舜被尧帝选为接班人。据司马迁记载，舜帝继位后，回家省亲，不仅非常孝敬父亲，而且对弟弟象也很关爱。

尧帝把舜选为接班人后，特地把自己的两个女儿许配给舜为妻，同时派出自己的九个儿子和舜共处，以观察他如何做人处事。观察的结果是，舜的家居行为认真不苟，尧的两个女儿不敢因为身份高贵而骄傲，侍奉舜的父母和弟弟，能遵守为妇之道，尧的九个儿子也都更加友爱。舜在历山耕种，历山的人都能互让自己的田界；在雷泽捕鱼，雷泽的人都能互让自己的住所；在黄河岸边做陶器，黄河沿岸出产的陶器没有粗制滥造的。舜居住过的地方，一年后便成村落，两年后便成城邑，三年后便成都市。如此观察考验了二十年后，尧帝令舜代行天子之职。这一代又是八年。尧帝去世，天下人像死了父亲一样伤心痛哭。服丧三年后，舜为让位给尧帝的儿子丹朱，避走南方。只是各诸侯不去朝见丹朱，而是翻山越岭去朝见舜，舜才推托不过登上君位。

舜三十岁开始接受尧帝的考验，五十岁代行天子之职，六十一岁登上帝位，在位三十九年而终。舜执政二十二年后，命禹代行天子之职。禹为了治理水患，结婚四天后便外出治水，一去便是十三年，多次路过家门而不入。他陆行乘车，水行乘船，遇到泥泞的路就用橇行走。十三年下来，疏通了九州河川的壅塞，使之流入海中，天下百姓因此得以安居乐业。舜帝并不是没有儿子，且司马迁的刀笔并没有刻下他儿子"不贤"之类的字眼，可他为了天下社稷，为了黎民百姓的幸福，似尧帝那样，把君位传给了被实践证明能为百姓谋幸福的人。

这，就是尧、舜二帝的大德。

之所以称其为大德，是因为在民主和法制尚处于朦胧状态的我国上古时期，司马迁的刀笔反复刻写着这样一个颠扑不破的真理：好皇帝当政，天下太平，人民幸福。

怪褒姒什么呢

褒姒，这个我国上古时期的美女，因为被昏庸的周幽王宠幸，还因为不爱笑，惹得后人连绵不绝地骂。

其实，能怪褒姒什么呢？

有人爱笑，有人不爱笑，这是性格使然，美女也不例外。

褒姒生性不爱笑，幽王为了取悦褒姒，把她逗出笑来，想了不少怪招，可褒姒愣是笑不出来。于是，幽王把褒姒领到烽火台，点燃烽火。刹那间狼烟划破蓝天，各诸侯领着兵马纷纷赶来。这本是周王室与各诸侯的约定，只要燃起烽火，便说明有外敌入侵，各诸侯必须率兵前来救援。幽王燃起烽火后，各诸侯心急火燎地率兵前来抗敌，结果不见敌人影子，见到的只是幽王与褒姒在烽火台取乐，一个个气得瞪圆双眼，不知说什么好。直到这时，褒姒才觉得好笑，笑出声来。

各诸侯受了这次骗以后，不再遵守约定了。后外敌入侵，幽王燃起烽火，各诸侯看到烽火后直骂娘，谁也按兵不动。结果幽王被杀，褒姒被掳，周朝的脚步从此踏进了春秋时代。

这以后，人们就开始骂褒姒了，骂她是妖女，骂她是毁灭周王朝的罪魁祸首。

褒姒挨骂是应该的，作为幽王最宠幸的女人，当幽王以破坏王室约定来取悦她时，她应当坚决制止，毕竟这是事关国家社稷安危的大事。再说，笑一下又不是什么难事，你褒姒认真笑一回，满足一下幽王这个要求不就得了。

但从根本上说，怪不得褒姒什么。她一个女人家，未必知道周王室与各诸侯有这么个约定。再说，周朝从周文王开始，历经武王伐纣、周公摄政、成王伐夷、穆王伐戎等若干代，王位传到幽王的爷爷厉王手里以后，王室开始衰败了。幽王的爷爷厉王、父亲宣王和幽王连续以暴虐暴政对天下进行糟蹋，因而周朝被新的王朝取代是大势所趋，绝非一个褒姒笑或不笑所能逆转的。

幽王的爷爷厉王，在位三十年。这家伙贪图货利，重用小人，暴虐奢侈，搞得天下民怨沸腾。他为压制人们的议论，特地找来一个巫师，命他监察怨谤的人。巫师向他报告谁背地里骂了他，他便下令把谁杀掉。这一来，"国人莫敢言，道路以目"。人们在路上遇见了，不敢说话问候，只能以目示意……

幽王的父亲宣王，刚继位时还能听从臣僚的劝告，做点修政爱民的事，但不多久，他的尾巴就夹不住了。他废弃亲耕之礼，率军在千亩籍田上与姜氏之戎打仗，被打败之后，又在太原点阅人民，做了许多暴政扰民的事。

幽王继位后，不仅全盘继承了父辈暴政扰民的那套做法，而且走得更远。史载，幽王继位的第二年，西周大地震，泾、渭、洛三条大河同时枯竭，岐山崩塌。司马迁这么写，是为了说明上天在昭示周朝的灭亡。因为历史上伊水、洛水枯竭而夏亡，黄河枯竭而商亡，泾、渭、洛三条大河同时枯竭，周朝能不亡吗？

可能是写点山崩水枯还不过瘾，司马迁把褒姒拉进来，写她的妖气，以加重周朝气数已尽的色彩。

司马迁写道：夏朝灭亡之前，有两条神龙降落在夏帝的庭院前，夏帝叫人占卜，占卜出来的结果是杀不行，赶走不行，留下也不行，只有把这两条神龙的涎沫储藏起来，才能躲过这一劫。于是，夏帝摆开祭祀的礼仪，以简策告请神龙。结果神龙瞬间消失，留下一堆涎沫，夏帝便用箱子收藏起来。夏朝灭亡后，这个箱子传到商朝，商朝灭亡后，这个箱子又传到了周朝，历经三朝，没有人敢打开。传到幽王的爷爷厉王手里后，他打开了。箱子一打开，涎沫流得满庭院都是，怎么清理都清理不干净。于是厉王使出怪招，叫女人全部脱光衣服，对着那满庭院的涎沫乱喊乱叫。这一招果然灵验，流得满庭院的涎沫瞬间收缩，变成了一只鼋鱼，窜到厉王的后宫。后宫一个七八岁的侍女正好出来，碰上了这只鼋鱼，鼋鱼便不见了，小侍女也就怀孕了，直到十五岁那年才分娩，生出来的就是美女褒姒。在司马迁笔下，神龙的涎沫就是祸水，这股祸水在厉王手里变成了褒姒，美女褒姒深得昏庸的幽王宠幸，她以不爱笑的怪癖，引导幽王把周朝毁灭。

作为口头文学，褒姒的这个怪诞出身确能使人相信她就是妖女，就是祸水，是她最终把周朝毁灭。但作为历史，就必须尊重事实、遵循规律了。

其实司马迁的刀笔完全可以把厉王、宣王、幽王的暴政，以及一代不如一代的规律刻写清楚了，因而我们完全有理由相信，周朝的灭亡是必然的，怪不得褒姒什么。

君德在明

　　读战国时期的历史，风卷云涌的连年战乱中，搅得我糊里糊涂的是这个登台那个继位的君王。那时战国有七雄，加上南方百越部族，北方胡人、貉人首领，称君称王的无以数计，要彻底弄清这走马灯似的各国君主也是真难。倒是今日这王登台明日那君继位见得多了，在我的脑子里形成了这样一个认识：君德在明。

　　所谓"君德在明"，明在哪里？

　　首先要明在明智。君王主一国大事，责系春秋，首要的是搞清楚什么是国家大事，并把主要精力用在如何料理国家的大事上。如果大事抓不住，抓到手的尽是些鸡肠鸭肚的小事，这样的国君怎么能把国家治理好呢？怎么会有建树有政德呢？因此说，"君德在明"首先要明在明智。

　　其次要明在明断。君王处理国家大事，王公大臣断不了要提这样那样治国安邦的建议。这建议是人提出来的，免不了带有个人或家族门庭的感情色彩。君王的政德修明，就得表现在对所提的各种建议去伪存真、由表及里的明断上。

　　我的这个认识，是从齐威王身上获得的。

　　公元前三五五年，齐威王与魏惠王相约狩猎。闲聊中，魏惠王炫耀说："我们魏国虽小，尚有十颗直径一寸以上、可以照亮十二乘车子的大珍珠。你们齐国那么大，难道就没有宝贝吗？"齐威王说："我对宝贝的看法与你不一样。我的大臣中有位叫檀子的，派他镇守南城，楚国不敢来犯，泗水流域的十二个诸侯国都来朝贺；我的大臣中有位叫盼子的，遣他镇守高唐，赵国人怕得不敢到黄河边来打鱼；我的大臣中有位叫黔夫的，令他驻守徐州，燕、赵两国的人就会对着徐州祭祀求福，举家投奔的达七千多户；我的大臣中有位叫种首的，委他主管社会治安，国家能做到路不拾遗的太平。这些都将光照千里，岂止是照亮十二乘车子呢！"

两位君王对宝贝的不同理解，恰恰反映了两位君主在国家大事的处理上是否明智。魏惠王看重珠宝、齐威王看重人才的不同结果，历史做了无情的注脚。我们不妨拿公元前三五四年至公元前三二四年这段历史，对齐、魏两国的状况进行一下比较：

公元前三五四年，秦国军队击败魏国军队，夺取少梁；

公元前三五三年，齐国军队围魏救赵，在桂陵大败魏军；

公元前三五一年，秦国军队围攻魏国固阳城，予以攻克；

公元前三四一年，齐国出兵救韩国，大败魏军，俘虏了韩国太子；

公元前三三二年，魏国献出华阴向秦国求和；

公元前三三〇年，秦国进攻魏国，魏又献出少梁等地；

公元前三二九年，秦国进攻魏国，渡过黄河，夺取大片土地；

公元前三二八年，秦国围攻魏国蒲阳，予以攻占；

公元前三二四年，秦国攻打魏国，夺取陕县……

本来魏国就不大，我真担心历史往下翻，再翻几页魏国就被翻没了。而这期间的齐国，致力于修政整军，国势日臻强盛，开始强于诸侯了。

在同样的历史跨度中，齐国日益强大，魏国日益削弱，这与两国君王对宝贝的看法不同有没有关系呢？

值得一提的是，魏国早在魏武侯时期，就在"何为国宝"的问题上有过类似情况。一次魏武侯乘船顺黄河而下，他见岸边山势险峻，便对同乘的吴起说："这可是魏国的无价之宝啊！"吴起回答得很好，他说："国宝在于政德而不在于地势险要。"事隔三十多年后的魏惠王，视能照亮十二乘车子的珍珠为国宝，这究竟是无独有偶呢，还是魏氏王室就有这个遗传？这真叫人琢磨不透！能耐人琢磨且能琢磨透的是，凡国君的大德能在事关国家的大事上明智，也就能在处理朝政上明断。这似乎与国君的智商无关，倒颇似上天的刻意造化！

我们不妨还拿齐威王来分析。

齐威王手下有两个大夫，一个在即墨任职，叫即墨大夫；一个在阿地镇守，叫阿地大夫。这两个大夫的为官情况与传到齐威王耳朵里的截然相反：即墨大夫是每天都有受指责的话传来，而阿地大夫是每天都有受称赞的话传来。怎样评判这两个大夫，使该受称赞的赞而无虚，该受指责的责而无冤，齐威王没有听听了事，而是派人到即墨和阿地调查。根据调查的结果，齐威王奖赏了开辟整治田地、百姓安居乐业、官府平安无事、东方十分安定，但就是不巴结齐威王左右内臣的即墨大夫，赐封他享受万户侯的俸禄；严惩了田地荒芜、百姓饥困、对于邻国军队来齐夺城占地坐视不救的阿地大夫，将他处以烹刑。这还没完，齐威王又把自己身边收受阿地大夫重金而替他说好话的左右内臣，一并扔到滚开的锅里煮了，用以告诫臣僚们不要弄虚作假，要诚实做官、扎实做事。

史载，齐国因此大治，"强于天下"。

我第一次读到齐威王这个故事时，禁不住拍案叫绝。以后每每再读，每每拍案叫绝。好一个齐威王！身负治国安邦之要责，心系强国富民之大事，竟能在日理万机中做到如此斩钉截铁的明断，齐国岂有不盛之理！

古人讲，仁义是大德。孔老夫子主张"为政以德"，后人还有推崇"勤政为德"的。这些无疑都是对的！但我推崇"君德在明"。作为君王，首要的是在举国上下纷繁复杂的大事中抓住最大的事，在最大的事上明思路、明政策、明法度、明目标，其他的都可以放一放。就像海上航船一样，船长只管把好方向，拖甲板之类的事大可不必亲自去管。

这就是我推崇"君德在明"的原因！

文章写到这里，我又在想：君德在明，臣德呢？臣德在什么？

臣德在公

写完"君德在明"，我就开始琢磨臣德在什么。

通常的说法是"臣德在忠"，忠于君主，忠于职守。过去的文学作品特别是戏剧，从主题的人物塑造到脸谱变化，都给人们刻画并赞美了"忠臣"。我倒是赞赏为臣要忠的，一个"忠"字，便把人的秉性不移、忠贞不贰、义气凛然等等全囊括进去了。但作为臣僚的大德，我又觉得"忠"虽然很重要，却不是最主要的。

什么是臣德最主要的呢？我们还是回到历史的殿堂中去，请出司马迁笔下的王公大臣分析一下看吧。

刚写完齐威王，那就先从他分析起。齐威王在对即墨大夫和阿地大夫的处理上，不听谗言，用处死阿地大夫、奖励即墨大夫的明断昭示了大德。我们不妨假设一下，如果齐威王派出的使臣不实事求是，或者说阿地大夫同样用重金贿赂的手法把使臣收买了，使臣回报齐威王的与他身边谗臣灌进他耳朵的一样，齐威王再明断，结果还能是史书中记载的那样吗？当然，这之中使臣"德"的表露，不排除有"忠"的成分，但更主要的，我以为是公，即实事求是，出以公心。

从战国时期的历史看，臣忠于君的风云人物不少，但在这诸多忠于君的臣僚中，他们却因为德不在公，而做出了许多损害君王及国家的事。

先说庞涓和孙膑。二人早年是同学，朝夕研习兵法。庞涓学成后在魏国做将军，孙膑尚未出山。同窗学友，彼此知根知底。庞涓自知用兵遣将不如孙膑，便心生歹计，把孙膑请到魏国，先把他推荐给魏惠王，以引起魏惠王对他的赏识；尔后运用自己从兵法中学到的谋略，设计陷害孙膑，依法将孙膑的膝盖骨砍了，废了他的双腿，并在他的脸上刺字。庞涓这么下毒手的用意很清楚：砍他的双髌，叫他不能再骑马领兵打仗；在他脸上刺字，叫他无颜出面做事。庞涓作为魏将，其用心不是对魏王不忠，但他嫉贤妒能的狭隘自私心理，使得他的作为埋下了损害魏国利益的祸根。在魏国攻打赵国并大胜在望时，已经偷跑回国并被齐威王聘请为军师的孙膑，率兵围魏救赵，在桂陵大败魏军；在魏国出兵攻击韩国时，齐大将田忌统兵，孙膑为军师率军救韩，在马陵大败魏军，庞涓战死，魏王的儿子成了俘虏。

庞涓与孙膑的历史纠葛告诉我们：臣德在忠固然很重要，但如果臣德忠而不公，臣僚们再忠也将会损害国家和民族的利益。

再看另一对历史冤家—范雎和白起。范雎，魏国人，出使齐国被魏王误会而受了折磨，肋骨打断了，牙齿也打脱了。后来他逃到秦国，受到秦昭王敬重。为了谋得昭王的舅舅穰侯的丞相职位，范雎一个劲儿在昭王面前挑拨离间，最终离间了昭王的母子情、舅甥爱，满足了范雎谋求丞相职位的私心。

那时秦国的大将白起，为人正直，忠勇有谋，率军向东攻城夺邑，破韩、魏联军；发兵攻楚，连破数城，长驱占郢；在长平与赵军交战，灭赵括官兵四十多万。白起为秦国称雄屡建战功，是战国时期的名将。

公元前二五九年，白起兵分三路，平定太原，攻克武安，直指赵国国都邯郸。赵国一亡，韩、魏等国灭亡在即，秦国就可以称霸天下了。丞相范雎对此十分清楚。可是由于范雎品性不公，做什么事都先从自己的利益着想，担心白起攻克邯郸而功比他大，位在他上；加之韩、魏两国的说客送给他的丰厚金银他笑纳了，因而他摇动三寸不烂之舌，劝说秦王罢兵，让赵、韩、魏等国得以休养生息，秦国由此失去了一个绝好的机会。待到来年秦国发兵再次攻赵时，已时过境迁久攻不下了。秦王因此叫白起率军再战。白起作为战将是审时度势的，他清楚这种仗无法取胜，加之他当时确实患病，因而托病不肯赴任。范雎于是鼓动秦王免除白起官爵，贬之为士兵，逐出咸阳。白起走到半路，秦王又赐剑叫他自杀。

于是，历史这样佐证：秦国称霸天下的一个绝好机会，因为范雎的一己之利而丧失了！秦国难得的一员统兵大将，因为范雎对一己之利的担忧而被害了！

当然，战国史上的臣僚不全像庞涓和范雎那样，齐国派往楚国的使臣貂勃，其大德在公的所作所为就光彩照世，而与庞涓、范雎之流形成了鲜明的对照。

貂勃有德有才，丞相田单把他推荐给齐襄王。齐襄王的九个宠臣都想中伤为齐国做过巨大贡献的田单，看貂勃是田单推荐的，就建议派貂勃出使楚国。貂勃到楚国后，楚国对貂勃待之以礼，热情招待。于是九个宠臣又在齐襄王耳边嘀咕，说像楚国这样的万乘之国，热情礼待貂勃，还不是看丞相田单的面子吗？大王一定要小心啊！齐襄王因此生疑，多次当众直呼"田单、田单"，用轻蔑表明了他对丞相田单的不信任。貂勃看到后，秉公直谏，摆出当年燕国伐齐，齐王躲到城阳的山里，是田单在方圆不到三五里的即墨，率七千名疲惫不堪的士兵大破燕军，收复齐国千里领土的史实，说服齐襄王抛弃了对田单的猜疑，并处死了身边得宠的九名奸臣。

齐襄王如果没有貂勃的秉公直谏，齐国就将失去田单这位好丞相，也就不会有以后攻克狄族大营的胜利，也就不会有田单率军夺燕国中阳、韩国注城的辉煌。

战国七雄的兴衰史告诉我们，"臣德在忠"对，"臣德在勤"也没错，但最最核心的还是"臣德在公"！因为只有"公"才是针对国家的、针对民众的。

故臣僚一心为公是大德！

谁杀的吴起

认识吴起，是他那个替士兵吸吮脓血的故事。

我的老家在南方，在公元前四百多年吴起征战的地方。那地方雨多潮湿，每到夏季，有的人头上、身上长疮疮，大得似鸡蛋那么大，红红的，拿它没治，等到化脓以后，把脓血挤出来，再抹点药才能好。也常听人说起奶奶为孙子、母亲为儿子吸吮脓血的事。据说脓包有个根子，不用嘴吸不出来；还据说嘴能消毒，用嘴吸了脓包，很快能好。因为老家如今还延续着那么一种古老的做法，所以小时候听到吴起为士兵吸脓血的那个故事，至今刻骨铭心，难以忘怀。

从书本上读到吴起为士兵吸吮脓血的故事后，觉得这已不只是一个故事了，而是一尊能穿透人的心灵的古老雕塑，远远地看它一眼便肃然起敬。

司马迁是这么记述吴起和他的那尊雕塑的。

吴起身为大将，却跟最低微的士兵同甘共苦，穿一样的衣服，吃一样的食物，睡觉时不铺席子，和士兵一样睡在地上，行军时徒步，决不骑马。公元前四百多年的中国，士兵和将军是有天壤之别的，一个横刀立马的将军，与最低微的士兵一样同甘共苦，仅此一句描写，就足以看出吴起与众不同的个性、品性。

更撼人心魄的，是司马迁写吴起的那个故事。吴起行军途中，看到一个士兵肩上长着疮疮，已经化脓了，即亲口为那个士兵吸吮脓血。这个士兵的母亲听说后，失声痛哭，说"吾儿必死"。这位母亲当然不会记恨吴起用嘴为他儿子吸吮脓血，但她非常清楚，从此以后，他的儿子就会为吴起卖命，战死沙场。因为这位母亲有过这样的体验，她的丈夫也曾是吴起手下的一个士兵，也在身上长过化脓的疽疮，也是吴起为他吸的脓血，之后他便冲锋陷阵，战死在沙场。人是有感情的，一位统率数十万雄兵的战将，一位在兵勇群中威风八面的将军，为一个如草芥般的士兵吸吮脓血，其爱兵之浓情深深使人感动！

就是这么一位爱兵如子的战将，最后被乱箭射杀，而并非死于战场。

是谁杀害了吴起？是谁毁掉了人们心中的那尊雕塑？

我们不妨听听司马迁的诉说吧！

吴起，卫国人，少年家贫，但志向宏大，四处求学，以图在官场上施展才华。离家与母亲诀别时，吴起咬破手指，向母亲起誓："如不当上公卿将相，决不踏回卫国一步。"吴起先是投奔到曾子门下，潜心学习。不久他母亲去世，吴起信守誓言，没有回家奔丧。为此儒学大家曾子与吴起断绝师生关系。吴起没辙，学业不成，只好改道赴鲁，还是不踏回卫国一步。

吴起到鲁国后，改习兵法，谋略大增，得到鲁国国君赏识，想拜他为将，但遭到一些小人的阻挠，挑唆说：吴起的妻子不是鲁国人，将来齐鲁一旦发生战争，吴起不会效忠鲁国。那意思很明确，除非他吴起想办法断了自己后路，才不会成为鲁国的后患。吴起为了实现自己对母亲发过的誓言，把妻子杀了，以表达自己对鲁国的忠心。于是，鲁国国君拜吴起为将。吴起不负重托，在与齐国作战中，一战而胜，威名大震。

本来就有小人捣吴起的乱，吴起的名气大了以后，遭小人的算计就更多。有人在鲁国国君面前挑唆，不仅搬出吴起杀妻的残忍问题，而且搬出他母亲去世后不奔丧的不孝问题，还搬出"小小鲁国能破强敌，必将招致各国联合进攻"的歪理，动摇国君再用吴起的决心。鲁国国君经不起小人总在耳边叨叨，一时糊涂，罢了吴起的将。吴起一看不妙，深知再不逃跑就有杀身之祸，便逃之夭夭。

逃到哪里去呢？魏国国君魏斯贤明，就到魏国吧。

魏斯的确贤明，不仅听得进臣僚说得难听的劝谏，而且信守诺言。一次，魏斯与臣僚喝酒，兴致很高。突然，天降大雨，魏斯想起已经约了朋友打猎，因下雨必须改期而应通知人家，便备马出发。臣僚们劝他不要去了，魏斯却说："我已经约了人家打猎，打算改期而不去通知他，这怎么行呢！"他谢绝臣僚们的挽留，冒雨去履行自己的承诺。吴起投奔到魏斯麾下后，被任命为大将，与秦国作战，一次就占秦五座城邑，再次用赫赫战功显示了他的统军作战能力。

魏斯死后，儿子魏击继位，吴起继续为将。一次魏击与吴起在黄河乘船观光，魏击坐在飞流而下的船上，望着两岸的峭壁悬崖，不禁感叹："多么美丽的锦绣山河啊！固若金汤，这是我们魏国的至宝！"吴起接着魏击这番话，从历代王朝的变更入手，阐述了关于治国安邦的政治观点，显示出他作为政治家的素质。吴起说："从前的三苗部落，左有洞庭湖，右有鄱阳湖，地理形势可谓万无一失，但因君王堕落颓废，被夏王朝消灭；夏王朝末代的安邑，东临黄河、济水，西有华山阻隔，南有龙门拒道，北有山西壶关的羊肠小道，形成了天然的地理屏障，可君王昏聩，朝政腐败，而被商王朝取代；商朝国都的东边是孟门，西边是太行，南有黄河，北有恒山，可纣王暴虐无道，涂炭生灵，最终被周朝所取代。"在讲了这样一番君王不修德爱民，虽然居于有利的地理形势之中，但最终被推翻的事实后，吴起提出了一个极其鲜明的政治观点：国家的安危，不在于关隘的险阻，而在于君王的品德！

军事上的百战百胜，加上政治上的成熟老到，使得吴起壮大了胆子，也张扬起了要在公卿将相的交椅上施展宏才大略的雄心壮志。于是在魏击任命田文担任丞相之后，他极其坦诚地找田文理论，问："指挥军队，官兵们愿意牺牲性命，使敌国惊惧，不敢来冒犯，在这方面你比我如何？使政府功能充分发挥，使全国人民安居乐业，国库充实，社会富庶，在这方面你比我如何？防卫黄河两岸，秦国不敢向东进犯，而韩、赵两国不敢不对我们唯命是听，在这方面你比我如何？"田文倒也实在，承认自己不如吴起，但他挺能狡辩，搬出"主少国疑，大臣未附，百姓不信"的假设危机，说明在这种情况下，丞相这个官自己当比吴起当更合适。

就是这种坦诚，就是这种实事求是，就是这种有话说在当面，使得吴起一脚踏进了一个令他始料不及的政治阴谋之中。

没过多久，魏国丞相的交椅被一个叫公叔痤的人坐上了，他的妻子是魏国公主。自己是当朝丞相，地位之高，权势之大，可想而知。公叔痤这家伙可能也是底气不足，一天到晚担心吴起抢他的交椅，于是设下一串圈套，暗算吴起。

公叔痤先是对国君魏击说，吴起是一位了不起的英雄，是一个难得的治国安邦的将才，只是魏国是个小国，恐怕留不住他，而留住他的唯一办法是许配给他一个公主，使他成为魏国的女婿。待魏击一同意，第二个阴谋又出笼了。公叔痤邀吴起到家里做客，同时请公主作陪。酒食桌上，公主按公叔痤的授意，对吴起百般侮辱，历数他出身贫贱、母亲死了不回去奔丧、为做官杀死妻子等罪过。公叔痤在一旁帮腔，择要害处对吴起进行侮辱。吴起始料不及，经受不住，气喘吁吁地跑到魏击那里，明确表示无法消受公主这个金枝玉叶。魏击一听愣了，不敢相信自己的耳朵。堂堂一国之主的女儿，想叫谁做女婿不成，挑上谁是谁的福分。可吴起竟当面加以拒绝，这能使魏击相信自己的耳朵吗？望着魏击那惊愕的眼睛，吴起才发现这是一个阴谋，发现自己已经上当。从国君那里一出来，吴起就跑了，一口气跑到了楚国。

楚国是个古老而又正处于衰败状态的弱国。国君芈疑早就敬慕吴起的才华，吴起一到，便任其为丞相，帮他实现了当公卿将相的梦想。

吴起得到芈疑的信任，放开手脚，施展才华，雷厉风行地推行了一整套改革措施。他以立法的形式，罢黜所有只领薪水而不干实事的闲散官员，撤销了世隔好几代还打着王室血统旗号而享受俸禄的遗老遗少的爵位；精简机构，提高办事效率；整顿军队，加强训练，提高战斗力；坚持独立自主的外交政策，不参与大国无缘无故践踏小国的侵略行动。时间不长，楚国便产生了巨大的改革效应。史载：在吴起剧烈的革新运动下，楚国陡然强大了。数年之间，疆土扩张到百越，北面有效地阻击了赵、韩、魏三国的南侵，西面数度击溃秦国的进犯。天下各国对楚国的迅速复兴大为忧虑。

直到这时，出身贫寒，靠自身才华而顶天立地站起来的吴起才真正把当公卿将相的梦想变为现实。

但现实太残酷了！

公元前三八一年，楚国国君芈疑去世。尸骨未寒之际，因吴起推行改革而丧失地位、丧失利益的王室亲戚卷土重来，乘丧暴乱，追杀吴起。吴起深知已无法逃脱，逃进灵堂，趴在芈疑的尸体旁边。他以为如此能躲过乱箭的射杀，不承想，为夺回既得利益早就憋红了眼的那帮芈疑的堂哥堂弟、表叔表舅们，把仇恨集中在弯弓的箭矢上，齐齐射向吴起，射向芈疑的僵尸。

吴起被杀死了。一代文武双全的将才，一个身为鲁国大将能使鲁国不再受列强凌辱，身为魏国大将能使魏国迅速强大，身为楚国丞相能使衰败的楚国焕发勃勃生机的改革先驱，终因改革而站起来，又因改革而倒下。

其实，吴起还活着的时候就已经被杀了。他母死不奔丧，杀妻以效忠，虽然遵循的是忠孝不能两全的古训，虽然用行动实践了孔老夫子儒学的精义，但他至死也没有看清儒学的真伪，至死也没有看透人们在遵从儒学上的两面三刀、阳奉阴违，因而结局只能是遵从儒学要被杀，不遵从儒学也要被杀。

谁杀的吴起？谁毁掉了那尊俯下身子、趴在士兵的肩头、用嘴吸吮脓血的摄人心魄的雕塑？

不是他人，是吴起自己。

老子·妻子·儿子

父母都望子成龙，但子女究竟是成龙的料还是成虫的坯，其实父母最清楚。

这里有人类社会绵延几千年来解不开的一个情结。一方面，生孩子传宗接代中就饱含着父母光宗耀祖的期冀；另一方面，尿一把屎一把把孩子拉扯大，孩子究竟能不能成龙成凤，父母心里早就有数。

为父为母的悲哀，就在于这种明明知道子女不可能成龙成凤，却仍不放弃期盼甚至不放弃为子女努力争取的矛盾之中。

究竟该如何把握呢？赵奢这一家三口——老子、妻子、儿子，为我们提供了范例！

先说老子赵奢。他是河北人，出身布衣，公元前二七一年还是个收田租税的小官。虽然史料中对赵奢如何依法收租的做法没有详细记载，但他铁面无私、执法如山是肯定的了。一次，赵奢到平原君赵胜家收田租税，赵胜的家人依仗平原君贵为国戚的权势，抗拒不交。赵奢则不管你国戚不国戚，依法办事，处死了他家管事的九人。平原君是赵王的弟弟，王族贵戚，你一个小小的田租官竟杀他家九名下人，他能不火吗？于是他找到赵奢，打算拿他的小命开刀。赵奢则对平原君说："君于赵贵为公子，今纵君家而不奉公则法削，法削则国弱，国弱则诸侯加兵，是无赵也。君安得有此富乎！以君之贵，奉公守法则上下平，上下平则国强，国强则赵固，而君为贵戚，岂轻于天下邪！"赵奢这番话运用辩证法，来了个连环套。他先从贵公子不守法则国家法纪削弱，法纪削弱则国家削弱，国家削弱则各国就会来侵犯，国家完蛋了公子也就享受不了富贵，完成了第一个连环套；接着又从贵公子带头守法上下一心则国家强大，国家强大则赵国江山稳固，江山稳固则王族贵戚受到各国重视，完成了整个连环套。平原君贤明，听了赵奢这番话，不仅放弃了杀他的念头，而且把他推荐给赵王管理国家的赋税。史书记载，自从赵奢当赋税官以后，"国赋大平，民富而府库实"。

赵奢不仅赋税官当得好，而且带兵打仗也很有一套。公元前二七〇年，秦国军队围困赵国的阏与城，大将廉颇因路途遥远不敢率军救援，赵奢却站出来领兵前行，他当时说的名言是"狭路相逢勇者胜"。他采取迷惑秦军的战法，出其不意地发起攻击，大败秦军凯旋。赵王因此封他为马服君，与廉颇、蔺相如地位相同。

再说儿子赵括。赵括很聪明，从小就跟父亲赵奢学研兵法，读了大量的兵书，谈兵论战一套一套的，就连赵奢都难不倒他。因此赵括很有些名气，人称马服子。但作为父亲赵奢，生前对儿子早有评价："使赵不将括则已，若必将之，破赵军者必括也！"

公元前二六〇年，秦国军队攻克赵国的上党，赵王即遣廉颇率军驻守长平，以抵挡秦军的进犯。几战不胜，廉颇便下令坚守营垒，拒不出战，以图破秦之策。秦国于是派人花重金到赵国实施反间计，说秦军所怕的不是廉颇，而是赵奢的儿子赵括。赵王果然上当，不顾众臣劝阻，派赵括为将取代廉颇。

赵括一上任，另搞一套，全部推翻原来的规定，调换军官，下令部队出击。他的对手是赫赫有名的秦军战将白起，几经交手，赵括就陷入了白起的圈套。赵军被秦军一分为二，运粮的通道也被切断。赵军被困于两地，断粮四十六天，官兵们饿急了互相残杀为食。赵括在穷途末路之际，不改战将本色，率军与敌肉搏，战死于乱军之中。可怜赵括率领的数十万大军，除二百四十个年轻娃娃放回赵国外，其余的不是战死就是投降后被活埋，

从《史记》出发

总共达四十余万人！

回过头来再说说赵奢的妻子，也就是赵括的母亲。这位母亲姓甚名谁何方人氏，史书中没有记载。但司马迁所花笔墨不多的几笔，却使这位母亲的作为令人肃然起敬，也令人怦然发醒！

赵王撤换廉颇而改任赵括为将，这位母亲急忙上书，说他的儿子赵括不能重用，她陈述的理由是当年她丈夫赵奢为将时，赵王分封给他的赏赐他全部分发给将士；他从为将受命那天开始，就不再管家里的事，全部心思用在了军队上。而儿子赵括刚做大将，就高堂而坐，接受礼拜，吓得大小军官都不敢抬头看他；赵王赏赐给他的金银绸缎，他全部拿回家藏起来；他受命后不是忙于军务，而是每天察看哪里有美宅良田可以买下。最后，这位母亲语重心长地对赵王说："您以为他像父亲，其实他们父子的心思完全不同，请大王千万不要派他去！"赵王不听。这位母亲便提了一个要求：一旦赵括出了差错，请大王不要连罪赵家——从保持赵家门庭清白的角度，干脆与儿子划清了界限。

赵国的历史，就因为没有听这位母亲的劝阻而改写了！

儿子要做统率数十万兵勇的大将，在哪朝哪代都能为历史留下光耀门庭的一笔，可赵括的母亲却出面阻拦，并找国君历数儿子不能重用的理由，这太有悖于望子成龙的华夏常理了。

但正是这位伟大母亲的有悖常理，向后人昭示了这样的道理：最了解子女的莫过于父母。父母花费毕生精力培养子女，使其成为有用之才，从而因为子女的出息使门庭荣耀、宗祖受尊，也无可厚非。但既然知道子女属于什么样的材料，就应该鼓励和支持子女去做适合他做的事情；明明知道自己的子女挑不起那副担子，却还要想方设法、不惜血本为子女谋求那副担子，轻则害子辱家，重则祸国殃民！

做父为母的，是不是该这样去释解望子成龙的情结呢？

和氏璧·蔺相如

在邯郸市的西北角，有一条宽不过五米的小街。小街的中段有一条横插进去的小巷，叫回车巷。小巷的入口处，有一块被岁月磨蚀得模模糊糊的石碑，石碑上记载着一个古老的故事。故事很小，小得就像回车巷那么不起眼。但就是这个小小的故事，揭示的却是国家民族大义，是永远值得我们赞美和推崇的一种"官吏"精神。

公元前八世纪，楚国珠宝专家卞和找到一块其中蕴藏着稀世珍宝的石头，献给楚王芈熊眴，芈熊眴不识货，认为是卞和欺骗他，下令砍掉了卞和的左脚。芈熊眴死后，芈熊通继位。卞和再次献宝，芈熊通也认为是欺骗，下令砍掉了卞和的右脚。被砍掉双脚的卞和，怀抱宝石，在荆山脚下日夜啼哭。新继位的楚王芈熊赀派人询问，并教工匠把石头剖开，发现其中果然藏着一块宝玉，故取名"和氏璧"。

公元前二八三年，罕世珍宝"和氏璧"传到了赵王赵何的手里。秦王嬴稷想得到"和氏璧"，提出用十五座城市与赵王交换。历史证明，这是一个阴谋。嬴稷想得到"和氏璧"是真，而提出用十五座城市交换是假。对此，赵何也看得清清楚楚，但赵何为难。不同意吧，失礼在先，况且秦国是当时的强国，经常无端发起对别国的攻击，如让秦国抓住这个茬口发起对赵国的掠夺，赵国将背着"失礼"的罪名，不仅难以找到同情者，而且战火不可避免。同意吧，十五座城市明摆着是一个骗人的筹码，"和氏璧"将一去不返，白白断送。经过文武臣僚一番谋划，认为赵国不应先行失礼，而应把"和氏璧"送去，但如果秦国不用十五座城市交换，那么"和氏璧"就要带回来。

谁能担当如此重任？赵国的宦者令缪贤推荐了他手下的门客蔺相如。蔺相如怀抱宝玉，只身前往。在秦王领着臣僚嫔妃欣赏"和氏璧"时，蔺相如看出秦王的真实意图，遂设法把"和氏璧"从秦王手里拿到，高高举过头顶，当面揭穿秦王的阴谋，并表示如果秦王强夺，他将与"和氏璧"同归于尽。秦王抵赖不过，只好将蔺相如放回，完璧归赵。蔺相如这次携璧入秦，创造了我国古代外交史上的一个典范，既为赵国挽回了礼仪上的面子，又没有激起秦、赵两国间的剑拔弩张，并且把"和氏璧"带回了。由于蔺相如充分显示了其外交上的高超才华，由此，赵王破格任命他为上大夫。

四年后的公元前二七九年，秦王邀赵王在渑池会盟。此时秦国以白起为将，连续攻击魏国、楚国，气势正盛，来势正猛。在这种情况下秦王邀请赵王到渑池会盟，赵王胆怯，不敢应邀。后经文武臣僚策划，叫蔺相如陪同赵王前往渑池。秦、赵两国君王见面后，秦王以天下强国之君才有的目光小视赵王。酒喝得半醉不醉的时候，秦王掩饰不住地耍起威风来，下令叫赵王弹瑟。这种王者喝令下人才干的事情，赵王却不敢抗拒，忍气吞声弹瑟一曲。秦国史官于是捧着史册上来，记道："某年某月某日，秦王与赵王会盟，命令赵王弹瑟。"蔺相如看在眼里，气上心头。他灵机一动，手捧瓦缶走到秦王面前，请秦王击缶。秦王怒不可遏，决意不肯。蔺相如跪下说道："大王如不击缶，五步之内我的鲜血将溅到您的身上。"一听这话，秦王极不情愿地击了一下缶。蔺相如谢过之后，让赵国史官在史册上工工整整地写道："某年某月某日，秦王为赵王击缶。"

秦、赵二王渑池会盟，蔺相如据礼为赵国挽回了面子，因而赵王拜他为上卿，位在廉颇之上。

蔺相如，一个宦官手下的无名之辈，四年时间官至上卿，使得对赵国有攻城夺地之功的将军廉颇位居其下，这口气廉颇怎么都咽不下。但廉颇毕竟是驰骋沙场的战将，性格直爽，心里不痛快，不藏在心里，而是公开说出来："我再碰到蔺相如，得叫他好看！"蔺相如听说后，尽量避免与廉颇见面，就连每天的会朝都托病不参加。

一次外出，在邯郸城那条不足五米的街道上，蔺相如远远地看到廉颇驱车过来，急忙转身钻到横插到这条街道的一个小巷里，待廉颇威风凛凛地过去了，才若无其事地从小巷里出来。对此，蔺相如的幕僚、好友愤愤不平，说蔺相如官在廉颇之上，却因为廉颇的公开挑衅而对其躲躲藏藏，实在是窝囊。蔺相如则心平气和地说："强秦之所以不敢对赵国发动战争，是因为我和廉颇将军同在朝廷为官。如果我们俩斗气，犹如二虎相争，绝无两全之理。我之所以避他，无非是把国家的安危放在前头，把个人的恩怨搁在后头罢了。"

蔺相如这番话，不仅说服了他的幕僚、好友，而且传出去之后，深深地打动了廉颇。廉颇于是袒露上身，背负荆鞭，特地到蔺相如府上"负荆请罪"，当面检讨自己的浅薄，表明了以国家利益为重的态度。两人从此结为生死至交。

一块价值连城的"和氏璧"引出了一串曲曲折折的故事，树起了我国史典上一面以国家民族利益为重的光辉旗帜。在这面旗帜下，站立着蔺相如、廉颇两位世代称颂的历史老人。老人告诉我们这样的"官吏"精神：一个人为官并不重要，重要的是国家和民族利益。因为为官，在排座站位上必然有先有后，但无论是排在第一位的，还是排在最末一位的，无论是站在第一排的，还是站在最末一排的，在维护国家利益上，都处于同一位置，都属于第一位、第一排。

商人·政客·吕不韦

商人，必须懂政治。巨商，必须是政治家。

公元前二五七年，从赵国都城邯郸登上我国历史舞台的吕不韦，就是一个极具政治家素质的巨商。他从经商起家，从政治谋划入手，最终通过政治上的经营，谋取了巨大的经济利益。

吕不韦，河南阳翟（今河南禹州）人，平民，经商。到公元前二五七年，吕不韦已经成为远近闻名的巨商。作为商人的吕不韦，其政治目光的独到和深邃，是从此之后的所有巨商大贾都望尘莫及的。

司马迁是这么记述吕不韦运用买卖的法则谋求政治利益的。

秦国太子嬴柱的大老婆华阳夫人没有儿子，小老婆夏姬生一子叫嬴异人，被送到赵国当人质。由于秦国经常侵略赵国，所以赵国对嬴异人并不重视，礼貌也不周到。嬴异人在王室血统中的地位十分卑微，从国内送来的生活费用寥寥无几，生活艰难，前途黯淡。吕不韦来邯郸，见到嬴异人后拍案叫绝，说："他是一件难得的商品，可囤积起来卖大价钱。"于是吕不韦拜访嬴异人，对他说："我可以光大你的门户。"嬴异人听了发笑，说："你还是留点劲儿去光大你的门户吧。"吕不韦说："我当然要光大我的门户，但必须是在光大了你的门户之后。"嬴异人心有所动，请他上座密谈。吕不韦说："秦昭襄王年纪大了，随时会死，太子嬴柱最宠爱的华阳夫人却没有儿子。你们兄弟二十多人中，嬴傒已被公认为继承人，还特地选了有名的智囊士仓做他的师傅。你在国内不受宠爱，现又充当人质，长久羁留异邦，嬴柱一旦即位，你绝对没有当继承人的可能。"嬴异人问："那怎么办？"吕不韦说："有权力决定谁是继承人的，只有华阳夫人。为此，我愿拿出二十四万两黄金，前往秦国，为你夺取这个位置。"嬴异人喜不自胜地说："如果这个计划实现了，我愿把秦国分出一半，与你共同治理。"

吕不韦一次交给嬴异人黄金十二万两，让他在邯郸广交朋友，用以树立美好的声誉。吕不韦自带黄金十二万两，前往咸阳。先是巴结华阳夫人的姐姐，请她转献给华阳夫人珍奇礼物，用她的嘴赞扬嬴异人贤能，宾客满天下，尤其孝顺，时常思念父亲和华阳夫人，并说"夫人就是我的天"。华阳夫人听了十分高兴。在经过一段用金钱构筑起来的密切交往后，吕不韦通过华阳夫人姐姐的嘴向华阳夫人提出警告："靠自己的美貌得到的宠爱，一旦美貌消失，宠爱也就跟着消失。夫人得到的宠爱已到极点，但没有儿子，如果不在权势达到顶峰时，在庶子中培养一位贤才确定为嫡子，万一有那么一天，色衰爱弛，即使想开口说一句话，恐怕也不可能了。庶子群中，嬴异人最有才干，他自知上有哥哥，下有弟弟，嫡子根本没有他的份。夫人如果特别垂爱他，使嬴异人本没有国家而忽然有了国家，夫人本没有儿子而忽然有了儿子，则夫人的宠爱，将在秦国永存。"

华阳夫人认为这种分析有道理，抓住一个机会对太子嬴柱说："孩子们中有个叫嬴异人的，才能品德十分卓越，常听到有人夸奖。"接着流下眼泪说，"我不幸，不能为你生一个儿子，愿收嬴异人做我的儿子，我有了儿子，也可托付终身。"嬴柱深爱华阳夫人，当然满口答应，并当即剖开玉石作为信符。嬴柱还赏赐给嬴异人很多金银财宝，聘请吕不韦当他的师傅。嬴异人的英名从此在各国君王中传开。

经过吕不韦的这番操作，嬴异人这个在二十几名王孙中地位十分卑微的庶孙，陡然成了名正言顺的太子的太子，成了秦国的合法继承人。

在这个过程中，吕不韦商人的特点和政治家的视野在驾驭全局、抓住本质上得以充分展示。

嬴异人本是二十几个王孙中最没有地位的一个。但没有地位，并非没有合法的继承资格，这一点吕不韦看准了。

　　但是，有合法的继承资格是一回事，能否继承又是另外一回事，这之中的关键是谁的手里捏着确定继承人的权柄，用什么招式使这个权柄按自己的意志转动。这一点吕不韦也看准了。

　　在嬴柱的十几个甚至二十几个老婆中，唯一能够扭动嬴柱手中权柄的是华阳夫人。而华阳夫人不争气，没有给嬴柱生下一个继承人。怎么办呢？只能从嬴柱的老婆群中挑选一个地位卑微的老婆生的儿子，过继过来做华阳夫人的儿子，利用华阳夫人的地位把这个儿子立为继承人。吕不韦很清楚，嬴柱老婆群中地位高的，华阳夫人若要她的儿子，必有一争；地位低的，不敢去争，也巴不得如此。所以吕不韦选了地位低下的夏姬所生的儿子嬴异人作为华阳夫人"儿子"的人选。华阳夫人干不干，认不认这个儿子？这可是全局中关键的关键。

　　这一点吕不韦也看准了，并在叫华阳夫人认这个"儿子"上显示了商人兼政治家的手腕和老道。

　　吕不韦首先使用的武器是金钱。拿出二十四万两黄金，用一半让嬴异人去装点门户，网罗朋友，扩大影响；用另一半通过华阳夫人的姐姐去贿赂华阳夫人，让这个不生孩子的女人享受有孩子孝敬的乐趣。有钱能使鬼推磨，二十四万两黄金一撒出去，立即收到了效应。

　　吕不韦其次使用的武器是吓唬。他通过华阳夫人姐姐的嘴，吓唬华阳夫人：你不生孩子，没个后代，将来色衰爱弛，嬴柱一脚把你踢开，你就惨了。华阳夫人被这么一吓唬，怕了，找嬴柱缠绵啼哭，用一个漂亮女人的眼泪和缠绵为自己争来了一个儿子，争来了一个合法继承人。

　　这之中有一个虽无名无姓但却举足轻重的关键人物，即华阳夫人的姐姐。找谁去用金钱铺路，找谁去吓唬华阳夫人，吕不韦好动了一番心计。选择华阳夫人的姐姐，是最合适的人选。吕不韦作为一个商人，虽很富有，但若揣着大把黄金直奔华阳夫人的宫殿，门卫就会把他挡住，甚至把他抓起来问罪。华阳夫人的姐姐就不同了，她随时可以去，送什么贵重礼物，旁人都不会多心。尤其是吕不韦吓唬华阳夫人那番话，从华阳夫人姐姐嘴里说出来，与从别人嘴里说出来，其吓唬人的分量，尤其是令华阳夫人相信的程度，是有巨大区别的。吕不韦选择这样一个人物去落实他的谋划，真可谓独具匠心，恰到好处。

商人的胃口是怎么都填不满的。吕不韦花二十四万两黄金买了顶秦国国王继承人的师傅的桂冠，虽然戴着这顶桂冠他可以轻而易举地谋取比二十四万两黄金高出无数倍的利益，但他并不满足，他还惦着嬴异人给他许诺"把秦国分出一半，与你共同治理"的半壁江山。二十四万两黄金买不来半壁江山，这个账吕不韦清楚。所有的君王在得势之后都可能随时翻脸不认功臣和恩人，这一点吕不韦也很清楚。吕不韦在帮助嬴异人达到做合法继承人的目的后，盘算的焦点是如何紧紧地把嬴异人抓在自己手上，叫他完全服从自己的意志。于是，在我国历史上最令人叫绝的一个美人计，在吕不韦的一手导演下出台了。

吕不韦在邯郸做买卖时，因为有钱，娶了一个在邯郸数一数二的绝世美女，名赵姬。吕不韦成为嬴异人的师傅后经常招他到府上喝酒，并在赵姬怀孕后才让她出面见嬴异人。也许是这个赵姬实在太漂亮了，也许是嬴异人本身就是个淫荡之辈，两人在吕不韦家一见面，嬴异人就被迷得神魂飘荡，并当即叫吕不韦将赵姬赠给他。吕不韦假装非常气愤，说朋友妻不可戏，你怎么能夺老师之爱呢！他俩你要我不给地闹腾一番后，吕不韦还是把这个赵姬赠给了嬴异人。

赵姬生一子叫嬴政，即千古一帝秦始皇。

至此，吕不韦的商业利益以及政治利益已全部达到。嬴异人即位后，吕不韦任相国，封文信侯，食十万户。嬴政即位后，任吕不韦为相国，尊称"仲父"。

吕不韦可谓功德圆满了，他在相国府处理完奏折文书后，突然想起魏国的信陵君、楚国的春申君、赵国的平原君和齐国的孟尝君。这些人虽身居被秦国欺凌的弱国，但名气很大，因为他们各自豢养了很多食客，通过食客的嘴传播自己的美名。"他们能这么做，我泱泱秦国的相国吕不韦为什么不能这么做呢？"于是，他动用相国的权势，广招天下文人学士，优待他们，很快就有三千多人投靠他的门下。吕不韦叫他们记下各自认为有意义的所知所闻，尔后自己动手，综合各类不同体裁的文章，编辑成八种览、六种论、十二种纪，共二十余万字的《吕氏春秋》，刊布在咸阳的城门之上，请各诸侯国的宾客游士前来批阅，提出加一字赏千金，减一字也赏千金。经三千多文人墨客的精心雕琢，又经众多游士学子的推敲修改后，《吕氏春秋》刊印发行，世代流传。

　　吕不韦这个从河南阳翟出发的商人，在邯郸囤积嬴异人这个奇货，用了不到十年的时间，就登上秦国相国的高位，获得经济上和政治上的暴发。从买卖的角度看，他是个大赢家。如果吕不韦就此打住，本本分分地做他的相国，静下心来编他的著作，也许能在相国的职位上求个善终。但吕不韦骨子里就缺少本分，心也静不下来，结果只能是身败名裂，自杀身亡。

　　导致吕不韦落得这个下场的，是那个他曾经当作赠品赠给嬴异人的漂亮女人赵姬。吕不韦把这个漂亮女人作为控制嬴异人的筹码，这一做法本身就显得有些龌龊。也许赵姬为吕不韦当相国起到了一定的作用，但把历史连贯起来看，吕不韦把最没有地位的嬴异人捣鼓成太子，把自己捣鼓成太子的师傅，如果不出意外，在嬴异人登上君王的宝座后，他坐一把相国的交椅应该不成问题。但是吕不韦多虑了，他为了把这种可能性加一道保险，把自己心爱的女人献出去，而献出去的这个女人使得吕不韦不能善终。

　　因为赵姬最早是吕不韦的老婆，成了嬴异人的老婆后，吕不韦没有完全撒手，而是经常偷偷与其苟合。嬴异人即位三年而终，丢下赵姬年轻轻地守寡。赵姬属淫荡之妇，哪里耐得住寂寞，故而与吕不韦的淫行从密。吕不韦害怕，找了个叫嫪毐的人，假装宦官陪伴赵姬，自己从赵姬那里拔出腿来。

吕不韦这一手也很不高明。他自己从赵姬那里拔出腿来，可赵姬的腿却愈陷愈深。在不长的时间里，赵姬在宫中为嫪毐生了两个儿子。嫪毐胆子贼大，他不仅不加以回避收敛，反而与赵姬密谋让他俩的私生子接替秦始皇的王位。没有不透风的墙。秦始皇得知后，杀嫪毐，灭其三族，连同杀了母亲赵姬生的两个儿子，把赵姬从太后宫迁移出去。

事情至此，吕不韦已脱离不了干系了，相国被免，从相国府搬回他的河南老家。一年后，秦始皇赐信给他，斥责道："你对秦国有什么贡献，封你十万户？你跟秦国有什么关系，号称仲父？现在，把你放逐到蜀地去。"吕不韦深感末日来临，服毒自杀。

纵观吕不韦这段发迹的经历，我们不能不为他叫绝。他首先是个商人，深谙商业运筹战略，且具备商人独有的灵活性。他其次是政治家，驾驭全局，深谋远虑，节节衔扣，智慧夺人。吕不韦的成功告诉我们，商人和政治家之间并没有不可逾越的鸿沟。但是，商人踏上从政的道路后，必须少一些商人气息，尤其要恰当地运用等价交换原则。

因为政治上的交换，从来都是不对等的。

匕首·刺客·荆轲

慷慨悲歌之士荆轲，燕赵人视他为义士，世世代代给予很好的口碑。其实荆轲并非燕赵人氏，他是卫国人，后游历到燕国，被燕国太子丹谋为刺客。

燕赵人世代传颂荆轲的英名，大概与"风萧萧兮易水寒，壮士一去兮不复还"的吟诵有关。一听到"风萧萧兮"的吟诵，一想到壮士一去不还的壮举，确能使人顿生敬仰，连树木草虫都显得出几分悲壮。其实，落到司马迁先生笔下的荆轲，与人们想象中的荆轲相距甚远，似乎不值得一代代燕赵人动那么多真情去敬仰他。

说来话长。燕国太子丹曾在秦国做人质，没有受到王子应有的礼待，怨恨秦王，跑回了燕国。秦国灭掉韩国后，太子丹烦闷焦躁，于是打主意谋杀秦王嬴政，以阻止秦国向燕国的进犯。太子丹本人既无手无缚鸡之力，又没有持剑杀伐的勇气，于是到处寻找侠客，以帮他实现杀死秦王的计划。与太子丹素有交结的燕人田光向他推荐了荆轲。

史书记载：太子丹因此携带厚礼，以谦卑的言辞求见荆轲。

太子丹对荆轲讲了秦国称王称霸，各诸侯国只有屈服而不敢合纵抗秦的情况，当然也分析了秦国大兵攻赵，赵亡燕即亡的严峻形势。从史书记载看，太子丹并没有直接提出叫荆轲当刺客，而是婉转地说："如果能获得一位天下最大无畏的勇士，让他前往秦国胁迫秦王，逼着他将兼并的土地归还各国就好了。"说了这样一番话后，太子丹请荆轲留心这件事。

弄不清荆轲自以为是天下最大无畏的勇士，还是出于对秦王嬴政的愤恨，太子丹说得很婉转，他答应得倒很爽快，明确表示愿意充当刺客赴秦。太子丹于是大喜，安排荆轲住进上等客舍，天天往客舍探望。

史书记载：凡能进送、供给荆轲的东西，太子丹没有不送的。

恰在那时，秦国军队攻陷赵国国都邯郸，俘虏了国君赵迁，接着秦将王翦统兵向北，兵锋直指燕国。太子丹闻讯后惊恐不已，立即找到荆轲，想打发他赶快上路。

荆轲则不慌不忙，向太子丹提了两个要求：一要带上燕国的地图，二要带上秦国将领樊於期的脑袋。理由是这样才能取得秦国的信任，进而有机会接近秦王下手。

太子丹有些犹豫了。他倒不是在燕国的地图上犹豫，而是在樊於期的脑袋上犹豫。樊於期是秦将，在秦国犯罪后逃到燕国，太子丹不顾别人的反对接纳了他。荆轲提出要带上樊於期的脑袋，太子丹觉得不合适。秦国杀了樊於期的三族，并悬赏千金换他的脑袋。秦国得不到他，你荆轲倒提着他的脑袋送去，这怎么行呢！于是太子丹对他说："樊将军在穷途末路时来投奔我，我实在不忍心杀他啊！"荆轲于是背地里找到樊於期，历数秦王的残暴，激发他的仇恨。最后说："我想得到你的脑袋献给秦王，那时我左手拉着秦王的袖子，右手持匕首刺穿他的胸膛，你的大仇不就报了吗？"想来樊於期也是出于无奈，寄人篱下，走投无路，即便再不愿意，又有什么办法！因而只好说这正是他希望的事，说罢拔剑自尽。太子丹听说后急忙赶来，见樊於期已死，趴在他的身上大哭。

荆轲于是提上樊於期的脑袋和燕国的地图上路了，燕赵大地于是发出了"风萧萧兮"的吟诵，荆轲于是成了燕赵人世代景仰并引以为豪的慷慨悲歌英雄。

尽管荆轲非但没有杀死秦王嬴政，反而被他砍掉了一条大腿，拉到街上分尸示众了，但他慷慨赴死的精神还是悲壮感人的。

荆轲刺秦王到底应该怎么看？我们先不谈看法，不妨听听史学家的评价。司马光说："荆轲心怀报答太子丹豢养的私情，不顾及全家七族之人会受牵连，想要用一把短小的匕首使燕国强大、秦国削弱，这难道不是愚蠢至极吗？"他接着引用扬雄的话，认为荆轲的作为不能算作"义"，按君子的道德观念来衡量，荆轲只能算作盗贼之辈。

司马光这个评价太对不起燕赵后人对荆轲的敬仰了！幸亏司马光没有把荆轲如何收受太子丹的厚礼、如何取樊於期的脑袋作为求见秦王的见面礼再评论一番，否则叫我们燕赵后人的脸面往哪儿搁呢！

古人崇尚舍生取义，把"义"看成做人做事的大德，看得比性命还重要。后人崇敬荆轲，也正是崇敬他的"义"。可事实上荆轲何"义"之有嘛！当时秦国一统天下是大势所趋，虽然我们要求荆轲懂得秦王朝统一中国于当时及于今天的重大意义是难为他，但一把染了毒的匕首救不了燕国，并不是荆轲弄不明白的大难题！再说人家樊於期好不容易死里逃生出来，你荆轲却把他的脑袋送回秦国，怎么说也是不太合适的！

文章写到这里，我想起了公元前三一九年孟轲与魏国国王魏嗣的一段对话，不妨实录：

魏嗣问："怎么才能和平？"

孟轲答："天下统一，才有和平。"

魏嗣问："谁能统一天下？"

孟轲答："不嗜好杀人的人能。"

魏嗣问："谁愿意让他统一？"

孟轲答："天下所有的人都愿意。你可知道田里的秧苗？七八月间如果大旱，秧苗一定枯槁。可是天际渐布乌云，落下充足大雨，秧苗又青绿一片，生机再起。在这种情况下，谁能阻止？"

战国四君子养士

士，就是普通百姓中有各种特长、技能的人，老百姓称作能人。如有的冰雪聪明，记忆力超强，过目不忘；有的心灵手巧，能说会道；有的天生就有特异功能，做到常人不可能做到的事；有的生就一股痴劲，一头钻到自然、社会、科技等领域，在没有任何助力和借鉴的情况下，把自己的研究路径走得很远很远，解开了诸多至今令科学家都无法解开的天地密码；等等。这样的人生活在社会的各个区域、各个角落，数量庞大，是上天赐予我们人类的宝贵财富。但这些人因为历史的局限性，特别是华夏祖先早就厘定的社会礼制规矩，把他们框定在庶民阶层，不能进入仕途，不能进入上流社会。春秋时期达官贵人养士，把一些能人招到自己的府上做事；到了战国时期，达官贵人养士成风，士人的能量得到了极大的释放，成了社会的一个新兴阶层，极大地推动了社会的发展。今天我们常说的战国天下"百花齐放，百家争鸣"的生动局面，正是士人能量释放的生动体现。

齐国的孟尝君田文、赵国的平原君赵胜、魏国的信陵君魏无忌、楚国的春申君黄歇，是战国时期名满天下的四君子。四君子都是王室成员，都当过本国的丞相，门下养士都超过三千人。下面我们走进战国，看看四君子的养士情况。

四君子所养的士人中，有一类属于学士。学士主要是儒、墨、道、兵、法、卦等方面的学者，这些人饱读诗书，从炎黄祖先的思想理论中吸取了丰富的营养，有的因此形成了自己的学术体系，提出了自己的政治主张，对华夏文明做出了巨大贡献。比如"孟母三迁"的孟子，如果出身豪门贵族，他的母亲就不会带着他来回搬家。孟子是儒学大家，他一改儒家空谈政治理想的弊端，从时下的政治生态出发，把儒学道义与治国安邦结合起来，以适应新兴地主阶级的统治需要。孟子没有投靠到达官贵人门下，而是到处游说，推销自己的政治主张，以谋求做官，并被齐宣王任命为客卿。孟子出门游说，常常也是几十辆车马随行。再比如，精通辩术的古代逻辑学大师公孙龙，就是赵国平原君赵胜的得意门客。"白马非马"的辩题，就是公孙龙提出来的。只要有贵宾、名人到访赵国，平原君就叫公孙龙与之辩论。一次孔子的六世孙孔穿路过赵国，特地找公孙龙就"白马非马""奴隶有三只耳朵""鸡三脚"等辩题进行辩论，结果孔穿被公孙龙辩得无言以对，平原君也觉得自己很有面子。类似的学士型门客，战国四公子的门下都有，一些达官显贵的门下也有。

四君子所养的士人中，有一类属于谋士。这种人高深莫测，智谋超人，如齐国孟尝君的门客冯谖就是一个典型代表。冯谖穿草鞋，提一把佩剑，没有剑鞘，剑柄还用绳子缠绕，他慕孟尝君之名，加入孟尝君的食客队伍，被安排在下等行列。一到吃饭，冯谖就击剑而唱："长铗归来乎，食无鱼。"唱的是，长剑呀，回去吧，这里吃饭没有鱼。孟尝君就将冯谖调到中等食客住所，吃饭有鱼了。再吃饭时，冯谖又击剑而唱："长铗归来乎，出无车。"唱的是，长剑呀，回去吧，出行没有车。孟尝君又将冯谖调到上等住所，出入有马车接送。又吃饭时，冯谖还击剑而唱："长铗归来乎，无以为家。"

要鱼吃，给了；要坐车，给了；还要成家，这不是没完没了、得寸进尺吗？孟尝君不搭理他了。

一年后，庄稼歉收，封邑的百姓交不了租金。孟尝君府上光食客就三千多个，开销很大，经济负担难以为继。在这种情况下，孟尝君叫冯谖到他的封邑薛地去催缴租金。

冯谖去了薛地，实地走访查询后催缴租金，也收了一些钱。拿到钱后，冯谖举办了一场大型宴会，叫欠孟尝君租金的人，带上借据，都来参加宴请。酒喝到兴头时，冯谖对大家说："孟尝君府上的食客太多，已经没钱供养了。我这次来催债，你们还得起的就还了，还不起的就一律免了。"说罢又叫大家把借据全部烧掉，烧掉后他说了一句："有君如此，岂可负哉！"这句话的意思是孟尝君对大家这么好，可不能辜负他！大家深受感动，纷纷跪地，拜了又拜。

冯谖两手空空地回去交差，孟尝君火了。好不容易收上来一些钱，你却用作宴请花了，孟尝君能不火吗！冯谖给孟尝君做了一番解释，主题是两句：一句是，既然老百姓还不了钱，为什么不免掉呢；另一句是，还不了，你去催，这不是逼着老百姓逃亡吗。孟尝君觉得冯谖讲得有道理，不仅很赞同，而且对冯谖表达了感谢。

就是这个冯谖，为孟尝君建了"狡兔三窟"，让孟尝君在落难时有地方逃亡。

类似谋士在四君子的门客中都有。如为魏国信陵君出"窃符斩将"主意、解赵国之围的侯嬴，就是信陵君的门客。再如看透楚国春申君"孕妾献王"是李园兄妹设计的一个巨大阴谋的朱英，就是春申君的门客。

四君子所养的士人中，有一类属于策士。策士主要是纵横游说人士。这些人不仅学识涉猎面非常广，而且对各国君主、权臣的性格特点、脾气爱好、说话口气、饮食习惯等非常熟悉。其中大多数人在出山之前，曾到专门的培训学校进行训练，练嘴皮，练脸皮，练应对。《战国策》一书中虽有不少训练时的记录，却并非实际发生的情况。策士大多擅长合纵连横策略，凭自己的一张嘴，游说君主或权臣，鼓动其认可他们的主张并得以实施，对社会政治变局产生了巨大的影响。苏秦、张仪便是其中最杰出的代表。他俩在出山之前，就拜在鬼谷子先生门下学习数年。苏秦、张仪的成功极大地激发了诸多策士的游说热情，不少达官贵人、上流人家、富裕人家的子弟加入了策士行列。不得不说，不少策士是见人说人话，见鬼说鬼话，什么样的阴招都使得出来，且常常吃里爬外，两边献策谈计，两边算着谋利，缺诚信，也缺起码的道德。但不管怎么说，相对于学士而言，策士在战国更吃香，更活跃，发挥的作用也更大。

四君子所养的士人中，有一类是术士。术士大体分两类。一类是天文、地理、农技、医药、历算等方面的专家，他们在某一学科领域研究得很深，探索得很远，有的还形成了自己的专门著述。像郑国这样的水利科学家，就属于这类。另一类则是研究阴阳八卦、神仙之术、占筮、卜梦等预测吉凶的游方人士。这之中确有高人，他们遵循天地契合、阴阳轮转的自然规律，从中研究并解开了许多常人不可企及的天地密码，至今仍留下了许多未解之谜。但这之中不乏传授房中术、预测鬼神吉凶而骗取钱财之徒。这类术士没有形成大的气候，多在达官显贵的宫室特别是乡野的阴暗处，装神弄鬼，骗得一把钱便走人。

四君子所养的士人中，更多的是食客。这之中有高人，但更多的是混饭吃的。比如，秦昭襄王敬慕孟尝君的贤能，派弟弟嬴悝到齐国当人质，交换孟尝君到秦国为丞相。不久，便有人对秦昭襄王说：孟尝君是齐国人，他当然把齐国利益放在第一位，秦国因此会陷入险境。秦昭襄王认为有理，罢了他的相，担心放回去对秦国不利，又把他囚禁起来，准备处死。

孟尝君养士三千，人脉关系很广，他着人向秦昭襄王宠幸的姬妾求救。这个姬妾提的条件是要孟尝君穿的一件白色狐狸皮袍，可这件皮袍早就送给秦昭襄王了。孟尝君门下一个叫狗盗的食客，是个神偷，很快便溜进秦王宫，把那件皮袍偷出来，送给了秦昭襄王的宠姬。这个宠姬于是使作缠绵，叫秦昭襄王把孟尝君放了。孟尝君刚走出囚牢，秦昭襄王便反悔了，派人追捕。此时孟尝君已经走到秦国边境的一个关卡，按照关卡的规定，每天清晨，鸡打鸣了才开关。时值子夜，追兵逼近，大家慌作一团。关键时刻，食客中一个叫鸡鸣的人，是个口技专家，他学鸡叫，高声一啼，当地的鸡跟着啼叫起来。守关的打开关门，孟尝君一行得以逃脱。

但四君子门下的食客中，混迹了不少杀人逃犯、赌徒、懒汉、奸人等。这些人投靠四君子是为求得庇护，而他们在四君子手下本性不改，无恶不作。比如，孟尝君路过赵国某县，食客前呼后拥。赵国人久闻孟尝君大名，纷纷聚集在路边等着观看，等见到孟尝君后，人们大失所望。原因是"孟尝君名何其盛，竟然是个矮个子男人"。孟尝君听了脸上挂不住，跟随的食客则火冒三丈，呵斥怒骂围观群众，招惹得围观群众讥笑有加。孟尝君的食客气愤不过，拔剑砍杀了围观群众数百人。因担心这事传出去影响孟尝君的名声，干脆把全县人都杀了灭口。

虽然士人阶层混迹了一些地痞流氓，但把这个基层士人的能量释放出来，是社会进步的显著标志。

毕竟，只有生产力得到极大的解放，经济才能快速发展！

毕竟，只有人的能量得到极大的释放，社会才能文明进步！

苏秦、张仪对弈的天下纵横

苏秦和张仪是鬼谷子在云梦山鬼谷涧培养的两个游说高徒。

苏秦，河南洛阳人，告别鬼谷子后，把游说的目标瞄向秦国。秦惠文王可不是轻易能见到的，于是苏秦变卖家产，用于疏通关系，终于见到了秦惠文王。

第一次见到秦惠文王，苏秦表现得过于急切，口若悬河，滔滔不绝，把鬼谷子老师教的"捭阖术"全忘了，即"制君之术""惑乱之术""离间之术""背向之术"等等让对方开口、上当的"捭术"，以及反制对方，令对方无言以对的"阖术"，全没用上。他对秦惠文王说："秦国的南面有巫山、黔中为屏障；东面有崤山、函谷关为险塞；现又占据巴、蜀、汉中等地，土地肥沃，物产丰富；秦国的战马来自北方外族，日行千里，能征善战等。"苏秦摆出这些秦国称霸天下的优异条件，无非是要说明，只要秦惠文王采纳他苏秦的谋略，秦国即可一统天下。

这一套太直接了，完全背离了鬼谷子教的"捭阖术"。

秦惠文王把苏秦教训了一顿后，大手一挥，转身而去。

为了游说秦惠文王，苏秦把后半生当赌注全押上了，不能因秦惠文王大手一挥而作罢，于是他一连十次上书，陈述自己的谋略主张，以此想说动秦惠文王。结果伏案书写奏疏，连黑貂皮大衣都磨破了，也不见秦惠文王一个字的回应。

变卖家产的全部盘缠花光了，在秦国也待不下去了，他只好垂头丧气地回家。《战国策》载：苏秦游说秦惠文王失败后，"赢縢履屩，负书担囊，形容枯槁，面目黧黑，状有愧色"。翻译成白话即苏秦用破布绑着小腿，穿着草鞋，背着书籍，挑着行李，面目黝黑，形容憔悴，脸上有羞愧的神色。

更凄凉的是，苏秦狼狈归来，嫂子做饭，人人有份，唯独没有他的；父母吃饭，看都不看他一眼；妻子不下织机，仍旧织布。这对苏秦是极大的刺激，进一步激发了他奋发作为的雄心壮志。

苏秦奋发读书，尤其反复研读姜太公的《太公阴符》，常常读到深夜还不肯罢休。为防止自己读累了打瞌睡，他预备了一把锥子，一打瞌睡就用锥子在自己的大腿上扎一下，瞌睡越浓，扎得越重，常常扎得血流至足也不知晓。

公元前三三三年，苏秦自认为深刻领悟了《太公阴符》，决定再次出山。他打算先去赵国，被赵肃侯的弟弟奉阳君挡了驾，只好转道北上燕国，见到了燕文侯。

燕文侯也是懒得见苏秦的。燕国的东南有辽东，北面有林胡、楼烦等少数民族部落，西面有云中、九原，南面有滹沱河、易水河。燕国南面的碣石、雁门一带土地肥沃，连年丰产；北部土壤虽贫瘠，但盛产红枣、板栗。苏秦跟燕文侯开玩笑说："燕国即便不收庄稼，光红枣、板栗也能养活百姓。关键是，赵国是燕国免遭强国入侵的强大屏障，在苏秦见到燕王之前，秦、赵打了五仗，赵国胜三仗，秦国胜两仗，擂木滚石、刀光剑影杀得尸横遍野，燕国冷眼旁观，不参战，也不助威，坐山观虎斗，自身的利益丝毫无损。因为这个，燕文侯这个国君当得很悠闲，很自在。当然，他也有心交结秦国。毕竟秦国崛起得最快，也最霸道，以为交结这样一个强国，能给自己以保护。"

苏秦的游说直指燕国要害。他说："燕国夹在秦、赵两个虎狼国家之间，秦国穿越云中、九原，再翻越代郡和上谷，长途跋涉，劳师远征来攻燕，划不来，即便占领了燕国，也守不住。而赵国就不同了，它的几十万大军，一个早晨就能开进燕国的东桓，不出一日就能渡过滹沱、易水，不出半月燕国就要改姓赵了。"

燕文侯从来没有想过这个问题，听苏秦这么一说，惊出一身冷汗。

见燕文侯进入他的谈话圈套，苏秦才亮出真招——合纵，即"合纵弱以攻一强"。秦国是"强"，燕、赵、齐、楚、韩、魏等国是"弱"，"弱"国合纵而连为一体，共同抗强秦，则必胜；"弱"国合纵为一体，还可防止相互攻伐，如此，燕国也就安稳了。

燕文侯大喜过望，把丞相印信交给苏秦，同时赠给他香车宝马和大把的钱财、宝物，催他赶快上路，去游说赵国。

再去赵国的苏秦，已披上燕国丞相的官服了，赵肃侯不得不见。他给赵肃侯讲的大道理是国君最重要的莫过于让百姓安居乐业，远离战祸。而在纷乱的战国天下，要想远离战祸，最重要的是搞好邦交。在讲了这样一番大道理做铺垫后，苏秦替赵国分析：战国天下，秦、赵、齐、楚最强，如果赵国与齐、秦开战，受苦的是赵国百姓；如果赵国联秦攻齐，受苦的还是赵国百姓；如果赵国联齐攻秦，受苦的依然是赵国百姓；而如果赵国与齐、楚等国家建立"合纵"联盟关系，那么不仅赵国百姓不会遭受战祸之苦，而且为了表达对赵国的感激，燕国会向赵国贡献盛产毡裘狗马的土地，齐国会向赵国贡献盛产鱼盐的海湾，楚国会向赵国贡献盛产橘柚的果园，韩国、卫国、中山国会拿出土地作为赵国的汤沐地。

为了阐明"合纵"的战略意义，苏秦划分了多种战略假设：假若秦国攻击楚国，齐、魏就能派军支援楚国，韩军就能立即切断秦国的粮道，赵军就能南渡漳河夹击秦军，燕军就能在常山以北出兵攻秦，如此，秦军没有不败之理。当然，苏秦还假设了秦国攻打魏国、齐国，特别是赵国时，"合纵"同盟国出兵切断秦军粮道、设伏分割秦军主力、偷袭秦国国都等战略预案。苏秦的这番战略假设，说得赵肃侯欣喜万分，他也像燕文侯一样，将丞相印信交给苏秦，同时赠给他香车宝马和大把钱财，催他赶快上路，去游说楚、齐等国。

苏秦坐着开往楚国的豪车没走多远，秦国大军向魏国开战的硝烟就飘过来了，硝烟夹带的信息是魏军主将龙贾被擒，雕阴已陷，秦国大驱军马正向东挺进。

拖住秦国大军东进的步伐，是构建"合纵"联盟的关键！

怎么办？

苏秦打道回赵，想出了一个妙计——巧诱张仪。

张仪是苏秦的同门师弟，魏国人，出身庶民人家，不甘受穷，以学习为业，企望出人头地。就在庞涓、孙膑在战国名声大噪时，张仪登上云梦山，拜鬼谷子为师，专攻纵横之学。张仪学成出山后，去了楚国。在楚国，虽然张仪能说会道，口若悬河，但终究未能与楚王相见，只是在楚国丞相府栖息下来，以谋士身份混口饭吃。

一次宴饮，楚相向众人炫耀一块美玉。这块美玉温润透亮，十分珍贵，大家争相传看，赞叹不已。因为人多，还因为大家都喝了点酒，传着传着美玉不见了。楚相当场下令搜查，查来查去也没有查着。查不着，大家便用心来查，用心查的结果聚焦在张仪身上。因为出席这次宴饮的人中，张仪最寒酸，加之他平时夸夸其谈，不讨人喜欢，所以人们都认为是张仪偷了。张仪确实没偷，他挨了几百鞭子，浑身被打得血肉模糊，还是说自己没偷。虽然众人怀疑是他偷的，但谁也拿不出证据，只好把他放了。

张仪回到家，妻子很心疼，劝他不要再去要嘴皮子了，老老实实在家耕田过日子。张仪则嬉皮笑脸地张着嘴问妻子："看看舌头还在不在嘴里？舌头还在嘴里，用鞭子是打不掉的。"张仪游说天下搅动战国，靠的就是这张嘴和巧舌如簧的舌头。

张仪挨打时，苏秦已经挂上了燕国和赵国的相印。

恰在这时，有人主动上门给张仪出主意，说你跟苏秦是同窗，关系又好，如今苏秦在赵国丞相府高就，你怎么不去投奔他呢！于是，张仪来到赵国，在丞相府拜上名帖，却没人搭理他。此时的张仪悔恨交加，悔的是不该来找苏秦，恨的是苏秦不讲同窗友谊。想见苏秦见不着，想走又怕失去苏秦来见他的机会。如此煎熬了几天，苏秦终于见到了。

见苏秦是在赵国丞相府。苏秦丝毫没有老同学相见的热情，他高坐堂上，令张仪坐堂下，一副接见下臣、公事公办的架势。更可气的是，苏秦赐给他的食物竟是仆人、侍妾吃的饭食。不仅如此，苏秦还在高堂大声数落张仪，说同拜在鬼谷子老师门下，你张仪竟然混成了一个乞丐，我苏秦本想举荐你，你这个样子如何举荐！

遭受如此羞辱，张仪决定报复。报复当然是攻打赵国，因为苏秦在赵国为相。而有能力攻打赵国的，数遍战国天下，唯有秦国。于是，张仪带着满腹的复仇怒火，打算前去投靠秦国。

而要见到秦惠文王，没有大把的金钱疏通关系，是不可能的。对此，张仪心知肚明。苏秦是变卖家产才见到秦惠文王的，张仪没有金钱疏通关系，在楚国见不到楚王还受了一通冤打。怎么办？张仪满腹焦虑。

恰在这时，又有人主动帮忙，带上车马，还有不菲的金钱、财物，陪送张仪赴秦。有了金钱铺路，张仪获秦惠文王召见。

在张仪走投无路时，建议他投奔苏秦的"那个人"，以及张仪被苏秦羞辱后准备赴秦，送给他车马和金钱的"那个人"，这时又出面了。他对张仪说这都是苏秦一手导演的。说苏秦正在搞南北合纵联盟，他担心秦国大军东进，破坏了这一计划，就故意激怒你，使你赴秦，阻止秦国东进攻赵，以使他完成南北合纵联盟。张仪恍然大悟，羞愧难当。他对"那个人"说："请转告苏秦，只要我在秦国掌权，就绝不攻打赵国。"

此时的战国天下，正在酝酿重大变革，苏秦已挂燕、赵两国相印，一旦六国的相印都挂在他身上，秦国想染指其中的任何一国，都会遭遇巨大的阻碍。今非昔比了，秦惠文王不得不寻求对合纵联盟的破解之策。与秦惠文王交谈一番后，张仪被封为客卿。张仪给秦惠文王出的主意是伐韩，而不是伐赵，以帮助苏秦完成他说服六国合纵联盟的使命。

苏秦于是继续游说，他从赵国出发，第一站是韩国，第二站是魏国，第三站是齐国，第四站是楚国。不得不说，苏秦的游说确有打动人心的智谋。比如游说韩国时，他对韩宣王说："韩国地域九百余里，军队数十万，天下最精良的弓箭刀枪剑戟，都产自韩国。韩国士兵勇武无比，手执利剑，一人能敌百人。而韩国委曲求全，一味地迁就秦国。韩国的领土有限，秦国的贪欲无穷，以有限的领土去满足无穷的贪欲，这正是花钱购买怨恨灾祸的行为。俗话说'宁为鸡口，不为牛后'，以你韩宣王的贤明，手里又有举世闻名的强兵，竟而当牛的屁股，实在使人羞愧难当。"

苏秦并非信口胡诌，《史记》载：韩军的剑，"陆断牛马，水截鹄雁，当敌则斩，坚甲铁幕，革抉簠芮，无不毕具"。韩军士兵持此利剑，以一当十。

《战国策》载：韩宣王听了苏秦的游说，顿时脸色大变，手按剑柄，仰天长叹道，"我宁可死，也不向秦国屈服"，并表态将率领韩国加入合纵联盟，将丞相印信交给苏秦。魏、齐、楚三国的国王，也都完全同意加入合纵联盟，共同抗秦，也都将本国的丞相印信交给苏秦。

张仪被苏秦激将到秦国后，兑现承诺，帮了苏秦的大忙。苏秦游说六国成功，当上了南北合纵联盟的纵约长，使得"合众弱以攻一强"的合纵联盟演绎了战国史上的大联合、大变局。苏秦把六国盟书送给秦惠文王，秦军十五年不敢出函谷关。而一手主导"事一强以攻众弱"连横战略的张仪，则从"合纵"的反面，用"连横"对战国史上的大联合、大变局进行了丰富多彩的拆解。

公元前三二八年，秦国率军攻打魏国边城蒲阳，秦军的战鼓一擂，蒲阳就攻陷了。接着，张仪便向秦惠文王建议，把蒲阳归还魏国，这还不算，又建议派秦国公子到魏国做人质。

魏国傻眼了，不知秦国的葫芦里装的什么药，既不敢拒绝，又不敢接收。就在魏惠王脑袋还在发蒙时，张仪登门来了，他对魏惠王说："秦国可是真心诚意对你好，魏国应该懂事，应以礼还礼。"魏惠王立即听懂了。

按照惯例，一国接收另一国的礼物后，所还之礼应该更贵重一些。秦国已经给魏国送了一个边城蒲阳，你魏国不能没有表示吧。魏惠王听懂后，将魏国的上郡和少梁割让给秦国。

攻陷蒲阳，又归还蒲阳，秦国伐魏这一仗，白白得了魏国上郡、少梁两座城池，在道义上还不受指责。

秦惠文王对张仪的谋略非常欣赏，封他为丞相。

坐在丞相府的大堂之上，张仪给楚国的丞相写信，说他没有偷美玉，却遭诬陷，遭受鞭笞之辱。他警告楚丞相，好好守护楚国吧，如今我张仪不偷玉璧，专偷城池。

公元前三一三年，秦国准备进攻齐国。齐国与楚国邦交敦睦，并订有共同抵抗外患的盟约。秦国担心一战而面对两国，于是把张仪那张嘴派上用场，叫他从中斡旋。

张仪在此之前去过楚国，对楚国的情况特别是楚怀王的性格特点了如指掌，他对楚怀王说："假若你与齐国断交，那么秦国就将商於地区六百里的土地割让给你。不仅如此，还从秦国挑选最漂亮的女子送给你做妾，两国世代结亲，永结兄弟之好。"楚怀王经不起六百里土地和美女的引诱，不顾臣僚的反对，迅速与齐国断交，与秦国结盟，并任命张仪兼任楚国丞相，给他送了一批贵重礼品。

张仪回到秦国，闭门谢客，佯装养病，他要等待他所期待的结果出现。三个月后，如愿以偿。

这三个月，楚国为了讨得秦国的欢心，做了许多亲者痛仇者快的事。比如，特地派人到齐国大骂齐国国君，什么话难听挑什么话骂，终于激怒了齐国，齐国一改与秦国为敌的立场，与秦国结盟。

结果等来了，目的达到了，张仪的"病"也好了。他"病"好后做的第一件事就是召见楚国使节，故作惊讶地说："你怎么还在这里，不去接收我许诺给楚国的六里土地？"

六百里变成六里以后，楚怀王才清醒过来，下令与秦国作战。丹阳首战失败，蓝田再战再败，只好屈服，割让两个城市给秦国，在战败者的席位上缔结与秦国的盟约。

　　秦国在大咬了楚国一口后，出于战略考虑，打算用武关换楚国的黔中。楚怀王为报被张仪欺骗耍弄之仇，提出奉献黔中而不要秦国的武关，只要张仪一人。

　　不要土地要张仪，就是要他的命！

　　张仪不顾劝阻毅然前往，一到楚国就被打入天牢。

　　张仪之所以有这么大的胆量，是因为手里捏着一张平安无事的底牌。

　　刚出道时在楚国挨过一顿冤打，张仪最恨楚国。受秦国重用后，张仪为了立功，曾作为秦国使节去楚国游说过一次，不受楚怀王待见，但张仪就是赖着不走，弄得楚怀王心里很麻烦。突然有一天，张仪提出要走，去韩国。楚怀王巴不得他走，赶紧送行。张仪问楚怀王是否有什么需要，包括给韩国传个话什么的。楚怀王就是想打发他走，什么需要也没有。

　　"美女呢？"张仪问。

　　楚怀王眼睛一亮。

　　张仪对楚怀王太了解了，他贪财、好色、惧内，脑子还不够用。张仪对中原女子如仙如妖的描述，楚怀王听得神魂颠倒，他立即赠送张仪大把金钱，请他帮忙寻找美女。拿到金钱后，张仪磨磨叽叽不走了，还故意放出风来，他要去中原为楚怀王寻找美女。

　　楚怀王的南后和宠妃郑袖听说后，火速拜访张仪，南后一出手就送给张仪千金，郑袖也是大把地送，拜托张仪，千万别在中原为楚怀王寻找美女。张仪则拍着胸脯向她俩保证，绝不会动摇她俩在后宫的牢固地位。

　　终于要走了，楚怀王给张仪举行欢送宴会。酒都喝得有些微醉时，张仪说："听说南后和郑袖是楚国大美女，希望能见见。"楚怀王的脑子不够用这就表现出来了，他非常高兴，立马把南后和郑袖召来。张仪一见，扑倒在地，大呼该死。楚怀王不明就里，问怎么了。张仪说南后和郑袖比仙女还美，中原美女可比不上，他可不敢到中原去找什么美女了。

就这样，大把让找和不让找美女的钱装进兜里后，美女不用找了不说，张仪还获得南后和郑袖的好感。

公元前三一三年，张仪帮秦国骗得楚国六百里土地后，作为秦、楚的交换筹码，他被打入楚国天牢。但他优哉游哉一点也不担心，因为在楚国被他收买的靳尚，是楚怀王的宠臣，加之南后、郑袖对张仪满怀感激，所以张仪深知这些人会帮忙救他。果不其然，楚怀王经不起靳尚的叨叨，也经不起南后、郑袖的缠绵，没几天便把张仪从天牢请出来了。

《史记》载："怀王后悔，赦张仪，厚礼之如故。"

张仪从天牢出来，一点也没有被囚的狼狈和尴尬，一见楚怀王，便以秦国丞相的口气给予其教导，大谈楚国必须臣服秦国的道理。说服楚国后，张仪赶到韩国，一席话把韩国降格为秦国的藩属国。接着出使齐国，出使赵国，出使燕国，鬼使神差地使这几个国家都甘愿侍奉秦国，并割让大片国土作为臣服秦国的见面礼。

至此，张仪推销连横战略的成果达到顶峰。

苏秦和张仪不受儒学泰斗和史学巨匠好评，是情理之中的事。加之人们对纵横学也不认同，类似游说中普遍使用的欺骗诈术是人们认定并普遍排斥的损人利己，甚至是伤天害理的作为。还加之儒学讲究地位、名分，苏秦、张仪都出身贫寒，凭自己的才华登上数国丞相高位，让历史的发展变迁完全受制于他们的政治智慧，甚至受制于他们的喜怒哀乐。仅此一点，儒学家和史学家就不舒服，就不喜欢。

但历史的功过不是以儒家、史学家的好恶为转移的，你高兴也好，不高兴也罢，秦国吞并六国一统华夏江山的宏大历史功绩，至今仍让华夏子孙享用。

毕竟，中华民族的版图不是分成无数个小国才好！

芈八子的秦国时代

芈姓，是楚国的国姓，王室成员姓芈。

秦惠文王称王时，楚怀王为表示祝贺，将芈八子嫁到秦国，给秦惠文王当妃子。芈八子异父同母的弟弟魏冉，和同父异母的弟弟芈戎等一干王族成员一并入秦。

秦国后宫嫔妃分八个等级：王后、夫人、美人、良人、八子、七子、长使、少使。可见芈八子初嫁至秦时，地位不高。但她为秦惠文王生了三个儿子，长子叫嬴稷，即在秦王位置上执政长达五十六年之久的秦昭襄王。

按照传统惯例，芈八子的儿子是不能继承王位的，但芈八子就能把这种"不能"变成"能"！

公元前三一八年，楚国牵头，联合魏、韩、赵等五国攻秦，秦、楚两国的友好关系因此逆转，芈八子在秦国的日子也不好过。加之秦惠文王的嫡妻担心芈八子的儿子抢夺王位，千方百计地对芈八子进行打压。秦惠文王一死，秦惠文后的儿子秦武王继位，立马将芈八子的长子嬴稷送到燕国当人质，把他从秦王朝的核心区域支走。

芈八子不敢提反对意见，她甚至乐意叫嬴稷到燕国去当人质，认为这对锻炼提高嬴稷的国际视野和应变才能，不能不说是件好事。再说呢，那个时候的芈八子只能蛰伏，用蛰伏来韬光养晦，培植自己的势力，等待翻身的时机。

秦武王是秦国历史上极有个性的君主，他身高体壮，浑身是力气，喜欢跟人比试。他的身边聚集了一群力大无比之人，有乌获、任鄙、孟说等等，这些人都能赤手锤死老虎豹子。秦武王把他们招到身边，封高官，享厚禄，经常与他们进行角力比试。公元前三〇七年，秦武王与孟说进行举"龙文赤鼎"比赛，不幸折断胫骨，不久便气绝身亡。

巧的是，秦武王没有子嗣。

这便是芈八子韬光养晦等来的机遇！

围绕谁接任秦国君位，王室正统集团与外戚集团结成了死对头。王室正统方扛旗的，是秦惠文王的嫡妻惠文后，主要骨干是秦武王的王后和秦武王的弟弟公子壮；外戚方扛旗的，当然是芈八子，主要骨干是她的异父同母弟弟魏冉。

按常规看，王室正统集团占优，芈八子的外戚集团斗不过。但芈八子极有心计，着手谋划也极早。她凭着秦惠文王对她的宠幸，早早地把魏冉推到了统兵打仗的位置，魏冉多次取得战功，在秦国积累了极高的声望。不仅如此，芈八子还派人贿赂拉拢韩、赵两国国君，得到他们的幕后支持。

双方先是打嘴仗，王室正统集团力推公子壮，外戚集团力推嬴稷。嘴仗打了两年，打不出结果，就改为打武仗。关键时刻，秦惠文王的异母弟、手握秦国兵权的樗里疾突然选择了沉默，即王室正统方与外戚集团方，哪方也不帮。

这种谁也不帮的沉默实际上是一种明确的站队，即站到了外戚集团方。

因为芈八子异父同母的弟弟魏冉早就在秦国掌握了一定的兵权，且数度统兵打仗，打出了一定的声望。而在王室正统集团与外戚集团的这场君位之争中，取胜的唯一仰仗是樗里疾站出来，带领军队与芈八子和魏冉斗，且只要斗起来，必胜无疑。可就在这生死存亡的关键时刻，樗里疾谁也不帮，实际是对外戚集团获胜的助力。手里捏着军队的魏冉与手里没有军队的王室集团一开战，魏冉便把胜利的旗帜举起来了。

没有任何史料记载樗里疾为什么突然保持沉默，这就给了人们极大的想象空间。比如外戚集团给了他巨大的贿赂，比如外戚集团给了他事成之后的巨大利益许诺，比如芈八子用女色把他拉下了水，等等。芈八子在运作自己的美色上，手段是极其高超的，可以说是屡试不爽、屡试屡成。传说她为了牢牢地把自己的异父同母弟弟魏冉控制住，就对他使过自己的美色。樗里疾用沉默表明的倒戈，说不定就是芈八子把美色这一招用上了。

外戚集团在秦国君位之争的胜利成果，即是把芈八子与秦惠文王生的儿子嬴稷扶上了君位，即秦国著名的秦昭襄王。

儿子嬴稷登上王位后，芈八子要求他做的第一件事就是封自己为宣太后。她这个太后开启垂帘听政的先河，执掌朝政长达三十六年，跟随她出嫁到秦国的七亲八姑，个个封侯授爵，其中魏冉出任丞相，继续掌管秦国的兵权。

芈八子垂帘听政的头三年是与秦国王室血统势力做斗争的三年。秦武王的母亲惠文后、秦武王的王后，以及缘于秦武王血统的贵族势力，在已经立了嬴稷为秦昭襄王后，又把公子壮拥立为秦王，号称"季君"，继续与以芈八子为首的外戚势力做斗争。双方你来我往，打来打去，最后在垂帘听政的芈八子指挥下，被手握重兵的魏冉悉数诛杀。从此，秦国进入较长的稳定期，使得其可以从国内的事务中腾出手来，问鼎中原，与战国六雄争锋。

公元前三一八年，楚、赵、魏、韩、燕五国联合攻秦，而秦国的后院也起火。点燃这把火的，是位于甘肃、陕西和宁夏一带的义渠国。

《后汉书·西羌传》载："及平王之末，周遂陵迟，戎逼诸夏。自陇山以东，及乎伊、洛，往往有戎。于是渭首有狄、獂、邽、冀之戎，泾北有义渠之戎，洛川有大荔之戎，渭南有骊戎，伊、洛间有杨拒、泉皋之戎。"说的是，秦国周边全是少数民族。这些少数民族虽生产力极其落后，但作战打仗极其凶猛。西周末年，周幽王被杀死在骊山脚下，就是犬戎干的，使得周平王不得不迁都洛邑。

秦国被中原国家视为西戎，但秦国插手中原的事务早，加之帮助周王朝剿灭戎、狄有功，周平王东迁洛邑时，封秦襄公为诸侯，与中原诸国平起平坐。但中原国家始终没有放下对秦国的歧视、偏见。

早在秦穆公时期，秦国就率军进攻过义渠国，《史记》载：这次征伐，秦国"益国十二，开地千里"。秦国登上了西戎霸主的历史舞台。

秦国当然不甘心于做西戎霸主，它的目标是称霸中原。为稳定自己的后院，秦国早在公元前四四四年就发兵十万，向西至西海固草原、南至泾水、北控宁夏河套、占地达十万平方公里的义渠国发起了猛攻。秦国大胜，义渠国称臣。但二十年之后，义渠国卷土重来，打到了秦国的渭南，掠去了秦国大片国土。一百多年后，秦国再次向义渠国发兵，再次把义渠国打得俯首称臣。满以为后院稳定了，不承想，在赵、韩、燕、楚、魏联合攻秦时，义渠国又变脸，向秦国背后插了一刀。秦国为解除腹背受敌之忧，特地以"锦绣千匹，美女百人"贿赂义渠王。而义渠王不买账，反而趁势进攻，一战斩获秦军数万。

在这种情况下，秦国只好缓和与东方诸国的关系，暂停了向中原攻伐的步伐，回过头来审视与自己较劲了数百年的义渠国。审视得出的共识是，后方不稳，无法东征。公元前三一四年，秦国调集二十万大军，向义渠国发起全面进攻，一举攻克其二十多座城池，把义渠国基本上打残了。义渠国休养生息了十年，仍缓不过劲来，遂派出使节，与秦国修好。

此时义渠国打的还是老主意，借与秦国修好之机，进一步休养生息，积蓄能量，适时翻脸反扑。而秦国疲于应对东方六国的征伐，正需要与义渠国的修好来稳定自己的后方。但义渠王一脚踏进咸阳，见到垂帘听政的芈八子宣太后之后，两国的算盘都重打了，历史也因此重写了。

为人妇、为人母的宣太后虽一大把年纪，但仍美貌倾城，风流依旧。义渠王见到后，忘了自己来秦国是干什么的，立马拜倒在宣太后的裙下不能自拔。宣太后本是楚国王室女子，生性敢爱敢恨，且不顾世人如何评价。

在义渠王的百般追慕下，坦然投怀送抱，一头扎进了与义渠王如胶似漆的欢愉之中。从此以后，宣太后还隔着帘子管管秦国的大事，给儿子秦昭襄王指指点点。而义渠王则完全沉浸在与宣太后的男欢女爱之中，把义渠国的国事完全抛在了脑后。

这一晃三十年过去了，秦国的后方稳定了三十年，使得秦国集中力量对中原六国攻伐了三十年。战国天下的局势完全掌控在秦国手里，崛起的战国七雄，唯有赵国还残存了一点抗衡秦国的实力。

三十年之后，义渠王风烛残年了，没有利用价值了，义渠国也被秦国剿灭了，宣太后的目的达到后，便毫不留情地把义渠王杀死在甘泉宫中。她与义渠王生的两个孩子，历史没有记载结局如何，从此杳无音信。

儿子嬴稷在秦王的座椅上坐了三十六年后，宣太后收起了听政的垂帘，把权力交给了他。算来宣太后也是风烛残年之人，但她仍不甘寂寞，仍寻求感情上的补充。

《战国策·秦策》载：人老珠黄的宣太后，在杀死义渠王之后，为填补后宫的空虚，喜欢上了一个名叫魏丑夫的男宠，病得快要告别人世时，还提出要魏丑夫为她殉葬。魏丑夫对她动的不是真感情，而是慑于她太后的权威不得不从。但要他做她的殉葬品，魏丑夫极不情愿。于是，魏丑夫疏通关系，请大臣庸芮前去做宣太后的工作。

庸芮对躺在床上等死的宣太后说："人死后，是否有知觉？"

宣太后保持了一份清醒，回答说："照本宫看，或许这世界上根本就没有灵魂一说，人死如灯灭，尘归尘，土归土。"

庸芮于是说："假若人死后没有知觉，太后您叫魏丑夫殉葬，不是白白牺牲了心上人的性命？假若人死后有知觉，那您想想，先王秦惠文王死后几十年，您先是与义渠王生子，后又与魏丑夫风流，如今还要魏丑夫殉葬，这不就惹出大麻烦了吗！"

宣太后临闭眼前说了一句："你说得有道理。"

宣太后死了，她给战国、给后人留下了一段传奇。她桀骜不驯、信马由缰，不受世俗的约束，却在为儿子争夺君位的权谋争斗中，始终保持着政治上的敏锐和灵活；她把自己的色相在权谋争斗中运用到极致，俘获了秦惠文王的感情，与自己的弟弟厮混，为义渠王生娃，身边还有许多男宠，却没有坠入情海不浮出水面，而是把自己的色相当作手段，为政权、为秦国谋求千秋大业。正是在她由芈八子变身为宣太后的过程中，秦国的历史改写了，战国的历史改写了，泱泱华夏的历史也改写了。

　　因此，我们不得不承认，从楚国王室一路走来的芈八子，是华夏历史上一位伟大的女性！

战神白起的血腥

白起，战国时期最著名的战将，也是战国时期最血腥的战将。

但凡名将，没有不沾染血腥的。那是因为，在刀光剑影的杀伐中，不是你死，就是我死，流血不可避免。但是他白起，将战国之前的春秋、东周、西周，乃至商、夏之前各朝各代战果记载的"斩"，改为"坑"。"斩"，显然是对战场不是你死、就是我死的选择记载，也是战争规律的体现。而"坑"，就完全改变了性质，它所表明的场景不是战斗进行中，而是战斗结束后对俘获的敌方军人挖坑活埋。

这是背离人道精神的残忍！

但也得看到，这是在战国的世道下，秦国一统天下难以避免的血腥！

白起，芈姓，有说为楚国王室白公胜的后裔，可能是在楚国王室女子嫁到秦国时随同来到秦国的。但在秦国，白起没有享受楚国王室后裔的待遇，据司马迁《史记》载："白起者，郿人也。善用兵，事秦昭襄王。"郿人，即陕西眉县人。也就是说，在司马迁的刀笔之下，白起是个庶民，他作为战国时期的名将是从基层升迁上来的。

秦国具有让普通民众向贵族攀升的政治构架，这一构架是商鞅设置的。

商鞅变法的一个重要内容是建军功赏爵。士兵只要斩获敌人甲士一个首级，就可以获得一级爵位、一顷田、一处宅、一个仆人。斩获的首级越多，所获爵位越高。

白起十六岁从军，十年后，也就是秦昭襄王十三年，就获得了"左庶长"的爵位。秦军爵位分二十级，"左庶长"是第十级。也就是说，二十六岁的白起，经过十年战火的熏陶，已经成为秦军领导层中最年轻的一个将领。

当然，二十级军功爵位才到十级，白起是不满足的，他的雄心壮志是更高、更快。于是，在爵位达到十级后，白起便开始寻找政治上的靠山，并且很快被宣太后、魏冉纳入视野。

宣太后联手魏冉，虽然在君位之争中把儿子赢稷扶上了秦王的位置，且用三年时间，将以惠文后、武王后为首的赢姓贵族势力击溃了，但毕竟根基不牢，党羽不众，急需培植自己的势力。白起，芈姓，出身楚国王室血统，又在秦国为将，自然是培植目标。

据说，宣太后最初对白起有些小视，原因是魏冉介绍白起时，说他冷血、果断、不懂政治、缺乏心机，使得宣太后觉得白起成不了大器。而掌握秦国军权的魏冉恰恰认为白起正是他要培植的对象，并力排众议，给了白起一个千载难逢的机会。

这个机会就是抢占新城。

韩国新城，即今河南的伊川，位于当时韩、楚两国的交界处，也是秦国东进的最佳通道。秦国控制新城，不仅可以切断韩、楚之间的联系，而且可以迫使韩国转而向秦国交好。而此时的楚国已是日暮西山，国力极其衰弱，韩、魏、赵三国联合秦国，打算一举把楚国瓜分掉。面对这种局势，楚国率先出手，派军队驻守新城，以阻止四国的联手进犯。

公元前二九四年，白起也出手了。出手之前，白起对局势做了个分析，看清了韩国对联合攻楚的摇摆，也看清了魏、赵两国的犹豫。于是白起做了三件事，一件是提升士气，许诺给作战勇敢的加官晋爵；一件是让人给新城的守军放风，说秦军的作战风格是割下敌人的头去领取军功；一件是向新城军民散播谣言，说秦军一到，魏、赵会掉转枪头，向韩军进行夹击。

真真假假的放风、谣言在新城传开后，军心像大雾一样弥散开来。白起趁着军心涣散，率不足一万兵力，以迅雷不及掩耳之势，直扑新城，一举拿下。

这一仗打下来，战国天下都知道秦国又出了一个令各国都发怵的战将。白起直升两级，被封为"左更"，与秦国大名鼎鼎的司马错大将平级。

转年，公元前二九三年，白起再次在战场上扬威。

秦国占领新城后，魏国的都城大梁直接暴露在秦军的刀锋之下。为解除这一威胁，魏国与韩国联合，发兵指向新城。

这一次，魏、韩是做足了准备的，下了必须把新城拿下的决心。魏国派出的统兵大将是公孙喜，韩国派出的大将是暴鸢。这是两个久经沙场的名将，都创造过名扬天下的光辉战例。且这两位将军多有合作，曾联手攻入楚国的方城，特别是在垂沙之战中，几乎让楚国的精锐损失殆尽。加之韩国有号称"材士"的弓弩步兵，"超足而射，百发不暇止，远者达胸，近者掩心"；魏国还存有吴起训练"魏武卒"的遗风，士兵耐力超强，虽身披重甲，却能健步如飞。韩、魏两国总共出动了二十四万大军。

反观白起，秦国只给了他十万兵力，且不是秦国的主力，多是临时征发的。关键是，秦国官兵对这个年轻的统兵将领缺乏信任。

白起的战略谋划是一着险棋，即把战场从秦国占领区转移到韩、魏占领区，实现中央突破，把韩、魏联军打开，而后各个击破。实现这一战略意图的关键是抢占韩、魏门户伊阙。伊阙作为韩、魏的门户，自然是重兵把守。伊阙的地势十分险要，两山对峙，伊水还流经其间。白起要抢占伊阙，难度非常之大。

但白起决心一定，便着手实施。

他先是给魏将公孙喜写了一封信，极尽卑辞奉承，希望魏军中立，让他率军与韩军作战，许诺获得的战利品与魏国平分。

这连普通士兵都看得出来，白起使的是反间计，何况久经沙场的战将公孙喜呢！公孙喜看后，哼了一声，嘴角露出轻蔑的微笑。

不仅公孙喜在笑，白起手下的官兵也在笑。

可没等人们的笑容收敛，白起将写给公孙喜的第二封信又送去了。信中不仅深表对魏军配合的感谢，而且泄露了秦军攻击韩军的具体时间，请求秦、韩两军打起来时，魏军不要插手，事后给魏军好处。

跟随白起作战的将领对白起嗤之以鼻，认为这太小儿科了。倒是魏将公孙喜拿到信后心生疑虑，这白起耍的是哪一招？想干什么呢？

白起想干什么，只有白起知道。因为打一开始，白起就不是离间老成沉稳的魏将公孙喜，而是离间脾气暴躁的韩将暴鸢。他给公孙喜写第一封信，暴鸢就已得到了风声；给公孙喜写的第二封信，很快到了暴鸢手里。

暴鸢非常愤怒，决心甩开魏军，自己单干。因为他信心满满，只要弓箭手在伊阙两山把弓拉满，白起的秦军就甭想踏进这里一步。

而白起呢，他的谋略并没有在把暴鸢激怒时打住，而是在泄露给魏将公孙喜发起攻击韩军的时间点上，果然把军队开到伊阙。这样一来，暴鸢更证实了自己的愤怒，公孙喜也完全蒙了。

令这两位老将军没想到的是，秦军开到伊阙后，没有任何实际进攻的动作，只是摆开了阵势，不似箭在弦上，倒像搞演习。

谁也不知道白起磨磨蹭蹭在等什么。

一看这阵势，魏军统帅公孙喜不等韩军统帅暴鸢招呼了，率军前去协助韩军。在公孙喜看来，这是个战机，正面有韩军顶着，他从侧面斜插过去，可以形成两线夹击，打秦军一个措手不及。

白起等的就是公孙喜率军前来。

半夜时分，公孙喜率领的魏军赶到了，白起发起的进攻也打响了，他不是打韩军，而是利用夜色，向魏军发起进攻。刚刚赶来尚未摆开阵势的魏军，一个个正气喘吁吁时，秦军排山倒海杀过来了。魏军猝不及防，阵脚大乱，公孙喜只好率军且战且退，向韩军驻守的营地退去。

此时的韩军统帅暴鸢隔岸观火，谁也不帮，站到了秦军和魏军的中间。他要看看白起连续给公孙喜写信，到底是怎么一回事。

就在暴鸢糊里糊涂没看清个所以然时，魏军像潮水般溃败下来，涌进暴鸢统领的韩军营垒，韩军、魏军相互交叉，乱成一团，部署好的阵势也被冲得七零八落。

而在这时，白起放下魏军不打了，突然掉转枪头，杀向韩军，杀得韩军落花流水，形不成任何抵抗和对攻。

直到这时，公孙喜、暴鸢两员老将才看清自己上当了，只好收拾起剩下的十余万人马，向偃师方向退去。白起哪里肯放过，他下令军队脱掉笨重的铠甲，丢弃所有的粮草辎重，只持刀剑，拼命追击。前面是只顾逃命的魏、韩军队，后面是杀红了眼追来的秦军，追着追着，天降大雨，倾盆而下。秦军士兵脱去衣服，光着膀子在滂沱大雨中猛追，不少跑得慢的魏、韩士兵被秦军斩杀。暴鸢和公孙喜只好叫军队也脱去上衣，光着膀子在大雨中奔跑逃命。

天不帮韩、魏啊！大雨一直下个不停，待韩、魏逃兵跑到伊水时，河水暴涨，汹涌奔腾，没有退路了。逃命的韩、魏士兵被持刀挥剑的秦军逼进伊水，咆哮的河水翻卷着他们的尸体，瞬间冲卷得无影无踪。

这一仗，白起率军杀敌二十四万，俘虏了公孙喜，还将五座城池收入秦国囊中。

跟随白起作战的官兵没有人再怀疑他的军事谋略和指挥才能了。秦国在白起的手里，终于打通了数百年来也没有打通的入主中原的函谷关通道，也开辟了秦国一统天下的道路。

这之后，白起作为秦国的最高军事统帅，用连战连捷为自己贴上了战国天下第一名将的标签。

《史记》载："昭王三十四年，白起攻魏，拔华阳，走芒卯，而虏三晋将，斩首十三万。与赵将贾偃战，沉其卒二万人于河中。昭王四十三年，白起攻韩陉城，拔五城，斩首五万。四十四年，白起攻南阳太行道，绝之。"
其中的昭王三十四年攻魏，一口气吞并魏国大小城池六十一座。

　　连续攻伐掠取，把韩、魏彻底打衰了，韩、魏不仅主动与秦国签订屈
辱条约，而且还奉献给秦国大片土地。韩国奉献出武遂一带的二百里土地，
魏国奉献出河东一带的四百里土地。至此，河西之地尽归秦国。

　　此时放眼战国天下，东方六国中只有齐国和赵国还有抗衡秦国的能力，
而从军事力量看，赵国强于齐国。

　　那好，白起就拿赵国开刀。因为赵国有名扬天下的战将廉颇、赵奢，
与这样的名将作战，才能凸显他白起的军事才华。

　　但秦昭襄王没有让白起去攻打赵国，而是叫他去攻打楚国。因为楚国
占了大片的江南富庶之地，号称有百万兵甲。楚国人性蛮，常常不按规矩
出牌，你今天跟它结盟，它明天就可能毁约；你今年把它打痛了、打伤了，
不用到明年，它的伤口就痊愈了，一夜之间又能征发数十万大军卷土重来。
秦国若是攻打赵国，楚国一看有机可乘，必定会斜插一刀。因此，不把楚
国摆平，不能对赵国动手。

　　秦昭襄王问白起："大败楚军，需要秦军多少精锐？"

　　白起答："七万。"

　　"理由呢？"

　　白起答："楚人之俗，轻剽颛急，战时勇于攻取而拙于守御，只需学
昔日之伍子胥，选精取锐，长驱直入，数战则可破郢矣。"

　　白起于是带七万精兵，顺汉水而南下，直接深入楚国腹地。此役白起
的七万大军，不带粮草辎重，一路进发，一路掠抢，还动员沿途的民众为
他的军队运送粮草。更绝的是，南方水多桥多，白起规定，只要秦军经过
的桥梁，过后便拆桥毁船，自断归路，以此告诉他带领的官兵，只能以战
胜敌人而求生还，否则就有去无回！

　　就这样，深入楚地的七万秦军且打且走，长驱直入，迅速攻占邓地及

几座城池后，抵达楚国陪都鄢都城下。

鄢都离楚国郢都只有二百余里，是拱卫国都的北大门。鄢都一丢，国都不保。因此楚顷襄王下令汉水流域的守军全部回援鄢都，坚决把秦军顶住。楚顷襄王看清了，秦军没带辎重粮草，虽能从民间掠夺一些，但十天半月之后，再也没有可掠的了，这时秦国援兵不到，白起必亡无疑。

白起也认清了这一点，但一时也没想出应对之策。眼看一天一天过去了，白起还是想不出办法。秦军军心开始浮动，白起内心焦急，但表面上还是谈笑风生。情急之下，白起跳进汉江，在水里游起泳来。游着游着，白起的灵感上来了，他急忙上岸，把几个心腹干将召来，让他们速带几千人，到离鄢都西北数十里的蛮河武镇筑坝拦河，同时在汉江支流东西方向筑一条水渠。

坝筑成渠修好后，白起在夜里下令决口灌水。随着鄢都城西一声巨响，刹那间河水倾城而入。第二天天亮再看鄢都，一片汪洋，水面浮着一片尸体。

楚国的精锐之军几乎被白起的这一水攻消灭殆尽。楚顷襄王一看大事不妙，带领臣僚和部分军队放弃郢都，把国都迁到楚国东北的陈国故地。

白起率军进入楚国郢都，这可是当时华夏手工业最发达的都城。在这里补充粮草辎重，就堆积如山了。于是，白起乘胜追击，兵分三路向楚国的腹地发起进攻。一路向南打到了洞庭湖，一路向西打到了夷陵，一路向东打到了竟陵。凡打过的地方，人仰马翻，尸横遍野。楚国辽阔富庶的土地，任由白起大军驰骋。

夷陵，位于湖北宜昌东南，这里是楚人的宗庙，埋葬着楚人的祖先。白起一脚踏进夷陵，没有想起自己的祖先也葬于此地，而是想如何彻底断掉楚人的气数，叫楚人从此再不能东山再起。说白了，就是挖楚人的祖坟，毁掉楚人再次中兴的风水。

但在白起毁楚人宗庙之前，他想起一个人，这个人就是秦国的宣太后。她姓芈，是楚王室的公主，她的祖先就安葬供奉在这里，毁她的祖宗，她同意吗？

历史在这里埋下了一个天大的伏笔：楚虽三户，亡秦必楚！

伏笔是需要日月运行、天地运转的！此时的白起，包括宣太后也预测不到日月将如何运行，天地将如何运转。于是，宣太后和白起凭着自己所能预见的大局走势，点起一把火，把楚人的祖陵烧成断壁残垣，夷为平地。

在熊熊大火燃烧的光亮中，白起授封为"武安君"。

楚国被彻底打残之后，秦国便拿战国天下最后一个强敌赵国开刀了。

当时的战国天下，楚国被秦国打得毫无还手之力，魏国、韩国被打得割地求饶，齐国作为秦国的战略棋子，此时正与秦国交好，唯有赵国、燕国既不与秦国结盟，又没有发生大规模的正面战争。燕国人口少、兵力弱，在秦昭襄王眼里可以忽略不计。而赵国就不同了，它久居中原富庶之地，人口众多，兵强马壮，在秦国收拾其他国家时，赵国非常谨慎，不与他国结盟抗秦，因而也就避免了国力、军力的损失。

作为秦国的最高军事统帅，白起几乎与天下战将都交过手，且都打败了他们，唯独没有与赵国的战将，像廉颇、赵奢，包括讲军事理论一套一套的赵括交过手。赵括嘛，白起几乎不看在眼里，他那套纸上谈兵的嘴上功夫在白起注重实际的战法中是绝对占不了上风的。至于廉颇、赵奢，才是他白起最想在战场上见面的对手。

在和廉颇交手之前，秦军已经拿下了韩国的上党，打通了进攻赵国的门户。

公元前二六〇年，历史上的秦、赵大战在长平正式打响。

大战打响后的两个关键点决定了战争的胜负。

第一个关键点：赵国撤廉颇，换赵括。白起率军面对廉颇，几乎没有找到任何机会。廉颇本身就是保守型战将，一上来几经交手之后，便深筑营垒，严防死守，不再出战，且任白起如何挑衅谩骂，就是不接招。面对这种战法，白起又玩起了离间计，他四处放风，说廉颇被打成缩头乌龟了，不敢再战了；还说秦军怕的不是廉颇，而是怕赵括。此时赵奢已经去世，赵孝成王听了信以为真，加之廉颇闭垒不战，没有给他传回胜利捷报，于是把廉颇换成了赵括。这一换，长平战场秦、赵两军的对峙胶着状态改变了，战局的走势步入白起谋划的圈套。

第二个关键点：秦昭襄王亲自到战场督战，赵孝成王连援兵都没有派来。秦、赵两军的大决战，各自精兵都派上了战场。比较看，秦军劳师远征，兵员补充和粮草供给更困难，赵军则要便利得多。关键时刻，明智的秦昭襄王把国内事务全交给丞相范雎，自己则跑到秦国新占领的上党南部招兵买马，十五岁以上的男子，赐爵一级，全部带到长平战场。这些新征调的士兵没有作为主力投入战场，而是负责营造壁垒，参与大部队对赵军的包围，包括插入长平与邯郸之间，掠取赵军粮草，在关键时刻发挥了巨大的辅战作用。反观赵孝成王，让他在王宫焦虑万分的不是战场态势的变化，以及如何做好赵军的后援，而是盼着送来赵军的胜利捷报。秦、赵两国君王的不同作为，也决定了战争的最终胜负。

赵括作为赵军统帅，虽然被历史戴上了一顶"纸上谈兵"的帽子，但还原到历史，特别是还原长平战场，赵括还是令白起敬畏的。

赵括先是向白起的秦军发起进攻，没有占到优势后，便迅速退守丹河谷，重新筑垒，保存实力，寻找突围机会。就在这当口，在上党地区与秦军作战的赵军败下阵来，而秦昭襄王亲自征发的后援部队赶到了长平，赵军从长平至邯郸的粮草补给线被秦军切断，四十五万赵军瞬间陷入孤立无援的境地。

这一极其严峻的战场态势，赵括看清了，但他没有惊慌，而是冷静分析判断，发现秦军南北防线有些薄弱，是唯一可以发起突破的方向。于是在与秦军对峙几天以后，赵括在几乎弹尽粮绝的情况下，率军向秦军的南北防线连续发起了四十六天的拼死突围。赵括突破秦军一个营垒，白起就后撤加修一个营垒；白起夺回一个营垒，赵括就进攻另一个营垒，战场的争夺进入白热化，到处是倒下的尸体，到处是断壁残垣。

要知道，赵括是在弹尽粮绝、活着的士兵吃死去士兵尸体的惨烈情况下，与白起进行战场对决的。四十六天下来，赵军有二十五万士兵倒在血泊中，秦军也有二十万士兵魂断黄泉。

仗打到这个份上，赵括也没有放下武器，率军投降，而是做最后的殊死搏斗。他将剩下的赵军分成四队，自率一队，置生死于度外，呼啦啦地向秦军冲去。面对如此顽强的赵军，不要说白起手下的将领，就连白起本人都深感胆寒。恰在这时，秦国又一拨从上党赶来增援的军队到了，一支利箭把赵括从战车上射得摔落在地，长平之战才停止相互搏杀。

然而，战场的搏杀停下来之后，另一场惨绝人寰的坑杀上演了。

长平、上党两个战场上，被秦军俘获的四十余万赵军摆到了秦昭襄王和白起的面前。秦昭襄王虽杀伐果断，但他不愿背负杀四十余万俘虏的千古骂名。于是，他不跟白起打招呼，便驱车返回了秦国，把四十余万俘虏的处置难题留给了白起。

跟随白起作战的将军王龁、王翦，以及司马错的儿子司马梗，看到黑压压一片四十余万俘虏，也都心惊肉跳。而此时的白起，反倒十分冷静，他双手沾满无数鲜血，似乎不在乎再杀多少人，也不在乎背负千古骂名。

白起下令，从俘虏中找出二百四十个不满十四岁的俘虏，其余的分成十个大营，由不同的军队分别看管，以接受秦军选拔为骗局，把他们骗到阳谷的一个山涧。当四十万大军挤进山涧时，两边山上早就堆满的石头如狂风暴雨般砸下，偶尔从滚石中爬上来的，又被扔了回去重砸。顷刻之间，赵国的四十余万俘虏全部被砸成肉酱，葬身涧底。

这惨绝人寰的一幕，白起让二百四十个赵军娃娃兵看完后，再放他们回赵国。

据传，第二天阳谷山涧的上空，晴天霹雳，突然降下瓢泼大雨……

据传，从此之后，阳谷山涧只要夜幕降临，瘆人的哭泣和哀嚎便此起彼伏……

据传，从此之后，阳谷山涧方圆数百里之内，没有野兽，连凶狠的狼都见不到……

长平之战后，白起从军为将的辉煌，由此宣告结束……

白起，这个战国时期首屈一指的名将，就这样被钉在千夫所指的耻辱柱上，不仅被历史学家痛骂不绝，也被普通民众咒骂至今……

范雎的宽阔与狭隘

创立"远交近攻"大战略的，是范雎。

这一著名战略的核心是秦国与远在东方的齐国交好，重创就近的韩、魏两国，再伺机攻打楚、赵；待韩、魏、赵、楚被打得对秦依附后，再以五国之力，集中攻齐；齐国被打得无还手之力后，再就近灭韩、灭魏，而后把赵、楚、齐、燕等被打得无招架之功的国家一并灭掉，秦国一统天下。

范雎贡献的"远交近攻"战略，为秦国踏平六国、一统天下做出了巨大的贡献！

范雎，魏国人，想侍奉魏王，但因家贫拿不出钱来打通关系，就在魏国的中大夫须贾手下当差。须贾出使齐国，范雎随从出使。在齐国待了几个月后，齐王听说范雎很有口才，便着人赏赐他黄金还有食物。须贾得知后大怒，认为是范雎出卖魏国的秘密换得的好处，下令范雎把黄金退还，只留点食物。回国后，须贾把这事报告给魏国丞相魏齐，魏齐非常愤怒，下令鞭打范雎，打断了他的肋骨，打落了他的牙齿。范雎被打得昏死过去，被人用草席裹着扔进厕所。魏齐还不肯放过，又叫宾客轮流往草席上撒尿。范雎被尿刺激苏醒过来，对看守说："你要是把我弄出去，以后我一定报答你。"看守趁魏齐喝得大醉，向他报告，请求把范雎当死尸扔掉。由此范雎得以逃脱。

与范雎交好的市民郑安平帮助隐瞒了范雎逃回家的消息，还叫范雎更名张禄，在生活上多有支助。

范雎看清了，战国天下，唯有去秦国才有发展的广阔空间。

恰巧秦国使节王稽来到魏国，范雎便与郑安平扮作奴仆，利用夜幕的掩护，溜到公馆拜见王稽。王稽深感好奇，便热情地接待了他们，并令人端来酒菜，边吃边聊。范雎一张嘴便将战国的形势分析得头头是道，还特地就秦国该如何发展，大谈了一番自己的看法。王稽虽不是大才大智之人，但范雎所讲的，他还是深受触动和启发。于是他决定把范雎带回秦国，推荐给秦昭襄王。

当时的秦国对天下有识之士有巨大的吸引力，无论是真有本事的，还是没本事混饭吃的，都往秦国赶。而实际掌控秦国的宣太后和丞相魏冉不怎么看中这些所谓的谋士，他们看中的是自己的嫡系、党羽，担心真正的谋士被秦昭襄王重用以后，削弱自己的权力，因而他们对进入秦国的谋士多有防范。

对于这个问题，范雎在进入秦国的路上就感受到了。

一天，王稽等人行至秦国的湖县，远远望见前方尘土飞扬，一队车骑急驶而来，范雎马上意识到来人派头很大。因为秦国的法律规定，地位低下的人不可快马奔驰。于是范雎藏匿于车厢之中，想实际观察一下来者究竟是何人，是个什么做派。

疾驰而来的是秦国当朝丞相穰侯魏冉，王稽急忙下车拜迎。魏冉也下车，与王稽相互寒暄，并问王稽是否带来所谓的能人异士，王稽自是不敢说范雎就藏在车里，魏冉也没有上车盘查。

继续赶路时，范雎下车从小路行走，并约定前方见面地点。他料定，魏冉必派人来再查。没走多远，身后马蹄声响起，疾驰过来一队人马，奉丞相之命前来搜查，没发现可疑之人，也就离去。王稽则在前方，把范雎拉上车向咸阳驶去。

几乎与所有的能人异士一样，范雎虽然到了咸阳，但要面见秦昭襄王是非常困难的。王稽出使复命，见到了秦昭襄王，也向他推荐了张禄（范雎的化名），但秦昭襄王心不在焉，对张禄毫无兴趣，只是吩咐给张禄安排一个住处。

没辙，只好等。这一等，便是一年。这期间，范雎想过诸多面见秦昭襄王的办法，都未能奏效。范雎无奈，只好继续等。倒是在等的日子里，范雎对秦国的局势有了更深入的了解。秦国的大权没有掌握在秦昭襄王手里，而是掌握在他的母亲宣太后和他的舅舅魏冉手里。宣太后的几个亲戚，魏丞相、泾阳君、华阳君、高陵君并称秦国的"四贵"，不仅掌握秦国的政权，而且控制秦国的财富。秦昭襄王戴着秦王的帽子三十多年，应该早就想把大权揽到手里，可能也是觉得斗不过宣太后和"四贵"，才忍气吞声把自己蛰伏起来。范雎分析，秦昭襄王绝不会甘心，只要抓住机遇，他定然要把大权从宣太后和"四贵"手里夺回来。

由此，范雎制订面见秦昭襄王的策略：激将法！

恰在这时，咸阳大街贴出告示，说秦国即将攻击齐国的纲、寿两地。这一攻击方向，是与范雎谋划的"远交近攻"战略相悖的。齐国远在东边，中间隔着魏、赵两国，秦国跨魏、赵去攻齐，岂不是自找遭受多国夹击的麻烦吗？再细一打听，范雎才看清问题的本质。原来颁布的这一谕令并非秦昭襄王的主意，而是丞相魏冉绕过秦王的自作主张。因为齐国的纲、寿两地与魏冉的陶山封邑相邻，攻打纲、寿是魏冉为了扩大自己的封邑。

抓住这个机会，范雎还以化名张禄向秦昭襄王上书，火力全开，矛头直指"四贵"。他写道：秦昭襄王是大树的主干，宣太后和"四贵"则是枝叶，枝繁干弱则不能筑牢君王的统治根基；善于使自己殷富者，大多取之于国，善于使国家殷富者，大多取之于诸侯；有了英明的君主，诸侯就不会贪赃枉法，原因在于明主善于分割诸侯的权力，而将所有的权力集中到自己的手中；良医可以预知病人的生死，明主可以预知国家的成败，利则行之，害则舍之，疑则少尝之。最后范雎特地强调，有些话信上不便说，希望秦王见他，让他一述衷肠。

当然，这是范雎故意卖关子，留了一些治国兴邦的悬念，以促使秦昭襄王尽快召见他。秦昭襄王看了范雎的上书后，大为震撼，范雎所言正是他的隐疾。于是，让王稽代为传命，召张禄火速入宫。

《史记》载："于是范雎乃得见于离宫，详为不知永巷而入其中。王来，而宦者怒，逐之，曰：'王至！'范雎缪为曰：'秦安得王？秦独有太后、穰侯耳。'欲以感怒昭王。"

《史记》所载的这个细节，足见范雎晋见秦昭襄王是做好了充足准备的！已知是秦昭襄王召见，又看到在一群人的簇拥下秦昭襄王从对面走来，范雎却故意走进永巷。宦官上前呵斥范雎，说大王到了，你还不回避！范雎则反唇相讥，说秦国只听说有宣太后和魏冉，何曾听说还有个大王？

当面激将，直戳秦昭襄王内心深处的隐疾。

在与秦昭襄王的交谈中，范雎故弄玄虚，欲言又止，在彻底获得秦昭襄王的信任后，才把自己分析战国天下形势，思谋秦国兴旺发达的谋略和盘托出。

范雎说："夫穰侯越韩、魏而攻齐纲、寿，非计也。少出师则不足以伤齐，多出师则害于秦……王不如远交而近攻，得寸则王之寸也，得尺亦王之尺也。今释此而远攻，不亦缪乎？"

秦昭襄王问："如何近攻魏？"

范雎说："王卑辞重币以事之；不可，则割地而赂之；不可，因举兵而伐之。"史载，秦昭襄王听从范雎的建议，"使五大夫绾伐魏，拔怀。后二岁，拔邢丘"。

如何近攻韩呢？

范雎说："秦、韩之地形，相错如绣。秦之有韩也，譬如木之有蠹也，人之有心腹之病也。天下无变则已，天下有变，其为秦患者孰大于韩乎？王不如收韩。"

收买韩国，它听吗？

范雎说："韩安得无听乎？王下兵而攻荥阳，则巩、成皋之道不通；北断太行之道，则上党之师不下。王一兴兵而攻荥阳，则其国断而为三。夫韩见必亡，安得不听乎？若韩听，而霸事因可虑矣。"

范雎被秦昭襄王拜为客卿，谋兵事，言听计从。

客卿决非范雎的人生目标。秦王对范雎的言听计从，因受宣太后、魏丞相的掣肘也多有限制。因而范雎在客卿位置上重点谋划的是扳倒宣太后和"四贵"，为自己登上丞相之位扫清障碍。

范雎对秦昭襄王如是说："臣居山东时，闻齐之有田文，不闻其有王也。闻秦之有太后、穰侯、华阳、高陵、泾阳，不闻其有王也。夫擅国之谓王，能利害之谓王，制杀生之威之谓王。今太后擅行不顾，穰侯出使不报，华阳、泾阳等击断无讳，高陵进退不清。四贵备而国不危者，未之有也。"

范雎所言，从如何才是君王，以及宣太后专权擅行，"四贵"肆无忌惮的角度，直指秦昭襄王表面是秦王，其实不是秦王，不掌握实权。

《战国策》载，范雎在这次游说中给秦昭襄王讲了一个故事：恒思那个地方有个强悍的少年，要求和具有强大神力的神丛打赌。这个少年说，我抛下一个棋子，正面朝上你赢，反面朝上我赢。如我赢了，你把神力借我用三天；你赢了，我任由你处置。结果这个少年赢了，神丛把神力借给了他。三天后，神丛要这个少年归还神力，少年不给。五天后，神丛开始枯萎。七天后，神丛便死了。范雎讲这个故事想说什么，秦昭襄王无疑听懂了。

范雎接着说："臣闻善治国者，乃内固其威而外重其权。穰侯使者操王之重，决制于诸侯，剖符于天下，征敌伐国，莫敢不听。战胜攻取则利归于陶，国弊御于诸侯；战败则结怨于百姓，而祸归于社稷。"

范雎的这段话是集中攻击魏冉。毕竟宣太后是秦昭襄王的亲妈，此时算来已是一大把年纪了，故范雎的攻击避开了宣太后。

最后，范雎所说的则是这次谈话的要害、症结。他说："夫三代所以亡国者，君专授政，纵酒驰骋弋猎，不听政事。其所授者，妒贤嫉能，御下蔽上，以成其私，不为主计，而主不觉悟，故失其国。今自有秩以上至诸大吏，下及王左右，无非相国之人者。见王独立于朝，臣窃为王恐，万世之后，有秦国者非王子孙也。"

话说到这个份儿上，秦昭襄王不能不"大惧"了。于是使出霹雳手段，"废太后，逐穰侯、高陵、华阳、泾阳君于关外"，"拜范雎为相，收穰侯之印，使归陶"。

秦昭襄王这顶王冠，戴了四十一年后，在范雎的操弄下，终于实至名归。

范雎坐上秦国丞相交椅后，做的第一件事就是攻伐魏国。从"远交近攻"的角度分析，范雎的这一决策出于公心。因为秦国要东出函谷关，荡平六国，首当其冲的拦路虎就是魏国，魏国不拿下，东路出关受阻。但从范雎的内心分析，这一决策出于私心。他在魏国受到奇耻大辱，如今他是秦国丞相，他既要拿魏国开刀来一雪前耻，又要以此向秦昭襄王一表忠心。

魏国得知这一消息后，大为恐慌，但听说秦国新任丞相叫张禄，原是魏国人，又似乎看到希望。于是派大夫须贾前去秦国，打算用丰厚的贿赂，做通丞相张禄的工作，进而觐见秦王，两国重新修好。范雎听说魏国派来的使节是须贾，内心感慨无限，沉寂下来之后，构思并上演了一场精彩大戏。

戏是这么演的：

范雎脱掉丞相服，换上一套破衣烂衫，从丞相府溜出来，来到须贾住的馆驿，没等通报便走到须贾面前。须贾见到范雎，大惊失色，他以为范雎早死了，没想到他还活着。再看范雎的衣着，以为他不成大器。但在咸阳见到故人，须贾仍感到亲切，故而问范雎怎么活下来的，问范雎在秦国做什么活计，令人给范雎端上饭菜，看范雎衣着单薄，还特地把自己的绨袍给范雎披上。

范雎则将落魄的下人演得很逼真。他本不饿，但须贾把饭菜端上来，他狼吞虎咽，吃得直打饱嗝；须贾把缯袍披在范雎身上，范雎也不推辞；问他在咸阳靠什么为生，范雎说打工糊口……

须贾并不期望眼前这个落魄的范雎能帮他什么忙，但掩饰不住的内心焦虑，还是把要见丞相张禄当闲话给范雎说了。范雎听说须贾想见丞相张禄，便主动应承下来，说自己和张禄有交情，能引导须贾去拜见。面对衣着寒酸的范雎口出如此狂言，须贾内心是不信的。但身处咸阳，人生地不熟，眼下又找不到其他人帮忙，就好歹信他一回。

在约定时间，范雎赶着车来了，车是丞相专用车，范雎亲自驾车，拉着须贾去见张禄。车在丞相府停下后，范雎叫须贾候着，自己走进丞相府去通报。

左等不来，右等不来，须贾便走到门卫打听。门卫告诉须贾，刚才进去的那个衣着褴褛的人，就是大秦丞相张禄。须贾一听，如晴天霹雳，脑子顿时一片空白。稍微回过神来，想跑，但转念一想，在咸阳这块地界上，能跑到哪里去？只好脱袍解带，跪在丞相府外，并托门卫前去禀报：罪人须贾，跪拜求见。

进得丞相府去，只见两边的刀斧手威风凛凛，范雎高坐于堂。须贾跪地磕头，嘴里连称有罪。范雎历数了须贾三罪："雎之先人丘墓亦在魏，公前以雎为有外心于齐而恶雎于魏齐，公之罪一也。当魏齐辱我于厕中，公不止，罪二也。更醉而溺我，公其何忍乎？罪三矣。"范雎之所以没有处死须贾，则是"以绨袍恋恋，有故人之意"。

须贾免于一死，离开秦国前向范雎告别。范雎则把各国使节都请来宴饮，把须贾安排在仆人席上，给客人上大鱼大肉，给须贾上了一盘马料，旁边站着两个人，用筷子夹着草料和黑豆往他嘴里塞。范雎叫须贾给魏王捎信："急持魏齐头来！不然者，我且屠大梁。"

至此，范雎一手导演并参与演出的这场精彩大戏，落下帷幕。

范雎算报了被辱的大仇，但这仇报得没有一点君子风度，更不可能把他与制定"远交近攻"战略的人联系起来，倒使人能把他与一些没文化的痞子、恶棍联系起来，没胸怀，很狭隘！

范雎的这种狭隘还表现在阻挠白起攻取邯郸的建功上。

长平之战，白起坑杀四十余万赵军，彻底把赵国打残了。秦昭襄王采纳白起的建议，令他率军直取邯郸，吞并赵国。赵国刚刚经历了长平惨败，又面临秦军前来围攻邯郸，朝野上下恐慌万分，人人都不知有今天还有没有明天。

在这种恐慌万分的气氛中，苏秦的弟弟苏代站出来。他也是个游说家，对秦国的君臣关系，特别是丞相范雎与战将白起的微妙关系，看得十分清楚。白起是个典型的军人，对秦国忠心耿耿，只知道为秦国打胜仗，夺土地。而范雎就不同了，他在帮助谋划秦国利益的同时，更想着自己的利益权势。因而苏代信心满满，带着赵国给他的大量珍宝面见范雎。苏代就是趁着秦国将相不和的间隙，前去做离间工作的。他把大把的珍宝往范雎跟前一推，开门见山就说："长平一战，白起建功至伟，如今趁势围攻邯郸，赵国一亡，秦国就可称帝，白起也就封为三公。而你范雎，就位处白起之下。"

核心的就这几句话，把范雎彻底说动了。于是，范雎摇动三寸不烂之舌，搬出一套又一套成立和不成立的理由，说服秦昭襄王下令让白起从邯郸撤兵。撤兵的条件是赵国割让六座城池，与秦国修好。

白起从邯郸撤回后，丞相范雎便想方设法阻止他继续在战场上建功。

一转脸，赵国就撕毁合约，六座城池不给秦国了，而是给了齐国，请齐国给予救援。秦国于是再次发兵包围邯郸，统兵大将则把白起排除在外。

而此时的战国天下，各国都痛恨秦国，深知赵国一亡，就是"唇亡"，

从《史记》出发

77

牙齿能不寒吗？于是，赵国的毛遂跟随平原君出使楚国，搬来了楚国的八万大军；魏国的信陵君窃符救赵，魏国也出动了十万大军，很快突破了秦军设在邯郸外围的防线，秦国不断增派的四十万大军竟然全线溃败，尤其是范雎举荐提拔的将军郑安平，率两万被围秦军投降了赵国。

范雎看出了自己面临的危机，对秦昭襄王说，不是秦军攻不下邯郸，而是不想攻下邯郸，这是秦军用这种方式声援他们心中的战神白起。

秦军这不是逼宫吗！秦昭襄王非常恼火，直下诏令，命白起为主将，前去邯郸战场指挥。白起暗地里跟范雎较劲，他知道对自己的诸多诋毁、谗言都出自范雎。秦昭襄王如果信任范雎，自己无论是打了胜仗还是败仗，都会被踢出秦国的核心层。因而他接到秦昭襄王的诏令后，自称有病，拒不受命。

秦昭襄王大怒，强求白起：即使躺在担架上，也要受命赴邯。

而白起的态度是宁愿脑袋被砍，也不做一个屈辱的将领。

秦昭襄王劝不动白起，拂袖而去，随即下了一个诏书：白起武安君的爵位废除，贬为士卒，流放到西北苦寒之地。白起称病不走，他还在等着秦昭襄王回心转意。秦昭襄王下令：抬也要把白起抬走。直到此时白起才深知秦昭襄王彻底抛弃了自己，只好收拾行装上路。

白起在前面走，从咸阳派出的人马从后面追，追上以后，送上一把秦昭襄王赐给他的宝剑，令他自尽。

其实，与其说是秦昭襄王赐予白起自尽的宝剑，倒不如说是范雎赐予。因为在白起离开咸阳之后，范雎便给秦昭襄王进言，说白起对他的处置不服，说白起生病是装的，说白起一定会投奔别的国家，成为秦国的心腹大患。秦昭襄王在范雎的劝谏下，赐白起死。

白起在把宝剑架到脖子上时，说了一段检视良心的话，他说："我固当死。长平之战，赵卒降者数十万人，我诈而尽坑之，是足以死。"

死前的白起好歹对自己的良心进行了一番检视。

而范雎呢？他具有几乎所有战国时期的人都不具有的战略视野，提出了"远交近攻"的战略方针，使得秦国征讨杀伐，屡打胜仗，日益强大。可以说，他是秦国荡平战国天下、一统六国的奠基者。可范雎的人性、良知，与他的大视野、大胸怀是分裂的，岁月磨不平他对恩怨的介怀，大局解不开他对功利的追逐，就因为苏代对未来预测的假设，说他的地位将在白起之下，便把自己的全部智慧用到了阻挠白起的建功上，进而用到了将白起置于死地上。

　　范雎是人格分裂呢，还是目光的一时短路？

屈原因爱国而高歌

屈原仰天长歌：路曼曼其修远兮，吾将上下而求索。

屈原的这一长歌，把自己的远大抱负，以及为之奋斗的坚定意志，向苍天大地做了敞开心胸的尽情倾诉！

他的这一倾诉聚焦于爱国！

屈原出身贵族，在楚国朝廷任大夫。当楚怀王在南后、郑袖以及宠臣靳尚反复劝说下，打算把打入天牢的张仪请出来时，屈原火速求见楚怀王，反复陈述利害，劝楚怀王杀掉张仪。但为时已晚，张仪放出来跑了。

其实，屈原此时是冒杀头之罪去劝谏楚怀王的，因为在此之前，楚怀王已经疏远了屈原。还因为屈原出身王族，在楚国人气很旺，楚怀王心里不舒服，生怕屈原抢了他的王座，处处防着屈原。

屈原是大诗人，在楚国为官，主要负责外交工作。他待人礼貌周到，言辞表达清晰生动，他既为楚国利益周旋力争，又能使他国君王折服。因而，一开始楚怀王对屈原非常倚重，外交事宜全委托屈原处理，甚至提出让屈原制定楚国的法令。

制定法令，这可是治国理政的大事，没有君王的鼎力支持是不可能制定出来的，即便制定出来了，也是执行不了的。于是，楚国朝廷暗流涌动，阻止屈原制定法令、离间屈原与楚怀王的关系逐渐演变成了楚国朝廷权谋争斗的主旋律。

上官大夫的阴谋是把屈原起草的法令偷出来，变成自己的作品，呈献给楚怀王。这一阴谋没有得逞，屈原起草的法令没能偷出来。

但上官大夫又使出一个阴谋，向楚怀王进谗言，说屈原对外大肆张扬，吹嘘全楚国只有他才能制定法令。楚怀王脑子不够使，听到这一谗言后，不做任何分析、判断，迅速疏远屈原，楚国的法令也就胎死腹中。

屈原怨恨不已，用诗歌发泄，于是千古诗文《离骚》问世！

"路曼曼其修远兮，吾将上下而求索……"

"指九天以为正兮，夫唯灵修之故也……"

"长太息以掩涕兮，哀民生之多艰……"

屈原用《离骚》表达了自己的宏大抱负，表达了对祖国、对王室宗庙的忠诚，表达了对人民的关爱和慈怜。

司马迁心愤难平，写道："屈平疾王之不聪也，谗谄之蔽明也，邪曲之害公也，方正之不容也，故忧愁幽思而作《离骚》。"

秦昭襄王挖了一个陷阱，邀楚怀王到武关会盟，屈原冒死劝谏，把这个阴谋揭示得清清楚楚。可楚怀王在公子子兰和其他媚臣的鼓动下，还是往陷阱里跳。这一跳，不仅使得楚怀王的尸体从秦国运回来，而且秦国出兵武关，杀死楚国数万官兵，夺走了析邑等十五座城池。面对楚怀王的如此结局，屈原悲愤万分，用诗作发泄，抱怨楚怀王不用忠臣，盲目听信子兰、上官大夫的谗言，误国害身。诚如司马迁所写的那样："存君兴国而欲反复之，一篇之中三致志焉。"

这样的诗作一经传诵，产生的后果可想而知！

令尹子兰、上官大夫等一帮佞臣像毒狼一样扑过来，同时发射中伤、诋毁、造谣等毒箭，瞄准射击的目标就是屈原。

屈原被放逐，心痛得不再感觉什么是痛了，他披头散发，一步三摇，边走边吟，走到了汨罗江边。波涛翻滚的汨罗江水犹如屈原此时的心情。他是一位身怀爱国理想的伟大诗人，理想是他的灵魂，是他的情怀，是他为之终生奋斗的抱负，他要用汨罗江清澈的流水证明他理想的崇高和纯洁。

从《史记》出发

司马迁写道：一位渔夫见到正准备投江的屈原，问他为什么投江。

屈原说："举世皆浊我独清，众人皆醉我独醒，是以见放。"

渔夫说："如果一个人的道法修养达到最高境界，他对事物的看法就不是死的，而是随着世俗风气而改变。既然全社会的人都污浊，你就应该随波逐流，甚至推波助澜；既然所有人都昏昏欲醉，你就应该陪他们喝个痛快。"

显然，这个渔夫不是渔夫，而是司马迁。司马迁想通过渔夫之口问问大诗人屈原死前到底是怎么想的，为什么会高洁得不从俗而流。

屈原的回答是："刚洗过头的人，一定要弹去帽子上的尘埃；刚洗干净身子的人，一定要去除衣服上的灰尘。如果一个人是干干净净的，怎么能容忍尘垢沾染呢！"

是的！做人的最高品质是爱国，爱国的最高品质是纯洁！屈原就是这种高品质、最纯洁的爱国诗人！

乐毅 "交绝不出恶声"

乐毅，名将之后，他的祖先乐羊在魏文侯手下为将，把经常侵犯魏国的中山国给灭过一回。乐毅本在赵国为将，赵武灵王在沙丘行宫被饿死后，回到魏国。听说燕国建了招贤的黄金台，又去燕国，被燕昭王封为亚卿。

哲学家邹衍，研究金、木、水、火、土的五行循环学，他将五行循环学的演变放在历史的发展轨迹之中，向燕昭王提了一个建议，他说，商朝的运势是金德，崇尚白色，发迹的方位在西边；周朝的运势是火德，火克金，崇尚红色，发迹的方位在南边；克火的是水，下一个王朝的运势是水德，崇尚黑色，发迹的方位在北边。

燕昭王一听，马上联想到自己，燕国不是在北边吗；这下一个王朝的大运，不正对着我的头吗！他压根儿就没想，秦国也在西北。

雄心勃起的燕昭王决定先拿齐国开刀，称霸天下。

而此时的齐国，已经被齐湣王搞得天怒人怨。他自认为智慧超群，不可一世，先后发兵攻楚、赵、魏、韩，还打周王室的主意，发誓要把周天子赶下台，由他来做天子。大臣狐爰指责他荒唐，他把狐爰拉到街市斩首；大臣陈举继续规劝，他把陈举绑到东门处决。齐湣王一系列荒唐之举，不仅让燕国觉得是个机会，其他国家也都觉得有机可乘。

但军事家乐毅还是比较谨慎，因为凭燕国的国力、军力，不是齐国的对手，因而提议联合其他国家一起伐齐。燕昭王拍板同意，并迅速派人联络魏、赵等国。乐毅是有名的战将，声望很高，人缘极好。赵惠王一听乐毅为将，不仅答应将军队叫乐毅统领，而且把攻伐齐国将获取的巨大利益做诱饵，劝秦国一起出兵。

公元前二八四年，乐毅佩燕、赵两国相印，率燕、赵、秦、韩、魏五国军队向齐国发起进攻。秦国很配合，派大将蒙骜从河东方向发起侧攻，引诱齐军上当。齐军倾全国主力，火速开往河东迎战。乐毅则率燕、赵主力，从赵国的南面向齐国挺进，一举拿下齐国的北境屏障灵丘，使得齐国国都临淄完全暴露在战火一线。齐湣王慌了，任命触子为大将，达子为副将，率军迎战乐毅大军。

触子认为，他率领的不是齐军主力，应先避一避乐毅大军的锋芒，择机迎战。齐湣王一张口便否决了，并威胁触子，你再不出击，我斩你全家、挖你的祖坟。

面对叫士兵去白白送死的作战，触子不忍心。两军对峙后，触子突然鸣金收兵，悄悄逃跑了。齐军群龙无首，被乐毅大军打得落荒而逃。

副将达子收拾残兵败将，退守临淄西大门秦周。他对齐湣王说："敌强我弱，应拿出犒赏，激励斗志。"齐湣王却大骂达子，说他与触子是一丘之貉，并逼迫他率军出击，结果秦周沦陷，达子战死。

攻下秦周后，参与作战的魏、赵、韩等国大捞一把财物撤走了。乐毅则率燕军，以迅雷不及掩耳之势，攻下齐国国都临淄。

临淄一攻下，燕昭王便火速赶到了，封乐毅为昌国君，并命他为燕国驻扎齐国的全权代表。

驻扎在齐国的燕军，在乐毅的带领下，采取闪电战快速出击，速战速决，在不长的时间里，齐国的战略中枢、要地全部被荡平，只剩莒、即墨两座孤城。

即墨城易守难攻，乐毅率军围了三年。

这时谗言出来了，有人对燕昭王说："乐毅在片刻之间攻陷齐国七十余座城池，而一个小小的即墨，三年却攻不下来，这说明，他不是攻不下来，而是不想攻下来，他是在要价，想做齐王，独霸齐国。"

燕昭王有定力，很大气，他说："乐毅要是当了齐王，燕、齐就成了兄弟之国，这不是天大的好事吗！"于是，他下令把进谗言的人拉出去砍了，而后把王后的服装送给乐毅的夫人，把太子的服装送给乐毅的儿子，并派丞相赶赴齐国，宣读封乐毅为齐王的诏书。

　　乐毅非常感动，但坚决不予接受。

　　两年后，燕昭王去世，儿子燕惠王接任。燕惠王目光短浅，相信谗言，在他人的挑唆下，日益流露出对乐毅的不满，并派一位叫骑劫的将领赶赴即墨取代乐毅，令乐毅返燕。

　　乐毅是战国时期著名的军事家，他对这种权谋争斗的原因、结果看得很清楚，一旦返回燕国，厄运难逃。于是他卸下燕军统帅的将服，离开齐国去了赵国。

　　乐毅一走，齐国的田单就使用奇招，把包围即墨的燕军击溃，并乘胜发起反击，一举收复七十余座城池，把燕军赶到了济水边上。

　　燕惠王心眼儿小，乐毅一去赵国，他害怕乐毅率赵国军队攻击燕国，于是专门派出使节到赵国去指责乐毅，说燕昭王如何器重乐毅、乐毅如何对不起燕昭王等等。

　　乐毅听懂了燕惠王派人来指责他的真实想法，于是修书一封，请使节交给燕惠王。《史记》载，乐毅在信中写道，他绝不会为了个人恩怨带赵国的兵去攻打燕国，君子，"交绝不出恶声"。

　　乐毅，战国时期的名将、君子！他胸怀坦荡，品德高尚，言而有信。他不仅没有带赵国的军队去侵犯燕国，而且经常穿梭于燕、赵两国，做相互修睦的工作。两国对他都很尊重，任他为客卿。乐毅最后终老赵国。

赵太后的明睿成触龙之功

"触龙说赵太后",是战国史上的著名事件。事件就赵太后的儿子到齐国当人质而展开,赵太后舍不得儿子,不让去,而赵国面临危局,不去又不行。在这种情况下,老臣触龙做通了赵太后的工作,同意派幼子长安君到齐国当人质,使得赵国的危局得以缓解。

显然,该事件盛赞的是触龙。其实,赵太后的明大理更值得盛赞!

一件小事,就足见赵太后的胸襟和视野。

齐国使节到赵国慰问赵太后,赵太后连问了他三个问题:"岁亦无恙耶?""民亦无恙耶?""君亦无恙耶?"第一个问题,问的是齐国当年的收成好不好;第二个问题,问的是齐国人民的生活好不好;第三个问题,问的是齐国的国君身体好不好。从这三个问题的顺序可以看出,赵太后心里装的是民众,收成不好,民众可就苦了。至于问到国君的身体好不好,是外交场上的客套。

对于赵太后这样的提问,齐国使节很不高兴。在使节看来,首先该问的是国君,而后才是收成和人民,怎么能把这个顺序颠倒呢?

赵太后的解释是:"苟无岁,何有民?苟无民,何有君?故有舍本而问末者耶?"赵太后的这个解释,说到问题的根本了。收成不好,怎么养活人民,没有人民,怎么会有国君呢!如此可以看出,赵太后是个大明大智之人。

公元前二六六年,赵惠文王去世,赵太后执掌赵国政权。赵惠文王临死前,嘱咐又嘱咐:一定要好好照顾太子,保住赵国的万世基业,尤其叮嘱要防止秦国趁火打劫。

赵惠文王尸骨未寒，秦国迅速发起了对赵国的攻击。赵太后刚开始临朝听政，对如何应对、处置未理出章法。赵国上下乱作一团，只好赶快派使节前去齐国求援。

东边的齐国正享受范雎"远交近攻"的好处，是整个战国天下唯一没有受到秦国攻伐的国家，因而也是最有实力救援赵国的国家。由于这个原因，赵国朝廷普遍认为齐国不会帮忙。然而出人意料的是，齐国同意出手相救，但提出一个条件：让赵国太子长安君到齐国做人质。

这可就戳到赵太后的心眼处了。丈夫赵惠文王有交代，不能让太子遭受什么苦难，而她也十分疼爱这个孩子。因而当齐国提出质子的要求后，赵太后一口回绝。眼看秦国大兵压境，赵国危在旦夕，臣僚们纷纷劝谏赵太后，但怎么劝都没用，她就是不同意。不同意还劝，把赵太后劝烦了，放出狠话："这事不许再提，否则让他满脸沾上老身的唾沫！"

其实，赵太后有自己的盘算。当时的赵国，武有廉颇，文有蔺相如，王室还有平原君赵胜，这些人才华横溢，德高望重。他们不去齐国搬救兵，却盯着她的爱子去做人质，这不是对她临朝听政的轻视吗！

眼看赵太后的工作做不下来，臣僚们把希望寄托在老臣触龙身上。

触龙为官规矩，不争宠，不争利，能言善辩，在赵国威望很高。加之触龙年事很高，赵太后对他很尊重，不至于招惹唾沫。触龙颤颤抖抖走进太后宫，磨磨蹭蹭走到赵太后跟前，行礼请罪，说："自己年纪大了，腿脚不麻利，但一直心念太后，却不能前来谒见，这次前来请安，就想看看太后玉体是否康健。"

赵太后对触龙来干什么心知肚明，因而只是敷衍着应付。话题一开始都是饮食起居，家长里短，聊着聊着，聊到了孩子。

触龙说："老臣有个小儿子，叫舒祺，十五岁了，没什么才干，但老臣特别疼爱他，想把他放到宫廷侍卫队去锻炼锻炼，也好让他长点本事。"

赵太后一听，有所触动，说："我以为母亲才会溺爱自己的小儿子，原来做父亲的也是这样。"

触龙赶紧接话茬，说："比母亲更加溺爱。"聊到这会儿，赵太后就不是敷衍应付了，而是当家常聊起来了。她说："妇道人家，大都偏爱小儿子。"触龙则说："太后与一般妇道人家不同，不是更爱小儿子，而是更爱燕后。"

赵太后的女儿嫁到燕国去了，为燕后。

赵太后说："爱卿错了，老身爱长安君，比爱燕后要深得多。"触龙说："燕后出嫁的时候，太后抱着她哭泣，担心她如此一别，还能否回来；燕后走后，每逢祭祀，太后都为她祈祷，祈祷她不要回到赵国，以求长久居住在燕后宫。太后的心思是想燕后能香火永续，子子孙孙都能在燕国大富大贵。"

赵太后完全进入一种闲聊状态，拍着大腿说："老身正是这样想的。"触龙说："容老身问一句，从今往上数三代，到赵氏建立赵国的时候，赵国君主的子孙，凡被封侯的，他们的后代有几个能继承爵位？"

赵太后对赵国祖宗的传续一清二楚，张口便说："一个没有。"

触龙又问："赵国是这样，其他国家呢？"赵太后想了想说："老身孤陋寡闻，还真没有听说。"

直到这时，触龙才回到主题。他对赵太后说："其实，其他国家也没有。没有的原因，不是说君王的子孙都不好，而是这些子孙都拿不出可以让人信服的功绩。他们俸禄优厚却好逸恶劳，拥有的财产土地很多，却不知道规避风险。如此，往近里说，损害了自己，往远里说，伤害了子孙。"

在讲了这样一番道理后，触龙把长安君拉到要谈的话里来了。他说："这就和现在的长安君一样，太后把肥沃的土地封给他，把大量的珍宝赐予他，却没有给他创造机会，为国家做出功绩。太后百年之后，他怎么能在如此风起云涌的乱世中立足呢？由此来看，太后不是爱燕后更胜于爱长安君吗？"

如前所述，赵太后不是不明事理之人，赵国危亡在即，她能因溺爱幼子而眼看着国家灭亡吗？她只是觉得，自己一个妇道人家临朝听政，朝中这么多臣僚，没有人站出来担当，却把她小儿子作为筹码，心里有些生气。在与触龙一番闲聊后，找到了一个适当的台阶，便走了下来。

触龙说赵太后的成功，不能否认触龙的智慧，但更主要的还是赵太后的英明睿智。她是明"苟无岁，何有民？苟无民，何有君"的明睿之人，知道事大事小，只要给她一个适当的台阶，她定会做出舍小取大的选择。假若她是那种不明事理、钻牛角尖不出来的人，即便苏秦、张仪去游说，也是不管用的。

所以说，是赵太后的明睿成就了触龙游说的成功！

李斯的强秦之谏

　　李斯，河南上蔡人，当时属楚国。年轻时，李斯做一名小吏。司马迁写道：李斯为郡小吏时，"见吏舍厕中鼠食不洁，近人犬，数惊恐之。斯入仓，观仓中鼠，食积粟，居大庑之下，不见人犬之忧。于是李斯乃叹曰：'人之贤不肖譬如鼠矣，在所自处矣！'"司马迁所写的是李斯对两只老鼠的观察，一只蜗居于茅厕，吃的是肮脏恶臭的粪便，还时刻心惊胆战，害怕被上茅厕的人和犬发现。另一只则居住在粮仓之中，安逸舒适，天天饱食，还无人打扰。李斯认为，所谓贤智之人与不肖之人，就和老鼠一样，就看你所处在什么地方了。可见李斯为小吏时，其思考和观察事物的能力就有过人之处。

　　李斯不甘于做一名小吏打发一生，于是投奔到荀卿门下，学帝王之术。

　　荀卿是齐国稷下学宫中脱颖而出的大儒，他一改孔子儒学空谈政治理想的弊端，从时局出发，对传统的儒学进行改造，使之适应社会发展的需要。因而治国理政、平定天下的帝王之术，成了荀卿研究和教授的主要课题。

　　学成之后，李斯打算赴秦谋求发展。荀卿先前也去过秦国，他的主张秦国并不采纳，因而他问李斯为什么要去秦国。李斯答："斯闻得时无怠，今万乘方争时，游者主事。今秦王欲吞天下，称帝而治，此布衣驰骛之时而游说者之秋也。处卑贱之位而计不为者，此禽鹿视肉，人面而能强行者耳。"李斯说的是，游说之士很受秦国重视，这正是说客发挥作用的好机会。如果地位低下而不去争取，就像抓住了鹿却白白盯着它的肉一样，又有什么用呢!

说白了,李斯看清了秦国吞并天下的大势,他想去为自己出人头地争取机会。

李斯到达咸阳后,投奔在吕不韦的门下,因为才华与众不同,很受吕不韦欣赏,吕不韦任命他为侍卫郎官。当上侍卫郎官便有了接近秦王的机会,李斯建议秦王政抓住六国衰弱的机会,抓紧对六国攻伐掠取,直打得六国再也无力合纵了,秦国才能吞并天下称帝。李斯这番话,秦王政中听,一张嘴给他戴了顶长史的官帽。

李斯于是进一步给秦王政出主意,建议秦王政暗地里派出谋士(实际是间谍)带上大把的黄金珠宝到各国去游说。凡是能用金钱珠宝贿赂的重要权臣,就用金钱珠宝将其拿下;不接受贿赂的,随后派刺客去暗杀;挑拨君臣之间的关系,一旦把混乱制造出来了,接着便派精锐之师前去攻打。李斯给秦王政出的这些招数,都是见不得光的阴招!秦王政采纳之后,大获成功。李斯于是又得到提升,拜为客卿,专门负责研究秦国消灭六国、一统天下的策略。

当秦国按照李斯的谋划,大踏步实施一统天下的具体行动时,有一个韩国人来到秦国,延缓并阻止了秦国的步伐。

这个人叫郑国,著名的水利科学家。郑国是韩国派来的。秦国统一天下的战略步骤是,首先拿韩国开刀,彻底打通横扫魏、赵两国的通道。韩国在一片惊恐的气氛之中想出一招,派水利科学家郑国以术士身份入秦,以帮助秦国兴修水利事业为由,损耗秦国的财力,使得秦国无力东征。

郑国在当时享誉天下,一到秦国便受到秦王政接见。郑国则直入主题,建议秦王政引泾水与渭水汇合,再往东修渠注北洛水,灌溉关中平原。这是一项巨大无比的水利工程,毫无疑问,这项工程完工后,关中平原便是陕西的江南了。秦王政欣然采纳郑国的建议,并任命他为主持修渠的指挥官。

但全长三百余里的引水工程将耗费秦国巨大的财力！

郑国是肩负韩国"疲秦"使命到秦国来搞"破坏"的，但水利科学家的良知使得他又不能不对自己的作品负责。两难选择面前，郑国做了两面选择，一面选择损耗秦国的财力，一面选择把工程修好。秦国派往韩国的间谍迅速打探到这是韩国的阴谋，秦王政大怒之余，下了逐客令，即把在秦国谋得官职的外国人一律驱逐出秦国。

李斯来自楚国，虽贵为客卿，但也在被逐之列。

于是李斯向秦王政写了一封信，即著名的《谏逐客书》。

李斯写道："臣闻吏议逐客，窃以为过矣。昔穆公求士，西取由余于戎，东得百里奚于宛，迎蹇叔于宋，来丕豹、公孙支于晋。此五子者，不产于秦，而穆公用之，并国二十，遂霸西戎。孝公用商鞅之法，移风易俗，民以殷盛，国以富强，百姓乐用，诸侯亲服，获楚、魏之师，举地千里，至今治强。惠王用张仪之计，拔三川之地，西并巴、蜀，北收上郡，南取汉中，包九夷，制鄢、郢，东据成皋之险，割膏腴之壤，遂散六国之众，使之西面事秦，功施到今。昭王得范睢，废穰侯，逐华阳，强公室，杜私门，蚕食诸侯，使秦成帝业。此四君者，皆以客之功。由此观之，客何负于秦哉！向使四君却客而不内，疏士而不用，是使国无富利之实而秦无强大之名也。"

李斯真不愧为思想大家、文字大师，短短文字，把秦国春秋时的穆公、战国时的孝公、惠王、昭王四代明君，招揽天下智者、贤士，参与治国理政、攻伐掠取，从而使得秦国一步步走向强大的历史情况，写得清清楚楚，给秦王政上了一堂实实在在的秦国发展壮大的历史课。

李斯接着写道："今陛下致昆山之玉，有随、和之宝，垂明月之珠，服太阿之剑，乘纤离之马，建翠凤之旗，树灵鼍之鼓。此数宝者，秦不生一焉，而陛下说之，何也？"李斯写的是，秦王政身上佩戴的珠宝、把玩的夜明珠、随身佩的宝剑、出门乘的宝马等，无一例外，都不产自秦国，而产自其他国家，秦王政不是很受用吗？接着写道，如果他国的东西都弃之不用，全都用秦国产的，那么美丽的夜光璧不能装饰朝廷，精巧的犀牛角、象牙制品只能丢弃，后宫中郑、卫的美女都得赶走，马棚就不能养驯骥骐宝马，江南的金锡就不能做秦国的器物，西蜀的丹青就得退还，艳丽的赵国女子就不能立在君王之侧，嵌着宛珠的簪子、配上珠玑的耳饰，王妃都应该丢掉。果真如此的话，秦国人心情会舒畅、生活会舒适吗？

在讲了上述一番很现实的道理后，李斯收笔，做出上书的结论："夫物不产于秦，可宝者多；士不产于秦，而愿忠者众。今逐客以资敌国，损民以益仇，内自虚而外树怨于诸侯，求国无危，不可得也。"

秦王政读了李斯的上书后，心胸大畅，深受启发，他当机立断，取消逐客令，并派人把走在半路的李斯接回来，从此更加注重招揽天下贤才，重用列国客卿。一时间，战国天下大批各怀绝技、饱读诗书、擅长谋略的人才，又一次纷纷前往秦国，汇聚在秦王政的旗帜之下。

李斯则凭这篇《谏逐客书》，受到秦王政重用，被提升为主管秦国刑法律令的廷尉。在这个平台上，李斯为秦帝国法律制度的制定、实施，乃至整个国家机器的构架、运转做出了巨大贡献。

但李斯也得两说，他虽然主管秦国的刑罚律令，可对正宗的法学巨子韩非，不是崇敬拜学，而是直接陷杀。

公元前二三三年始，秦国再攻赵国，连陷赵国的宜安、平阳、武城，把与赵国接壤的韩国吓坏了。韩国马上割地，献上国王的印信，请求降格为秦国的附庸国，并派韩非到秦国拜谒。

韩非是韩国的王子，战国天下的法学巨子，著有《孤愤》《五蠹》《内储说》《外储说》《说难》等传世佳作。眼看着韩国日益衰弱，韩非忧心如焚，多次向韩王提出兴国强兵的建议，都不被采纳。韩非在给韩王的上书中，劝谏其拒绝"五蠹"，即舞文弄墨的文人、翻云覆雨的政客、仗义疏财的游侠、欺上压下的左右亲信、一味追逐物质利益的奸商，把心思用在招贤任能上来，用在培养人才上来。

秦王政非常欣赏韩非的贤能，读到《孤愤》《五蠹》之后，说："嗟夫！寡人得见此人与之游，死不恨矣！"因而听说韩非使秦，打算立即召见。

但历史在这里打了一个死结！

《史记》载，韩非到达咸阳后，欣赏韩非的秦王政没有召见他，韩非也没有请求秦王政召见，而是给秦王政写了一份"卖国上书"。

"卖国上书"写的是，韩非向秦国贡献破坏合纵联盟的具体方案。据说韩非信誓旦旦地写道：秦国用此方案，如不能教赵国投降、韩国灭亡、楚国和魏国屈服、齐国和燕国归顺，秦国的霸王之名不能建立，天下国君不来秦朝觐，就把我韩非杀了，用以作为对秦王不忠诚的警诫。

韩非口吃，是写得比说得好。但他可是享誉战国天下的法学巨匠，在他的著作中，深怀忧国忧民情怀，对韩国不用贤才，而用"五蠹"这些败类，深感焦虑，怎么会一到咸阳便抛弃自己的学术主张、政治主张，拜倒在秦王政的脚下投降呢！

疑点是，无论是司马迁的《史记》、司马光的《资治通鉴》，还是《战国策》，都没有韩非"卖国上书"的原文！

倒是司马迁、司马光都写道，李斯出面了，他对秦王政说："韩非是韩国的王子，他不可能忘情韩国而为秦国效力。但如果放他回韩国，凭他的才能，就一定是秦国的后患，不如用法律除掉他。"秦王政同意逮捕韩非，李斯则派人送去毒药令韩非自杀。但秦王政很快后悔了，急忙派人去赦免韩非，然而晚了一步，韩非喝了李斯送去的毒药，已经死了。

李斯陷害韩非的动作，如此之快，如此之麻利，令人生疑！

不知历史如何定论，难道这也是李斯的强秦之策？

邹衍展示的理论智慧

邹衍，齐国人，阴阳学创始人，其主要学术成果是"五行终始说""五德终始说"。他的学说似乎是为秦始皇吞并六国、一统天下、秦朝代替周朝而量身打造的。

司马迁写道："邹衍睹有国者益淫侈，不能尚德，若《大雅》整之于身，施及黎庶矣。乃深观阴阳消息而作怪迂之变，《终始》《大圣》之篇十余万言。"

司马迁惜墨如金，但写邹衍却不惜笔墨。他说，邹衍目睹一些国君越来越荒淫奢侈，不崇尚德政，不像《诗经·大雅》所要求的那样约束自己，再推及百姓。于是就深入观察万物的阴阳消长，记述怪异玄虚的变化，并写了《终始》《大圣》等文章，共十万余字。司马迁的进一步解释是，邹衍所写的，宏大广阔而荒诞不经，但他都是从细微的事物观察、验证入手，然后扩展开去，验证世间大的事物，以至达到无边无际。

邹衍认为，盘古开天地以来，金、木、水、火、土五行相生相克，决定物质世界的发展变化，而这五行反映到人类社会，就是五种德性。这五种德性也相生相克，与历代朝廷帝王的更替相对应。这便是人们所认知的，天降祥瑞或灾祸与人事相应。

毫无疑问，对于邹衍的这套理论，战国天下特别是各国的君王，没有人做过观察论证，更多的人是云里雾里听不懂。但五种德行与历代朝廷、帝王的更替相对应，便足以引起天下特别是君王的高度重视。所以，作为齐国人的邹衍，在齐国备受尊重；他去魏国，魏王远接高迎，同他行宾主之礼；他去赵国，享誉天下的平原君侧身陪行，亲自为他拂拭席座；他去燕国，燕昭王拿着扫帚清扫道路为他做先导，自己则坐在弟子的座位上，还专门为他修建了供他居住的碣石宫。

邹衍的"五德终始说"在齐、燕两国各做过一次尝试。他很识时务，也很灵活。在齐国，他推行的是五行相生说；在燕国，他推行的是五行相胜说。

《吕氏春秋》记载了他所讲的道理："凡帝王者之将兴也，天必先见祥乎下民。黄帝之时，天先见大螾大蝼。黄帝曰：'土气胜。'土气胜，故其色尚黄，其事则土。及禹之时，天先见草木秋冬不杀。禹曰：'木气胜。'木气胜，故其色尚青，其事则木。及汤之时，天先见金刃生于水。汤曰：'金气胜。'金气胜，故其色尚白，其事则金。及文王之时，天先见火赤乌衔丹书集于周社。文王曰：'火气胜。'火气胜，故其色尚赤，其事则火。代火者必将水，天且先见水气胜。水气胜，故其色尚黑，其事则水。水气至而不知数备，将徙于土。"

邹衍搬出黄帝、禹帝、商汤、文王四个贤君的朝政更替历史，外加更替之前"天必先见祥乎下民"的情况，即黄帝时见大螾大蝼、禹帝时见草木秋冬不杀、商汤时金刃生于水、文王时赤色的乌鸦衔丹书集于周社，用这种世间罕见的怪异论证朝代更替后应崇尚的不同颜色。因而齐、燕二君在邹衍的鼓动下，先后称帝，东边的齐湣王称东帝，北边的燕昭王称北帝，把崇尚的颜色全部改为黑色。

令邹衍没有想到的是，齐、燕两国既不是赵国、楚国的对手，更不是秦国的对手，秦国今天侵齐，明天伐燕，早把这两国打成菜鸟了，叫这两个菜鸟国家的君主称帝，天下各国都不服。加之周王室虽衰微得只剩下残喘，但好歹还是春秋延续下来的一个"共主"符号。让齐、燕两国取代周王室这个符号，天下各国都不干。

在天下一片声讨的浪潮中，齐、燕两国只好取消帝号。

虽如此，也得承认，邹衍的"五德终始说"取得了巨大成功，因为有两个国家的国君跟着他的学说动起来了。

这之后，邹衍的"五德终始说"被秦王政所接受，为秦王政称帝及吞并六国作为理论旗帜高高举起。《史记》载："邹子之徒论著终始五德之运，及秦帝而齐人奏之，故始皇采用之。"秦王政以水德之治，崇尚黑色。

由此可见，理论的力量是巨大的。邹衍的"五德终始说"是否揭示出了人类社会发展的一般规律，拿今天的科学手段去验证，也未必能得出什么结论。但它是一个全新的理论，且这一理论把物质的五行与人类社会的五德相因应，启发了人们的认同感，因而被想称王称帝的君王所接受，使得这一理论产生了强大的现实力量。

不仅如此，邹衍还创立了一个理论，叫"大九州说"。

这一理论挑战的是儒家的"中国"概念，体现了天外有天、海外有海的科学推想。古代的宇宙论有"盖天说"，认为"天象盖笠，地法覆盘"，这一学说立足于内陆；还有"浑天说"，认为水不仅载着地，而且撑着天，这一学说立足于海洋。邹衍的"大九州说"，是以海洋为基础的大九州观。

邹衍认为："儒者所谓中国者，于天下乃八十一分居其一分耳。中国名曰赤县神州。赤县神州内自有九州，禹之序九州是也，不得为州数。中国外如赤县神州者九，乃所谓九州也。于是有裨海环之，人民禽兽莫能相通者，如一区中者，乃为一州。如此者九，乃有大瀛海环其外，天地之际焉。"

解释一下邹衍所说。儒家的所谓中国，其实是整个天下九九八十一的"一分"，且这"一分"是海洋中的一块陆地。从中国内部看，就是大禹勘定的九州，而中国的九州之外，"有裨海环之"；"裨海"之外，还有"赤县神州"；"赤县神州"之外，还有"大瀛海环其外"。而这些地方，与中国之间"人民禽兽莫能相通"。

这在当时无疑是惊世骇俗的理论，但无疑也是前无古人的宇宙观、海洋观！虽然他将中国说成是天下九九八十一的"一分"，不符合今天已知的世界地理划分，但中国不是全天下、中国之外还有诸多国家、中国只是海洋中一个陆地等概念，在邹衍大九州说里完全表述出来了。

邹衍的理论智慧，确实值得中华儿女千秋万代的自豪、骄傲！

如今的北京密云有一景，叫"黍谷先春"，与邹衍有关。

邹衍在燕国受到礼遇，他便四处游览，一年春天来到渔阳郡，即今密云的西部。别的地方春色满园，而渔阳郡却依然是冬天，草木枯黄，寒气逼人。于是邹衍登上郡城南面的一座小山，吹起了律管，演奏春之曲。这一吹便是三天三夜不停不歇。三天之后，暖风从南面吹来，阳光普照，冰雪消融，树叶绿了，花儿开了，整个渔阳大地一派春意盎然，农民纷纷下地，播种耕作，秋收时五谷丰登。不仅当年如此，渔阳此后年年如此。当地百姓为纪念邹衍，特地把他吹律管的小山定名为黍谷山，山上还建了祠堂，让他享受香火供奉。

邹衍在燕国受到的礼遇源于爱惜人才的燕昭王，燕昭王死后，燕惠王便不再礼遇他了。加上邹衍是齐国人，在燕昭王以乐毅为将，率秦、楚、韩、赵、魏联合伐齐时，身处燕国的邹衍既不出伐齐的主意，也不出阻止的主意，完全置身于此事之外。燕惠王身边的奸臣便以此作为陷害他的借口，鼓动燕惠王将他逮捕入狱。

史料载："邹衍事燕惠王尽忠，左右谮之，王系之，仰天而哭，五月天为之下霜。"邹衍被打进大牢时，正值夏天，而他仰天一哭，整个燕国被一层白霜覆盖了，像被雪包裹了一样。这便是"六月飞雪"的原始版本。

燕惠王很是恐惧，听人说是邹衍被冤枉，才引得"六月飞雪"，赶紧把邹衍从大牢里放出来。邹衍出牢门后，随手捡起一根竹子，吹奏了一段乐曲，顿时天空放晴，阳光普照大地，包裹大地的白霜顿时消融。

邹衍，这位在中国历史上创造过"邹衍谈天""六月飞雪"的大学者，必然有这样那样的趣闻逸事，在人们的口头流传中立起碑来！

"焚书坑儒"话儒生

　　儒生，是有学问和做学问的人，多少有点类似我们今天所说的书生。一讲儒生，我的脑子里就浮现出那种弱不禁风、抱残守缺、说话女人腔、浑身酸溜溜的形象来。这种形象的背后，我常猜测那里有一颗出坏主意的心。

　　我知道这是我的一个偏见！但我这个偏见是有由来的，由来就是秦始皇的"焚书坑儒"。

　　先说"焚书"。这件事发生在公元前二一三年。秦国自穆公开始，发愤图强，拓疆扩域，经过秦孝公、秦惠王、秦昭王等诸多君主数百年的征战杀伐，到秦始皇执政时才统一中国。政权得来不易，维护也非易事。况且国家统一，疆土界定，各民族生活在一个大家庭里，也是中华民族的一大幸事。

　　延绵几百年的战乱刚刚结束，新政府如何治理国家、建设太平，是摆在秦王朝面前一个前无古人的大事。这个时候，国家在治国安民上出一些乱子是不可避免的，颁布的法令规定人们一时难以适应也是可以理解的。作为肚子里装了诗书经文的儒生，应当适应时事变革，用自己的学识为国家做贡献。可有些儒生，自恃肚子里装了些过去年代的学问，一味效法古代，借古非议现实，以此蛊惑民心。有些儒生只要朝廷颁发新的法令规定，便纷纷抱着祖辈的习惯做法妄加评论，竭尽煽动民众攻击诽谤之能事。有些儒生入朝时口是心非，酸溜溜地在朝议时尽唱赞歌，出朝后便街谈巷议，讥讽君主以提高自己的声望，标新立异以显示自己的高明，等等。儒生们的这些作为无疑对新生的秦朝政权是有害的。

古代各国都有史官记载历史，所记载的多是君王一个人的言行，且不论这个君王是开明还是昏庸。一些儒生搬出此类史典记载，对秦王朝的法律政策说三道四，显然是不恰当的。于是丞相李斯上书，建议把除秦国历史之外的所有史书全部烧毁，但皇家文库和博士官可以收藏；民间流传的医药、种植、占卜的书保留，其余的诗书及诸子百家的著作，一律上交焚毁。李斯提出这样的建议是荒唐的，秦始皇采纳这个建议也是荒唐的！但如果当时的儒生们适应时代的发展，学习朝廷颁发的法令典章，学习当朝的现实事务，借鉴古代诸子百家谈政论兴的有益主张，推动国家的治理和社会的发展，李斯还会提这样荒唐的建议吗？秦始皇还会拍这样荒唐的板吗？作为儒生，是不是也有该反思的问题呢？

再说"坑儒"。"坑儒"发生在"焚书"后的第二年，秦始皇在皇帝的宝座上享尽骄奢淫乐，期望永远不死将这种享受延续下去，因而一帮号称会求仙术、占卜术、炼丹术的所谓"仙人"像苍蝇一样聚在他的身边。其中有些名气的，一个是卢生，一个是侯生。卢生曾被秦始皇派出去求访仙人羡门，他经常抄录一些卜卦谶语，糊弄秦始皇。卢生、侯生等还给秦始皇出过这样的主意：皇帝要经常暗中秘密出行，以躲避恶鬼，这样神仙真人便会到来。秦始皇求长生不老心切，听了他们这番鬼话以后，不仅自称"真人"，不再称"朕"，而且下令咸阳城周围二百里内的二百七十处宫殿楼台，都用天桥、甬道相连接，帷帐、钟鼓及美女充斥其间。秦始皇常常神出鬼没地到这些地方出游，一旦游逛到某处居住，就严禁随从透露他的驻地，否则将会被处死。

秦始皇被卢生、侯生之类的所谓"高人"糊弄得五迷三道，不能自拔。而卢生、侯生之流仗着皇帝老儿的宠信，胆大妄为，无所顾忌。他们当面给秦始皇出劳民伤财的坏主意，背地里又讥讽、评议秦始皇的暴戾。事情败露以后，他们溜之乎也，逃得不知踪影。这下秦始皇火了，下令搜捕并审问所有的儒生。儒生中有的人骨头软，一审便彼此告发，相互间咬起来了。结果你咬我，我咬他，形成连环咬，咬出四百六十多人来。谁为人处世没背地里发过议论？把每个人所发的议论都摆到桌面用政治和法律的尺度来衡量，或多或少或轻或重都能挑出一些毛病来。这下好了，秦始皇亲自判处违法犯禁的四百六十余名儒生，在咸阳城外挖了个坑，把他们全扔进去活埋了。

因为跑了两个儒生便拿全国的儒生开刀，确实反映了秦始皇的暴戾。该坑的儒生没被坑，而数百名不该坑的儒生被坑了，确实是华夏历史上的一大奇冤，谴责秦始皇的凶残是没的说的。但儒生呢？像卢生、侯生之流的儒生呢？他们竭尽献媚乱事之伎俩，不也应该受到谴责吗？

儒生，本来是对有学问和做学问的人的尊称。细究一下，这一尊称与我国春秋末期的儒学先师孔老夫子有关。孔老夫子主张"为政以德"，主张"仁者爱人"，他首创私人办学，公开打出"有教无类"的旗帜，把教育对象扩大到一定的社会范围，故而被后人称为大思想家、大教育家、办学的祖师爷。后人出于对孔老夫子的尊崇，把学习儒学、效法孔老夫子言论的读书人，尊称为儒生。

人们敬重儒生，是看重儒生的学问可以用于治国安邦、造福于民；看重儒生的学问可以用于实践、发挥作用。儒生的学问，当然不能脱离科学研究和经济建设的实际，不能脱离政治和政权的实际。你满肚子的学问，不用到实践中去，只是在肚子里学问来学问去，有什么用呢？既然有学问，就得按学问的规律办事，就得用学问约束自己，就得用学问修德养性，就得按学问为世人做治学的楷模。像卢生、侯生之流的儒生，他们的所作所为哪像有学问的样子？即便说有，他们那样的学问用于治国安邦又有什么好处？不坑他们才叫人感到不快呢！

泱泱秦国毁于谁之手

写完李斯协助秦国鼎新革故、创业兴邦的一些做法后，我就忍不住要往下写写秦始皇和秦二世了，写写泱泱秦国的一统霸业怎么会衰败得那么快、那么惨。

写这篇文章时，握在我手里的笔仿佛变成了一条烈烈长鞭！

昔日秦国，栖屈西戎，属于各诸侯国中的小媳妇，连说话都不敢出大声，整天整年地盯着邻国国君的眼色，用小心谨慎求得自保。直到战国初期各诸侯国会盟时，秦国还被当作未开化的夷族排除在会盟之外。只是从秦孝公开始，致力图强，大胆变法，国势才日臻强盛。后经惠王、昭王、嬴政等诸多君王接连不断的努力，到公元前二二一年，秦国才得以兼并六国，一统天下。

我以为秦国的一统天下是有霸业基础的，这基础就是从秦孝公算起，秦国的嬴姓公子王孙历经一个多世纪的不懈努力。将近一百五十年啊！嬴姓传代的诸君付诸实施的变法修刑、开垦阡陌、强国富民、远交近攻的强国霸业之道，能不耳濡目染融入后代的血脉遗传吗？能不日经月历镶进子孙的灵魂为继吗？

但历史看不到这种遗传，时光看不到这种继续。秦始皇在皇帝的宝座上坐了十二年，好歹凭借一统天下的国势而维持下来了。可二世胡亥呢，总共在皇帝的宝座上坐了三年，陈胜、吴广、刘邦、项羽等英雄好汉便纷纷揭竿而起，把个刚刚平息战乱的一统华夏折腾得烽火连天。仅三年时光，泱泱秦国的一统霸业便分崩离析、土崩瓦解了。待子婴继位时，秦王朝大势已去而使得他都不敢妄自称帝了。子婴接过玉玺、兵符四十六天，秦朝大业便随着他的素车白马，向前来接受投降的刘邦驶去而宣告灭亡了。

历经一百多年风雨积累的秦朝霸业，好端端中华各民族统一的大国，怎么一说崩溃就会来得如此之快，如此之猛呢？

真是令人痛心啊！我恨不能挥舞历史的长鞭狠狠地抽打一番，以出出聚积在心头的愤恨！

该抽打谁呢？

历史老人叫我第一个鞭挞的是秦始皇。我把鞭子高高举起，刚要抽下去时却猛然停住了。我想起了他分郡全国的政治改革，想起了他统一度量衡、统一文字、统一货币的创举，尤其想起了他派兵南定百越、北定内蒙古河套一带地区，使南到海南、北到内蒙古、东到大海、西到陇西的各民族统一在一顶华夏太阳下的伟大建树。我真不忍心对他挥鞭，华夏各民族的团结统一，中国广阔领土的原始界定，他作为中国历史上的第一个皇帝，功不可没！他一个封建帝王能有这么大的建树，我们还能要求他什么呢？我不得不把鞭子放下来，但放到半截还是顺势抽打了他一下。抽打他的原因，是忘不了他繁重的徭役对黎民百姓的盘剥，忘不了他征丁七十多万耗巨资修建阿房宫和骊山陵的奢侈淫乐，忘不了他"焚书坑儒"的暴戾！大一统秦朝霸业的衰落在他当政时就呈现了败象，在他死后像风一样刮过，迅速崩溃，这就是他刻石颂功时埋下的祸根！

历史老人叫我第二个重重鞭挞的是秦二世胡亥，抽打他当然不能放过太监赵高。胡亥作为秦始皇的小儿子，按老辈的规矩是没有资格继承帝位的。他最终登上皇帝的宝座，是怪不得秦始皇的。秦始皇临死之前一纸诏书为长子扶苏确定的帝位，被太监赵高与丞相李斯密谋篡改了。一出生就被阉割的赵高，被秦始皇派去做胡亥的老师。赵高出于太监才有的扭曲心理，曾犯下死罪，是因为胡亥对他的包庇而得以赦免。胡亥被赵高扶上皇帝的宝座后，赵高立即盘算着如何借皇帝之手替他杀掉仇人，如何借皇帝的权势帮他这个郎中令实现操纵皇室的阴谋。赵高先是鼓动二世胡亥处死了为秦朝屡建大功但曾在他犯罪时建议处死他的蒙恬兄弟，接着鼓动二世斩杀了与二世骨肉相连的二十多位皇子、公主。因怕自己的劣迹暴露，也为最终达到操纵朝政大权的目的，赵高鼓动二世深居宫中终日享乐，不再上朝接见大臣，臣僚们的奏章事务全交他赵高处理。赵高把二世胡亥诱骗到宫中，宫门之外的任何情况都不让他知道，就连刘邦项羽及各路起义将领已经把秦朝的江山快要瓜分完了，二世胡亥都全然不知。秦朝历经数代建立起来的大业，最终让太监赵高糟蹋光了！

但从本质上看，怂恿赵高糟蹋秦朝大业的罪人是二世胡亥。他登基以后，不仅没把父亲重征暴敛民众血汗建造阿房宫的浩大奢侈工程停下来，反而加重征伐，搞得民不聊生。他依赵高的安排深居宫中，成天只知花天酒地，朝政大事一概不理。就连赵高牵鹿上朝当众对他说是马，他都辨不出这是赵高在与他比试究竟谁手中的权势大，反而傻乎乎地大笑起来，说赵高你弄错了，错把鹿当马。在赵高板起面孔说这就是马，并威逼众臣表态时，二世竟没有弄清赵高到底要干什么。只是到了赵高派女婿阎乐进宫杀他时，他才对身边仅有的一名随从问了一句人话：“你为什么不早把宫中的情况告诉我呀？”这名随从回答说：“如果我早告诉你的话，我就活不到今天了！”二世胡亥在临死前哀求阎乐让他做一郡之王，不再做皇帝，阎乐不允许；让他做个万户侯，阎乐不允许；让他携妻小做平民，阎乐还是不允许。因为二世胡亥花毕生精力豢养的太监赵高已经授命阎乐，就不允许胡亥活着，只允许他死！

胡亥被赵高杀死了，实际上是被他作为一国帝王的自身昏聩杀死的。死了我也要挥动历史的长鞭，狠狠抽打他那败业毁国的亡灵。我要代表秦国的列祖列宗，抽打他败业辱祖的昏庸！我要代表一统大国的各族人民，抽打他横征暴敛的残忍！我要代表无情的华夏历史，抽打他遗臭万年的臭名！

谁都知道创业难，守业更难。守业难在只守不创、止步不前而倒退，但如果面对祖先留下的大业不仅不再创，而且连守都不守呢？这样的祖业还不转眼间就土崩瓦解吗？

为陈胜遗憾

公元前二一〇年,秦始皇出游到沙丘平台宫死了,但秦始皇横征暴敛、超强盘剥的做法并没有因为他的死而终止。在通往都城咸阳和各戍边关隘的道路上,走过了秦王朝征召的由罪人、赘婿、商人组成的第一梯队兵勇,又走过了由曾经是赘婿、商人组成的第二梯队兵勇,还走过了由祖父母、父母曾经是赘婿、商人组成的第三梯队兵勇。在经历了对天下庶民曾经是不是赘婿、商人寻根寻源的征召后,秦王朝开始征召由罪人、赘婿、商人住家左边邻居组成的第四梯队兵勇,还在准备征召由这些人家右边邻居组成的第五梯队兵勇。

就在第四梯队兵勇通往渔阳边关的道路上,一场瓢泼大雨把九百名被征兵勇阻止在安徽宿县的大泽乡,桥断路绝,已不能如期赶到渔阳边关了。按照秦王朝的律令,不能按时赶到目的地的一律处斩。面对瓢泼大雨,面对等待他们的死亡,九百兵勇中站出来两条汉子——陈胜、吴广,他们率众杀死大泽乡屯军司令,揭竿而起,点燃了我国历史上第一次全国性农民起义的导火索,也拉开了推翻秦王朝统治的序幕。

陈胜、吴广都是生活在社会最底层的人,振臂一呼举起义旗后,陈胜自称将军,后自立为王,国号“张楚”。对此,从古至今的文人墨客都不舒服,达官显贵更是看不惯。但太史公司马迁敢于主持公道,他以极大的同情在历史巨典《史记》中作《陈涉世家第十八》,字里行间流露着对陈胜、吴广蔑视封建统治的反叛精神及这次农民起义重大意义的肯定和赞扬。

但无论太史公怎么对陈胜给予极大的同情,怎么对陈胜、吴广领导的农民起义给予肯定和赞扬，我们还是有理由为陈胜遗憾。

吴广是陈胜最亲密的战友，起义是两人同时振臂的。陈胜当王后，派吴广在一线指挥作战，且多次派吴广督促各路将领扩充军队，抢占地盘，扩大战果。吴广不辱使命，在短短时间里，打着陈胜旗号的军队，"数千人为一个单位的，不可胜数"。公元前二〇八年，吴广率军围攻荥阳，因久攻不下，部将田臧怕招致腹背受敌，假传陈胜的命令，袭杀吴广，把他的脑袋割下，献给陈胜。本来陈胜并未下过杀害吴广的命令，可当田臧等人把吴广的脑袋献上后，陈胜不仅不惩处谋杀吴广的凶手，反而送给田臧丞相印信，任命他为上将军，把田臧杀害吴广抢来的军队指挥权正式委任于他。在走投无路的关键时刻，是吴广与陈胜共举义旗，揭竿而起；在陈胜扩充势力范围的过程中，是吴广率军在一线为陈胜卖命。对于这样的生死兄弟被手下杀害而不感到震怒，而不为之报仇，反而把上将军的官衔封赏给杀害生死兄弟的凶手，不能不使我们深深地为陈胜遗憾！

陈胜当王后，亲戚朋友纷纷前来投靠，一见面免不了要谈过去，论往事，叙旧情。从历史记载看，一开始陈胜是念及旧情故交的，不仅朝前来找他的人作个揖，而且给予了恰当的接待安排。但没过多久，陈胜身边的人就给他出主意，说来找他的人愚昧无知，又乱说话，揭陈胜受雇帮人种地时的短，这样的人老来会影响他的形象。陈胜于是下令把来投靠他的老朋友、客人杀掉。司马迁对陈胜为什么这样做的记载比较简单。但即使有更复杂的原因，能对投奔你陈胜的老朋友下杀手吗？你陈胜来自这些没有文化、说话粗鲁、衣衫破旧的人群，你的根儿在他们之中，如今你当王了，就嫌弃他们愚昧，故而对这样的哥儿们大开杀戒，天理不容啊！"苟富贵，勿相忘"这句经典名言最早出自陈胜之口，而践踏这句名言的竟是陈胜本人，发生这么巨大的变化完全是因为他自己富贵了。富而忘本，富而忘根，富而绝情，富而变质，可以说是陈胜最终失败的根本症结所在。陈胜身边的人之所以给他出这样的歪主意，完全是因为陈胜变质了而正需要这样的歪主意。一个曾受雇帮人种地的人，一朝为王便忘根忘情，对因为穷时的朋友影响自己为王的形象而杀之，实乃千古之遗憾！

陈胜之所以对吴广被害而不震怒，进而对自己旧时的朋友故交下毒手，除了他自身的变质外，还因为他重用了两个不该用的佞臣。陈胜任命朱房当中正、胡武当司过，一个负责情报和考选工作，一个负责司法和安全工作。而这两人似乎对攻城略地的将领们怀有刻骨仇恨，根本不看他们所立的战功，而是千方百计从鸡蛋里挑骨头，找出将领们在作战指挥上的一点小毛病就逮捕下狱。而陈胜呢，认为这两人对将领下毒手完全是出于对自己的忠心，因而放纵他们胡作非为。不仅如此，陈胜对自己不喜欢的将领，不是交由军事法庭审判，而是自己亲自处置，直接充当杀害将领的刽子手。为了陈胜当王而在一线冲锋陷阵的将领，如不战死，即使大胜而归，也逃不脱被陈胜和他两个打手处置的命运。如此，陈胜举起的义旗岂有不倒之理！

陈胜后来被他的车夫庄贾杀死了。作为中国历史上第一个率众反抗阶级压迫的农民领袖，在当时民不聊生的情况下，陈胜振臂一呼，确有其不可磨灭的历史功绩。但作为中国历史上第一个农民领袖，陈胜的所作所为确值得挑剔和遗憾！

霸而含情泣悲风

　　真不敢相信，昔日曾主持天下分封的西楚霸王项羽，被汉王刘邦追到垓下时，是何等的凄惨！

　　黑漆漆的四野，一阵阵朔风像刀片般刮来，使得威风八面的西楚霸王从骨子里蹦出一个寒噤。他步出营帐，迎风站立，面对黑沉沉的茫野，任凭猎猎寒风挥舞的长鞭抽打。寒风从黑暗中倏然抽打过来的每一鞭都重重地落在他的灵魂上，抽打得他的心忍不住泣血，抽打得他的灵魂忍不住呻吟。

　　就在项羽灵魂的痛苦呻吟中，他听到了那带着浓郁乡情乡调的楚歌。这歌声似从汨罗江卷起，越过湘鄂大地，裹着洞庭湖的千年沉积，挟着长江的万古倔强，如诉如泣，阴森森向垓下袭来，把项羽连同他的兵勇团团围住。项羽在这四面袭来的楚歌声中，清清楚楚地听到了屈原那悲切昂奋的吟诵。他仰天长叹一声，转身入帐，唤出自己心爱的美人虞姬，任由烛光摇摆，把酒对饮。

　　醉意朦胧之际，屈原那"忳郁邑余侘傺兮，吾独穷困乎此时也"的吟诵在项羽耳边响起，他顿时潸然泪下……

　　想当初，他项羽拥兵反秦是何等的英武！秦朝覆灭后，主持天下的分封，他项羽又是何等的霸气！正是在这种英武、霸气的心境驱使下，他自封为西楚霸王。因为他清楚，只有那响当当的一个"霸"字才能囊括他力拔山兮的勇武，才能囊括他气盖世兮的威风，才能囊括他决胜千里的智慧，以及他那倒转乾坤的人生得意！可如今，那个犟老头屈原怎么会对着自己的耳朵作"吾独穷困乎"的吟诵呢？你这个犟老头！你那"带长剑兮挟秦弓"，你那"诚既勇兮又以武"，还有你那"终刚强兮不可凌"的《九歌》，怎不豪放地给我唱出来？你可知道，我项羽是西楚霸王，我能力拔山啊！

是的！在四面楚歌的对饮之中，虞姬也许只有生死别离的悲切，而他西楚霸王项羽有的是征战杀伐的辉煌回忆，有的是世代久仰的骄傲品质……

他忘不了他在楚怀王手下征战的岁月。在上将军宋义滞兵数十天不战的关键时刻，是他拔出佩剑，斩杀宋义，尔后率军横渡漳河，沉船砸锅，自绝后路，把自己连同全军将士置于战之不胜则死的绝境，从而在巨鹿九战九胜秦军，把隔岸观战的各诸侯国君臣的眼睛都看傻了。待他击败秦军召见各诸侯国将领时，哪个敢不跪着进帐，哪个敢抬起头来看他一眼……

他忘不了他率军远袭作战的辉煌。汉王刘邦攻克楚国都城彭城后，自恃有数十万大军护卫，搜罗本属于他项羽的财宝美女，天天饮酒作乐。是他项羽只率三万精兵，长途奔袭，一路斩将夺隘，直下彭城，杀得刘邦的几十万大军无路逃命，纷纷跳入谷水和泗水。刘邦的几十万人马，只有几十人爬上堤岸逃生，刘邦就混在那只顾逃命的几十人之中……

他忘不了被他吓破胆的那个刘邦的神射手。他的将士出阵与龟缩营垒的刘邦挑战，数次出击都被刘邦的神射手楼烦射得翻将下马。是他项羽亲自披甲叫阵，威逼汉营。楼烦刚要拉弓射击，看见了他项羽那双喷火的眼睛，顿时身子像筛糠一样颤抖起来，怎么也拉不开弓了，只好丢下弓箭，逃回帐中，再也不敢露面……

在这种武勇盖世的回忆中，项羽满足了自己的得意，满足了自己的骄傲和自豪。但，这种比烈酒还醉人的陶醉，被屈原那"天时坠兮威灵怒，严杀尽兮弃原野"的吟诵粉碎了。项羽端起酒杯的手停在半空，此时他从那和着风吼的楚歌声中听出了悲凉在他的周围，听出了毁灭在他的身边，听得他的心像针扎一样生疼。毁灭已经进入他的帷帐与他面对面站立，他愤然一步向前，拨开毁灭，紧紧地搂着泪人儿虞姬，深情地吟道："力拔山兮气盖世，时不利兮骓不逝，骓不逝兮可奈何，虞兮虞兮奈若何？"吟罢转身，步出帷帐，坚定地走进黑夜，从垓下那黑月黑风中带出二十八个骑兵，向着养育他的楚地奔去。

死亡尾随着他狂奔！

此时的西楚霸王不是面对死亡，而是面对天意，因而他心地坦然如闲云。在死亡从四周向他围拢时，他唯独不肯从天意上为自己解脱的是他那英雄本色。他用游戏的口气对跟着他冲出重围的二十八个骑兵说："看我为你们斩杀他一员大将！"说罢策马向前，在万军之中留下一百多具尸体，并取来一个汉军将领的脑袋。汉将杨喜率兵追击，项羽猛然回首，大喝一声，如天崩地裂，杨喜连人带马被这一声断喝喝退了好几里地……

项羽杀开重围，来到了乌江岸边，来到他命绝前必去的地方。他无法排遣的就是对生他养他的那方山水的眷恋，对那方父老乡亲的亲情。此时摄住他心魄的是"无颜见江东父老"——因为他带出来的八千江东子弟全部战死在跟随他的征战中，他纵然回去，又怎么跟父老乡亲交代啊！

"身既死兮神以灵，魂魄毅兮为鬼雄。"屈原的吟诵在乌江咆哮的波涛中传来，项羽一听笑了。他把跟随自己转战的骏马送给乌江亭长，自己下马步行，手持宝剑与汉军搏杀。他压根就不再想杀出重围而求生了，他唯独想的是显显他项羽的英雄本色，让江东那几十万父老乡亲瞧瞧——他相信江东父老的眼睛正深情地往他身上聚焦，他要用生命的最后闪耀回报乡亲们的深情。

西楚霸王项羽，一身英雄胆气，满腔似水柔情，他虽然战败身死，但他"无颜见江东父老"的人生绝唱所唱出的那份浓烈的爱、那份深切的情，以及他那恋祖恋根的血脉情愫，当该中华儿女千古传诵！

善用能人者属大能

韩信由楚王降为淮阴侯后，刘邦以极平静的心态与他做过一次交谈，韩信则以极其平静的心态对刘邦做过一个实事求是的评价，即刘邦"不能将兵，而善将将"。兴许就是受韩信这个评价的影响，后人认为刘邦本事不大，只不过善于用人而已。

其实，善于用人就是大本事！

刘邦并非力拔山兮气盖世的勇武之士，又非满腹诗书谋划千里的智囊学者，他之所以由一个小小的泗水亭长，用短短的七年时间便降服各路英豪，登上一统天下的皇帝宝座，是因为有萧何、张良、韩信、陈平等一大批战将良臣的得力辅佐。

萧何是与刘邦在沛县一同揭竿而起的老人，彼此知根知底，终生追随并辅佐刘邦自不必说。张良可是与刘邦同期起义但各举义旗的头领，相互间并无从属关系。可张良与刘邦一次相遇，短短相处，便再强大的势力也不投奔了，终生跟定刘邦无悔。还有项羽手下的战将，以及秦朝主事的重臣，一旦接触刘邦，便无怨无悔地聚集在他的旗帜下，卖力地为创汉朝大业辗转作战。

泗水亭长刘邦何以对人会有如此大的吸引力呢？我苦苦寻思，不得其解。无奈中，我拾起历史的碎片，一点一点掰碎了两个人进行分析：一个韩信，一个陈平。

先说韩信。韩信出身布衣，名声不佳，因而没人推举他做官。而他懒于苦力，又不会做买卖，生活无靠，只好常到一些人家蹭饭吃。邻里瞧不起他，有人还羞辱他钻过裤裆。天下兴起反秦势力后，韩信先投奔项梁，后投奔项羽。在项羽麾下，韩信多次献计而不得采用，又改换门庭，投奔刘邦。在刘邦手下，韩信开始也不得重用，后与萧何几次交谈才引起萧何对他才华的器重。没等萧何向刘邦推荐，韩信则因自感失意而溜之乎也，混在思乡归故的士兵之中，哼着思乡曲跑了。萧何得知后，顾不得向刘邦报告就披星戴月地追赶起来，追回后向刘邦推荐，刘邦便拜他为大将军。

刘邦并不了解韩信，但凭着对萧何的信任，凭着对萧何的品行及目光的认同，便委韩信大将军重任。这看似有些轻率的做法正是刘邦用人的与众不同，也是刘邦对人才颇有吸引力的一个重要原因。

韩信没有辜负刘邦的重用，献出的第一个计谋便使刘邦顺利夺得三秦之地，迅速扩大了势力范围。接着韩信挥师远征，在井陉背水一战，将赵国百姓变为刘邦的臣民；修书一封，又使燕国国君俯首称臣；策马黄河，逼得齐国君臣丢弃都城逃之夭夭……正当韩信拥兵扬威之际，项羽派人前去游说，劝韩信反汉自立为王，与项羽、刘邦三分天下。此时的韩信势力强大，果真自立为王的话，项羽奈何不得他，刘邦也对他无奈何。可韩信却说："我侍奉项羽时，官职不过是个郎中，地位不过是个持戟的卫士，所说的话项羽不听，所献的计项羽不用。我投奔刘邦后，刘邦授我大将军官印，拨给我几万人马，脱下他的衣服让我穿，推过他的食物让我吃，对我言听计从，我才有了今天的地位。因此，我死也不改跟定刘邦的主意！"韩信这番话既从本质上揭示了他才华得以施展的根本原因，又从本质上为刘邦对人才的吸引力做了鲜明的注脚。

再看陈平。陈平也是布衣出身，与韩信的经历基本相同，也侍奉过项羽，因害怕被诛杀才逃归刘邦。陈平逃来的第一天，刘邦便与他做了一次交谈。一次交谈而引起的赏识，陈平便官升都尉之职，成了刘邦的陪乘人，负责监督统兵将领。将领们不服，对刘邦说："您得到项羽的一个逃兵才一天，尚不了解他的本事高低就与他同乘一辆车子，让他来监护我们这些老将，是不是有些轻率？"刘邦对这些议论根本不当回事，反而更加器重陈平。

部将臣僚不服陈平并非无缘无由。传说陈平在家时与嫂子私通，名声搞得很臭。他当刘邦的监护官私下里收受将领的金钱，这事传到刘邦的耳朵里后，刘邦责问过他。陈平则非常坦然，他不否认收过一些将领送给他的金钱，但他为自己辩护说："我赤条条空手而来，不接收点外快就无法应付日常开销，我如今得到您的重用，如果我的计谋于您毫无价值，我收的金钱都还在，全还给您，并请求辞去官职。"那意思很明确：如果我的计谋价值连城，那收这点钱又算得了什么！刘邦听后重赏他金钱，还授他监督全军将领的护军之职，更加委以重用。

就是这个陈平，在刘邦屡打败仗、几次死里逃生的情况下，向刘邦献了一计。刘邦听计，拿出数万黄金交陈平支配，不过问使用情况。陈平用这些黄金实施反间计，动摇了项羽对智勇兼备的臣僚的信任，瓦解了支撑项羽称霸天下的人才基础，从而一举扭转了刘邦的被动局面，把项羽置于日薄西山的境地。在项羽无力与刘邦继续抗衡而提出平分天下后，又是这个陈平与张良一道，阻止了刘邦同意在汉中称王的打算，使得刘邦张扬起一霸天下的雄心，一口气把项羽赶到垓下，把项羽那争霸的雄心在四面楚歌中销蚀殆尽。

刘邦重用陈平，能从国家利益与个人品德的两极分出轻重，他已经知道陈平有收受部属金钱的毛病，仍拿出数万两黄金让他自己支配，不过问使用情况。这种用人不疑的高度信任感就是刘邦对人才具有强大吸引力的又一个重要原因！

帝王听劝亦自华

大凡有作为的人物，其能力素质、人格力量比常人是要强健许多的。正因为如此，好多翻天覆地的风云人物人格个性上的一个鲜明特点是自以为是、刚愎自用、听不得别人的劝告，有的甚至自负得把好心相劝的人杀掉。可刘邦不，他给人的印象是非常随和，随和得可爱，谁的劝告都听。

公元前二〇九年，秦朝的一统大业被陈胜吴广、项羽刘邦等揭竿而起的义军搅得风雨飘摇。当时的刘邦率几千人，在起义军中没有势力。但率众起义的张良遇到刘邦后，便哪股强大的势力也不投靠了，留下来死跟着刘邦。原因是张良常给刘邦献计，刘邦言听计从。

公元前二〇六年，刘邦率军进入咸阳，看到秦王朝宫中珍宝玉器遍地，美女如云，便想留下来享受。张良等人站出来，劝他以大局为重，吸取秦王朝覆灭的教训，崇尚以俭朴为本，最后说服刘邦放弃令人眼热的珍宝和美女，返回了霸上。

曾在项羽手下未被重视的韩信，投奔到刘邦手下也不被重用，跑了。萧何连夜追赶，追回后向刘邦推荐。刘邦被萧何一劝，便决定给韩信个将军做；萧何认为这个官还是有些小，又一劝，刘邦便任韩信为大将军。刘邦向来不重礼仪，跟臣僚说话也没个正经，开口闭口骂骂咧咧，嘻嘻哈哈很随和。萧何因此又劝刘邦，授韩信为大将军时得郑重其事，要择吉日，设拜将坛，刘邦又听了。

刘邦听劝，不仅手下臣僚的劝告听，就连老百姓的劝告也不例外。公元前二〇五年，刘邦率军到达洛阳新城，被三老董公拦住，董公劝他将项羽的大逆不道昭示天下，并为被项羽杀害的义帝发丧。刘邦听劝，率军举哀三天，自己则穿着孝衣裸露左臂，真的在祭坛上痛哭流涕起来。

更有趣的，还数郦食其给刘邦出主意。在刘邦率军屡打败仗的时候，郦食其给刘邦出主意，叫他仿效商汤，立战国六雄的后裔为君王，以争取抗秦的力量，也好叫项羽臣服。刘邦听计，立即派人刻制玉玺，打算叫郦食其带上出使各国。恰逢张良外出回来，吃饭时刘邦将郦食其这个主意说了。张良一听急了，扔下筷子，从八个方面分析了不能这么做的原因。刘邦吐出口中的饭骂道："郦食其这个书呆子，差点儿坏了我的大事！"遂下令销毁玉玺。骂完也就完了，郦食其再给刘邦出主意，刘邦并不因为郦食其出过坏主意而不听。郦食其建议刘邦进军荥阳，抢占敖仓的粮食，扼守成皋的险路，断绝太行的通道，以向天下显示刘邦大军已占据有利地形而能克敌制胜的态势，刘邦听计，大获其益！

刘邦当皇帝后，不少臣僚部将争封邀赏，一些从项羽手下投降过来曾与刘邦有夙怨的，不仅担心得不到封赏，而且担心被杀，一时间朝廷上下乱哄哄的。张良于是给他出主意，劝刘邦先封赏他平素最恨而群臣都知道他最恨的雍齿。刘邦听计，置办酒宴，封雍齿为什邡侯。群臣一看全乐了，说雍齿尚能封侯，我们还有什么不能把心放到肚里的。西汉元年，臣僚争封的纷乱局面就这样迅速平息了下来。

刘邦对戚夫人很喜爱，戚夫人生下儿子刘如意后，刘邦更是对她爱上加宠。戚夫人因此常躺在刘邦怀里嘀咕，叫他立刘如意为太子。刘邦经不住爱妾的娇柔和她那一把一把的鼻涕眼泪，想将大老婆吕后所生的儿子刘盈的太子地位废掉，立刘如意为太子。为此，御史大夫周昌在朝廷与他当众大争。周昌口吃，平时说话都连贯不起来，在朝廷一争，更是语不成句。他结结巴巴地说："臣虽口不能言，但臣……期期知道……不能这样做，陛下……要是废太子，臣期……期期不能奉命！"刘邦虽怒发冲冠，但听周昌这么结结巴巴一说，忍不住笑了，只好将废太子的事放下。

刘邦听劝，真是达到了劝哭就哭，劝笑就笑的程度。通常人们以为，大凡听劝的人，一方面有度量，能容人容事；另一方面，也说明其魄力小，没主见。用人们这一颇带辩证色彩的认识来衡量刘邦，就显出其鲜明的不恰当了。

刘邦度量大不假，但他并不是没主见没能耐的人。公元前二〇三年，刘邦、项羽两军对峙，刘邦封锁了项羽的运粮通道。项羽急了，架起肉案，把扣留在手的刘邦的父亲押来，扔到肉案上，对刘邦说："你再不投降，我就把你父亲剁了煮汤。"刘邦则不急不恼，对项羽说："我曾与你盟誓结为兄弟，因而我的父亲就是你的父亲，如果你一定要煮杀你的父亲，那就请你给我分一碗汤喝。"刘邦的这种机智分明是那种造诣极深的军事将领才有的出奇，不仅滑稽幽默，而且沉稳雍容，足见其智慧之高超！项羽气坏了，与刘邦隔河对话，提出与刘邦来个单打独斗，一决雌雄。刘邦则嬉皮笑脸地说："我宁肯斗智，也不肯斗力。你如今罪恶累累，让那些受过你害的人收拾你就足够了，哪用得着我来与你单打独斗呢？"接着，刘邦一口气列数了项羽十条罪状，且条条在理，令人信服。

大凡君主帝王，自以为是真龙天子，并非凡人凡胎，因而常常视武断为明断，视专横为魄力，视作恶为天意，结果好端端的江山被他们的自作聪明糟蹋殆尽。刘邦之所以与历代君王不同，从根本上说，是他有独特而超人的聪明，这聪明的核心是集众人的智慧补充自己，集大家的聪明强健个人，从而将众人的小智慧汇聚成自己的大智慧，将众人的小聪明转化为个人的大聪明！

常言道，腹有诗书气自华。可不喜好诗书的刘邦，他那听劝的随和，以及他把听劝隐藏在随和中的聪明似乎能告诉我们：帝王听劝亦自华！

从《史记》出发

背水、绝地的杰作

公元前二〇五年，是刘邦从睢水爬上岸堤，带几十人落荒而逃的那年，也是韩信的军事才华在战场上表现最充分的一年。那年，韩信率军平定魏国，生擒魏王豹，接着挥师北上，击溃代军，将代军司令夏说锁进了囚车。转年，韩信趁势发威，率军攻击赵国，在井陉创造了我国古代战争史上背水、绝地的杰作。

井陉位于太行山的中段。巍峨苍劲的太行山共有八陉，井陉是第五段。所谓井，即山凹如井。所谓陉，即山脉中断两山紧夹处。陉，是军事天险，井陉，更是险中之最。赵国大将陈馀统率的号称二十万赵军就扼守在井陉要塞。

韩信率军赶到井陉关外的第一件事是派间谍探听陈馀的军事部署和战法。跟随赵国大军扼守井陉关隘的广武君李左车分析韩信大军离开本土作战，粮秣转运千里之遥，必定供给不济，因而只能以进求生，越进越势不可挡。但屯军井陉关一线，路狭山险，不能同时过两辆车和两匹马，大军往前一走，粮秣更是无法补给。因此，李左车给陈馀献上一计，请求陈馀拨给他三万人，从小道出击，切断韩信大军的补给。赵军则坚守要塞，拒与交战，叫韩信大军进不能战，撤不能退。李左车得出结论：如此不出十天，韩信的脑袋就可以放在赵军的战旗下。李左车这一取胜之策被陈馀一口拒绝。原因是陈馀一向自称他的军队是仁义之师，从不用奇谋诡计取胜。陈馀认为，韩信率几万人长途转战，军队已十分疲惫，已扼守军事天险的二十万赵军如不光明正大地给予韩信的军队以迎头痛击，会招致各国笑话。

韩信在探得陈馀的战法后，有的放矢地使出了两招。

第一招，率军进入井陉险道，用军队把井陉三十里的狭道全部塞满。仗一打响，韩信即竖起统帅大旗，擂响统帅在营的战鼓，直出井陉口，向赵军扼守的要塞发起攻击。陈馀一看韩信如此布阵，忍不住仰天大笑。你韩信远离国土作战，远途劳顿，且只有数万军队，在车不能同时过两辆的井陉狭道扯开帅旗向我进攻，把你的指挥位置暴露在我面前，这岂不是天赐我陈馀灭你韩信的良机嘛！于是，陈馀在笑声未停之际便下令大开营门，倾巢出击。

这恰恰就是韩信第一招所期望达到的效果。

韩信使出的第二招，即派出一万人渡过桃水，背水列阵。兵法云：背水布兵，即绝地废军，前有强敌，后无退路，必死无疑。韩信如此布兵虽犯了军事上的大忌，但深刻地揭示了韩信对军队的认识，以及使这种认识运用在作战上的过人之处。战后，对韩信如此布兵由不理解到佩服得五体投地的将军们请韩信揭开这个谜底时，韩信说："我们的部队并非训练有素、军心坚定、效忠不二的劲旅，而只不过是一群由市井小民组成的乌合之众。对这样的军队，只有把他们置于死地，他们才肯为求得一条生路而誓死奋战。如果战场广阔，进有路，退有途，恐怕早就一哄而散，还能指望他们打仗吗？"是啊！韩信率军从关中一路转战到赵国的井陉，军队只有数万人，面对号称二十万大军且扼守战略要塞的赵军，一个不容争辩的事实是以少对多，如果不在战役谋划上把这支由市井小民组成的乌合之众逼到以死战来求生的路上，再好的战役部署，再绝的战场布阵，也不可能成功。兵法上所谓的"知己知彼"，在韩信的井陉之战中达到了顶峰。

井陉之战中，韩信使出的第一招即把赵国扼守井陉要塞的军队全部吸引出来了，为他派出的两千个到赵军营垒插汉军小旗的官兵打开了城门。韩信使出的第二招，背水列阵，逼着自己的军队与赵军死战，坚决顶住赵军取胜的势头。赵军取胜的势头被没有退路的汉军顶住之后，一回头看见"城头已换大王旗"，立即军心崩溃，无心再战，四散逃命。霎时间，赵军由优势变成劣势，由战场上的僵持变成一边倒，最终号称率二十万大军扼守井陉天险的陈馀，敌不过数万军队且犯兵法大忌的韩信。

如今的井陉古战场虽已今非昔比、面目全非，但驻足昔日韩信"背水一战"的地方，仍可感觉到杀声震天撼地的颤抖，仍不能完全参透韩信如此布兵设阵之深奥。

狗烹弓藏自有缘

"狡兔死,良狗烹;高鸟尽,良弓藏;敌国破,谋臣亡。"韩信被刘邦诱捕后所说的这番话几乎成了后人看待历史上君臣关系的经典名言。这经典名言不仅使人们平添了对君主帝王不念旧情诛杀功臣的怨恨,而且平添了对被害臣僚死而无辜的同情。故而这个似乎带有规律性的经典悄然地成了人们比照古今政坛人事的一把尺子,只要哪个大臣被罢黜,哪怕是自己逃跑摔死的,都用这个经典所派生出来的"功高盖主""排除异己"等历史观点来审视,只是嘴巴上不肯这么明说出来而已。

其实韩信所说的这番话能不能作为规律性经典看待很难说,至少用在他自身并不完全恰当。韩信是西汉的大功臣,这不假。他投奔刘邦后,献出一计,使刘邦夺得三秦之地;率军远征,将赵国百姓变为刘邦的臣民;修书一封,又使燕国君主俯首称臣;策马黄河,逼得齐国君臣逃之夭夭。韩信为刘邦创建汉室帝业做出了巨大的贡献,评他个"功高盖主"并非名不符实。

韩信最后被吕后所杀。

但韩信把自己的死归咎于"兔死狗烹,鸟尽弓藏"并非事实,多少有些冤枉刘邦,也不乏为自己狡辩的色彩。韩信最早投奔项梁,继而投奔项羽,因不得重用才改投刘邦,经萧何引荐,刘邦授他大将军之职。按韩信自己的话说是,刘邦非常器重他,脱下衣服给他穿,推过饭来给他吃,对他言听计从。正是在刘邦的手下,韩信才有了才华得以施展的机会,才有了扬威天下的功勋。

功劳大了，就是包袱。韩信的这个包袱背得很重！

公元前二○三年，也就是韩信修书一封使得燕国君主对刘邦俯首称臣的次年，郦食其受刘邦派遣出使齐国，凭三寸不烂之舌劝说齐王归降了刘邦。韩信则听从辩士蒯彻的劝告，担心自己统兵几十万倒不如一介书生的功劳大，因而在齐国已经归降的情况下，率军武力征伐，齐王一怒之下，将郦食其煮杀。韩信征服齐国后，上书刘邦，自请代理齐王。刘邦是汉王，他韩信是刘邦手下的一员将领，竟向刘邦伸手要做齐王，岂不是摆出要与刘邦平起平坐的架势吗？刘邦虽非常愤怒，但还是听从张良、陈平的劝告，极不情愿地封了他个齐王。虽然这之后兵多势众的韩信拒绝了项羽要他反汉的劝说，但在刘邦约他在固陵围攻项羽时，他却迟迟按兵不动，致使汉军大败，战机坐失。这之中，是不是有他韩信因觊觎王位而不愿再为刘邦做臣的因素呢？

刘邦称帝后，就取得天下的原因宴请臣僚将领做过分析。刘邦的结论是："谈到运筹帷幄之中，决胜千里之外，我不如张良；镇守国家，安抚百姓，保持运粮道路畅通，我不如萧何；统率百万大军，战必胜，攻必克，我不如韩信。这三位都是人中英杰，而我能够任用他们，就是我所以能取得天下的原因。"刘邦这番话是中肯的，透视出了他对这三人的敬佩、信任和感激之情。刘邦登上帝位后，因韩信功高，刘邦便封他为楚王。韩信一上任，项羽的大将钟离昧便逃归韩信。刘邦下令逮捕他，韩信则将钟离昧安排在身边，出入都有军队护卫，使得朝廷不能得手。由此有人告韩信谋反，刘邦便以南游云梦为由去抓韩信，韩信只好杀钟离昧而见刘邦，但仍未逃脱被抓的下场。这事多少有些冤枉韩信，但韩信错在不该将皇帝下令逮捕的人保护起来，以致让人造出谋反的诬陷。即使如此，刘邦也没有把韩信一棍子打死，而是将他由楚王降为淮阴侯，并心平气和地与他做过"韩信将兵多多益善"的交谈，可见刘邦并非不念旧情，也不该戴"排除异己"的帽子。

韩信在淮阴侯的位置上并不安分，他在前去监管赵国、代国兵事的阳夏侯陈豨向他辞行时，授其拥兵谋反之计。公元前一九七年九月，陈豨举兵反叛，自称代王。刘邦率兵前去平定，韩信则称病不与同行。韩信留下后，一方面暗地派人与陈豨联系谋划，一方面伪造诏书赦免罪犯，鼓动他们进攻朝廷。一切准备停当，只等陈豨的消息。不承想被门下舍人告发，韩信因而被吕后斩首。刘邦平息叛乱归来后，听说韩信谋反被杀，仍不无惋惜。

韩信临死前说后悔没听蒯彻的话，照我看，韩信落得三族诛杀的悲惨下场，罪在蒯彻！项羽曾派人劝说韩信反汉，韩信不从，表示死也跟着刘邦。辩士蒯彻接着去劝说，引经据典地大论了一番"立功成名而身死亡，野兽已尽而猎狗烹"的道理，韩信虽坚持不举兵反汉，但蒯彻的这番理论并非没在他脑子里留下影子，尤其是当他庇护钟离眜而被降为淮阴侯后，蒯彻的话便完全与他的心境相吻合了。

事实呢？韩信由楚王降为淮阴侯，虽有些冤枉，但毕竟不是"野兽已尽而猎狗烹"的结局。司马光评韩信"是因为失去职权后怏怏不快，才陷入大逆不道"，要我说，韩信如果不受蒯彻"野兽猎狗"这套理论的影响，也不至于走到谋反被诛的道路上去。韩信的悲哀，既在于他自己把功勋的包袱背得太重，更在于他受了辩士蒯彻那不良说教的影响。至于他所说的"狡兔猎狗"的名言能否作为规律性经典，只有任后人品咂了。

真难为萧何了

　　作为汉高祖刘邦的相国萧何，其忠心耿耿、兢兢业业、委曲求全的作为真是难能可贵。

　　萧何与刘邦是同乡，沛县人，但萧何比刘邦发迹早。刘邦尚是个游手好闲的二流子时，萧何就是沛县主管文墨的官吏，工作能力很强。萧何对刘邦一直非常恭敬，常利用自己的权力给刘邦以方便。刘邦当上泗水亭长后，一次要去咸阳办事，其他的官吏都送给刘邦俸钱三百，唯萧何送五百。刘邦从沛县起事后，萧何一直追随他。公元前二〇六年，刘邦率军攻陷秦朝首都咸阳，面对阿房宫成群的美女和数不清的珍稀财宝，所有的官吏都像饿狼一般扑上去，搂着美女又抠又啃，见到财宝又抢又夺。唯独萧何不，翩翩美女他视而不见，金银珠宝他视而不见，而是一头扎进丞相府，把秦朝的法律、文书、地图、户籍资料等全部收集起来，为刘邦登上帝位后掌握全国各地要塞、全国人口分布、各种地方势力的强弱以及黎民百姓的生活状况等，提供了重要的参考资料，奠定了掌控全国的基础。

　　在刘邦转战征伐的数年间，辅佐刘邦的主帅萧何真可谓呕心沥血、尽职尽忠。他的第一个贡献是为刘邦留下了韩信。公元前二〇六年，刘邦率军驻守陕西南郑。刘邦从江苏沛县起事，追随他的兵勇几乎都是南方人。到达陕西后，一些不畏兵戈刀血的将士，却经不起思家念亲的折磨，因而有的半途开溜，有的留在军队但流涕悲歌。特别是在南郑驻扎下来以后，官兵们在没有战事的日子里更加思念故乡亲人，纷纷潜逃东归。韩信也在逃离的人群中，他不是为了潜逃回家，而是因为在刘邦手下屈才，干得不开心。萧何听说韩信也逃跑了的消息后，来不及向刘邦报告，放下手中的活就去追。刘邦可以没有韩信，但绝对是不能没有萧何的。听到手下报告萧何也逃跑了的消息后，刘邦如五雷轰顶，不知如何是好。因而当萧何追回韩信出现在刘邦面前时，刘邦且喜且怒，说萧何追韩信是"骗人"。萧何追回韩信，并说服刘邦拜韩信为大将军，为刘邦与项羽抗衡并最终统一全国留下了一员极其难得的军事天才。

萧何的第二个贡献就是为刘邦在夺取并统一全国的过程中，做稳定后方的工作。刘邦的马上征战主要是与项羽为争夺全国统治权的争夺，当时他的大本营是陕西中部的关中。萧何没有随刘邦转战征伐，而是全权主持关中事务。主持关中事务的萧何，制定法律规章，整顿关中户籍，组织农牧耕作，征收粮秣赋税，把刘邦的大后方治理得井然有序。尤其是组织后备军人，补充前方兵勇，萧何更是功不可没。公元前二〇五年，攻陷项羽首都彭城的刘邦因追逐美色而瓦解斗志，反被项羽一路追杀，逃过谷水、泗水，又逃过睢水，只带几十名骑兵逃到江苏砀山的下邑。兵困下邑的刘邦正在束手无策之际，是萧何领着大队的"老弱未傅者"赶来为刘邦助威了。虽然来的都是些不满二十三岁和超过六十五岁的老弱人员，但毕竟是人人手里拿着长矛大刀，毕竟往那里一站黑压压一片。在刘邦与项羽率军对峙的艰苦岁月里，项羽因没有像萧何这样的人，军中经常缺粮断秣而极大地削弱了斗志；刘邦则因为有萧何给他镇守后方，通往前线的粮秣源源不断，不仅有力地支撑了刘邦与项羽的艰苦对峙，而且从根本上支撑了刘邦把项羽赶到垓下。

萧何在兢兢业业地支撑刘邦的伟大事业中，无论是作为留守关中的主帅，还是作为刘邦王朝的相国，都是受过极大委屈的，而萧何所受的委屈更反衬出了他品行的高尚和心底的无私。

公元前二〇三年，几经惨败又重整旗鼓的刘邦终于羽翼渐丰，具备了与项羽抗衡的实力，迫使项羽不得不与刘邦订立盟约，商定以鸿沟（古运河）为界，鸿沟以西归汉，鸿沟以东归楚，二分天下，两国友好，永不侵犯。这时候的刘邦虽然仍率军在前线打项羽的主意，但也不时地派使者到后方慰问萧何。刘邦的这一良苦用心被一位姓鲍的先生看透了，他点拨萧何，说这是刘邦对他起疑心的表现。萧何倒也聪明，立即把萧家能扛得动刀枪的男人全数组织起来，一个不落地送到刘邦亲自统帅的前线部队作战，以此给刘邦这样一个表白：汉王刘邦你放心吧，我萧何把萧氏家族还能扛得动刀枪的男人全部送到你的眼皮底下，我萧何在你的大后方再也组织不起来反叛你的萧氏队伍了。刘邦果然非常高兴，褒奖一番萧何以后，再也不派使者到后方去慰问了。

萧何在刘邦论功行赏时排名第一，刘邦特许他"剑履上殿，入朝不趋"。这就是说，什么人上朝都必须取下佩剑，脱下木屐，光着脚，似舞台演戏那般急急忙忙踩着细步进去，唯独萧何不要这样。这是当时的一项殊荣。但刘邦这个政治老手，在赏给萧何这项殊荣的同时，也加了许多小心。刘邦在拨给萧何使用的五百名士兵中还特地配了一名都尉，日夜跟随在萧何的左右，名曰保卫他的安全，实则监视他的行动。那段日子，刘邦为排除异己势力，经常策马征战，韩王信、陈豨、韩信、彭越、黥布，这些在刘邦与项羽争夺天下的战争中为刘邦建立过巨大功勋的战将，一个个被刘邦收拾了。在收拾这许多功勋的过程中，刘邦增加了对臣僚的疑虑，萧何不仅是疑虑的对象，而且首当其冲。刘邦在率军攻击黥布时就多次派使者回朝廷打探萧何的所作所为，看他有没有异常的举动。刘邦之所以这么做，是因为萧何的工作太出色了，萧何太得老百姓拥戴了。这一点，萧何没有参透，他以为拼命工作，尽职尽责，把一切事务都料理妥当，把老百姓对朝廷的心气理顺，就是对皇上的忠诚，就是对国家的贡献，就是他相国的尽职。不承想，刘邦害怕他这样做，害怕一个相国的威信比皇帝高。于是萧何经人点拨后，违背自己的德行，以挑动老百姓对自己的怨恨，来换取刘邦对自己的放心。他故意跟老百姓捣乱，利用自己的权势以最低的价格从老百姓手里赊购田地，强买强赊，没过多长时间就弄得民怨沸腾，怨声载道。待刘邦消灭黥布班师回朝廷时，很多百姓站在路旁，纷纷把告萧何的状子递到刘邦手里。刘邦于是又放心了，把老百姓的告状信交给萧何自己看，还取笑他堂堂一国的相国竟夺取老百姓的田宅。

萧何毕竟心地很正，他看自己的目的达到，又看刘邦高兴，竟又忘了高人的点拨，他对刘邦提出建议，叫他开放皇家园林，把那些常年荒废的土地让给老百姓耕种。这下刘邦火了，你萧何大量收购老百姓的田宅，牟取私利，却叫我皇上开放皇家园林，企图挖我的墙脚，你到底打的什么主意？于是下令扒下萧何的相国官服，把他打进囚牢。

因为萧何确没有反叛朝廷的半点打算，再加上萧何辅佐刘邦治理天下的能力和政绩是公认的，经其他臣僚跟刘邦做工作，萧何才得以从囚牢出来。

可怜萧何，一生谨慎，克制自己，为了打消汉王对他的疑虑，把留守关中的萧氏子孙全数送往前线作战；因为皇帝害怕他得到百姓的拥戴，他违背自己的品行，用抢夺式的购买田宅来挑起民怨，故意玷污自己。就是这样，皇帝刘邦还是不放过他，把他打入囚牢。

但是，历史始终睁着雪亮的第三只眼睛，是好是坏它看得非常清楚。萧何死后，在清理他的遗物时，堂堂汉朝相国，除一些偏僻的田宅，且宅院都没有围墙外，家里空空如也，与普通百姓无异。

这可称得上是历史上的笑话，但怎么也使人笑不起来。

谋大局者出高招

　　张良，在刘邦建立汉室一统江山中，不是率军冲锋的战将，但他运筹帷幄、决胜千里的战略谋划确是高人一筹。

　　张良的谋略之高在于其大局之谋。

　　在刘邦从沛县起事、辗转作战数年、建立汉室江山的过程中，身边聚集了一批智囊，都给他出过好主意。但张良之所以成为刘邦得天下的主谋，是因为张良常常谋的是长远，谋的是大势，谋的是全局。

　　我们不妨翻开历史，从几个关节点上看看张良的大局之谋。

　　公元前二〇六年，刘邦受楚王芈心指派，率军西进，直指秦王朝的都城，踏破咸阳。咸阳可是秦始皇居住的地方，美女如云，珠宝如山，项羽后来一把火点燃秦王宫殿，熊熊大火连续烧了三个月仍不得熄灭。刘邦率军攻入咸阳之后，跟随他在无数次冲锋陷阵中死里逃生的将领们像强盗一样闯进秦国的府库，大秤分金，小秤分银，追逐到各个藏娇的金屋宫殿，搂着纤纤白嫩的宫女，醉生梦死，尽情享用。刘邦当然不会例外，这个曾在泗水亭当亭长时就与村妇生过私生子的老手，面对从未见过的奇珍异宝、声色犬马，特别是面对各宫殿成千上万的美女，怦然心动，打算搬进去住下去，享受下去，把击败项羽、夺取天下的大事抛到了一边。在这个关节点上，樊哙劝他离开，刘邦不肯。是张良从图谋大业的高度说服刘邦回军霸上，继续他尚未完成的大业。

　　就在这一年，项羽给楚王芈心戴上一顶"义帝"的帽子，放逐湖南郴州，尔后由他拍板分封天下。项羽大嘴一张，把刘邦封为汉王，大手在空中一划拉，把重庆、成都等尚未开发的一大片土地划归刘邦门下；而在陕西的兴平、临潼、绥德地区，项羽给自己的亲信分封了三个王，把刘邦从四川出来的道路封堵得严严实实。刘邦着实气了一阵子，下令备战，准备与项羽大干。张良十分清楚刘邦当时能不能与项羽抗衡的实力，在极力做通刘邦入主汉中的工作后，特地提醒他"明烧栈道"，做出一种把项羽可能来攻击的道路全部变成悬崖峭壁的样子，叫项羽不再打刘邦的主意。在做完这一切以后，张良给项羽上书，说刘邦的目标就是关中，不敢再向东一步，同时递上一些封王打算反叛的文告，提醒项羽：你周围的齐国、赵国正打算联合进攻你，你得格外提防。项羽是那种更看重眼前利益的人，在张良的鼓动下率军左攻右击，疲惫奔袭。刘邦则抓住这个有利时机，率军出关，大败章邯，平定临潼，包围咸阳，逼降司马欣，在短短时间里全部占领三秦土地。项羽毕竟在军事上是个行家，他虽然看清了刘邦下一步的图谋，但苦于在战场上拔不出腿来，眼巴巴看着刘邦东进，扩大势力范围。刘邦一鼓作气，率军南下，一路势如破竹，直指项羽的老巢，至公元前二〇五年攻占了楚国都城彭城。

这下项羽再也沉不住气了，留下大部队在齐、赵作战，亲自率三万精兵，掉头南攻，从山东曲阜出发，踏鱼台，平萧山，拂晓从萧县发起进攻，中午就打到彭城，把刘邦率领的几十万汉军逼进泗水，又赶进睢水，杀得刘邦只带几十名随从仓皇逃命，直逃到砀山县北才被吕雉的哥哥吕泽好歹收留安顿下来。项羽这一反击，几乎全盘夺回了刘邦扩大的战果，号称五十万之众的汉军此时成了连刘邦的小命都保不了的一支弱旅。

一夜之间，本来还可以与项羽抗衡的汉军随着刘邦被困砀山而完全丧失了抗衡能力。这时刘邦清醒起来了，他在自己已经不具备抗衡能力的情况下，寻找能够为之与项羽抗衡的力量。在刘邦做这种大势的谋划中，又是张良帮他出了个好主意。

在刘邦丧失与项羽抗衡能力的情况下，原魏国的土地上有一支由彭越

从《史记》出发

率领的反楚力量，但势单力薄，尚未形成气候。而唯一可以从根本上动摇楚国根基的一支重要力量，即九江王英布。英布既是项羽唯一的一个依靠力量，也是项羽唯一的一块心病。项羽曾率军进攻齐国时，向英布征调军队，英布则声称有病在身，派一员将领率几千人前去增援，只是表达了一种姿态，实际上一点作用都没起。在刘邦率军攻击项羽的老巢彭城时，项羽给英布下令率军抗敌，英布则以身疾为由拒绝发兵增援。项羽对英布百般容忍的原因是不愿把这个唯一的盟友推到反对派那边去。张良看清了项羽对英布的容忍，更看清了英布对项羽的犹豫，故给刘邦出主意，叫他离间英布与项羽的关系，把英布从项羽那里分离出来，使项羽陷于孤军对敌的境地。这一招果然成功，英布反楚，从根本上动摇了项羽的根基，也从根本上瓦解了项羽的霸业。项羽自知再也没有盟友了，遂与刘邦订立盟约，以古运河为界，两国友好，永不侵犯。

刘邦占了这么大便宜以后，志得意满，也打算回关中称王，与项羽二分天下。这时，张良和陈平又站出来为刘邦谋划，从一统汉室江山的大局出发，叫刘邦乘胜追击，不给项羽以喘息之机，以免养虎为患。刘邦听从张良、陈平的劝告，撕毁盟约，率大军向撤退中的西楚霸王项羽发起了全面进攻，一路追杀围剿，把项羽残部赶至安徽灵璧县东南角的垓下，叫项羽在垓下唱完了最后一曲"楚歌"。在这凄凉的悲歌声中，刘邦登上了汉室一统的皇帝宝座。

刘邦穿上龙袍以后，论功行赏，封爵封王，但封来封去只是封了一些他刘姓血统的遗老遗少，而那些跟随他出生入死的将领大都没有得到封赏的安慰。于是朝廷上下议论纷纷，对刘邦的微词也由背地发牢骚变成了三五成群的公开议论和叫骂。刘邦也听到了一些议论，问张良怎么平息。张良则问刘邦，平生最恨哪一个，刘邦也不隐瞒，说最恨雍齿。因为早在公元前二〇八年，雍齿受刘邦指派驻守丰邑，不久便背叛刘邦。刘邦派人向雍齿招降，雍齿不仅不降，反而率军投靠魏国，刘邦气得向雍齿发起猛攻，折损了不少将士。在项羽大势已去之后，雍齿才率兵归顺刘邦。为此，刘邦一直深深地记恨雍齿。张良即给刘邦出主意，叫他挑自己最恨的雍齿封赏。刘邦听从，封雍齿为什邡侯。诏令一下，满朝文武大臣无不欢欣鼓舞，说连雍齿都封了侯，我们还有什么可说的，封侯也就是早晚的事。立即平息了人们的议论，平息了人们激昂的情绪，进一步奠定了刘邦做汉朝开国皇帝的大业根基。

因为张良在刘邦建立汉朝的过程中用大智慧大谋略做出过巨大贡献，所以落在历史学家笔下的张良，出道神乎其神，入道仙风道骨。司马迁写道，张良有一天信步闲游，过一座桥时，一位穿粗布短衣的老翁故意在桥上掉下一只鞋，并毫不客气地叫张良下去捡上来。张良把鞋捡上来之后，老翁伸出脚来，似吩咐仆人般叫张良帮他把鞋穿上，张良又照做了。老翁于是认为张良可以调教，吩咐他第五天天亮时到桥上来与老翁会面。五天过后，张良一大早就去赴约，老翁已先到了，张良挨了一顿训。又是五天过后，刚刚鸡鸣五鼓，张良就赶到桥头，可是老翁还是先到了。第三个五天，张良没过半夜就在桥上等着，老翁来了，送给他一卷竹简编的书，即《太公兵法》，张良就是凭借着这本书成了刘邦的高参。在司马迁看来，如此得到仙人点化的张良，在刘邦建立汉室江山的伟大事业中，拿出救危于关节点上的谋略，当是题中应有之义。

但在未经仙人点化的读史者我辈看来，张良之所以能够成为刘邦建立汉朝的帝王之高参，完全是因为张良在拿每个主意的时候，站位的起点高，谋划的大势远。刘邦初入咸阳，面对成群的美女和成堆的财宝不愿离去时，是张良提醒他不要只图眼前当富翁，应立志长远谋天下；当刘邦被项羽赶进泗水又逼进睢水落荒而逃时，是张良一个拉拢九江王英布的点子从根本上瓦解了项羽称霸的根基，也从根本上改变了楚汉相争的抗衡局势；当刘邦与项羽二分天下各一半，自觉志得意满时，是张良一个主意把项羽赶到"四面楚歌"的垓下；在刘邦皇袍加身而臣僚因未得封赏心怀不满时，又是张良叫刘邦封赏了一个人人都知道刘邦最痛恨的人，从而使朝廷上下的不稳定情绪得到平息。张良在每个关节点上贡献的主意，都是关乎全局的大主意，都是改变局势的大谋略。

张良的智慧告诉我们，谋大局者出高招。

燕赵文艺名家丛书·文学

试解陈平的第六计

　　西汉杰出的军事谋略家陈平，为刘邦夺取天下贡献了许多出奇制胜的谋略，其中最著名的是六计。六计中，解白登之围秘而不宣，成了千古之谜。

　　白登之围发生在公元前二〇〇年。

　　那一年，匈奴汗国首领挛鞮冒顿派出他的左右贤王，率军在山西的代县和太原一带布置阵地，做出一副向内地进攻的架势。刘邦统治的汉朝也是吃够了匈奴的苦头，一看匈奴在太原一带设置阵地，便决定率军向匈奴发起反击，企图一战而解决匈奴的侵扰问题。杰出的军事家挛鞮冒顿知道刘邦肯定要派人来打探他的布阵情况，故意把一些瘦马、老兵摆在那里，而把精锐部队藏匿起来。结果刘邦接连派出十余批探子，打探回去的都是虚假情况。唯有一个叫刘敬的打探到真实情况，并劝刘邦不可贸然率军攻击，却被刘邦打入了囚牢。因为刘邦企图一战而解决边境问题，所以倾全国三十二万兵力，向北推进，与匈奴决战。刘邦先于大部队到达山西大同市东面的白登，就如何与匈奴决战进行视察。恰在这时，挛鞮冒顿倾全国四十万精锐骑兵，犹如神兵天降，转眼间把白登团团围住，里外三层，水泄不通。刘邦傻眼了，困在白登，与城外得不到联系，消息又传不出去，七天七夜，每天都有小鬼在地狱的入口处向他招手。

　　眼看彻底完蛋，陈平给刘邦献上一计，派出秘密使节，从小路找到匈奴汗国的王庭，晋见挛鞮冒顿的阏氏，献上厚重的礼物。于是阏氏对挛鞮冒顿一说，挛鞮冒顿下令放开围困的一个城角，留出小口子，让刘邦等逃将出来。

陈平献上的到底是个什么计谋，司马迁的刀笔没有给出答案，我们不妨试解一把。

分析陈平献上的这一计，可能与金钱有很大的关系。因为陈平在军事上运用金钱的手腕极其高明。

陈平家境贫寒，小时候酷爱读书，他有一个好哥哥，虽家穷，但哥哥支持他读书。但嫂子对此不满意，嫉恨这个小叔子只读书不干活，对邻居说了陈平的怪话。他哥哥一怒之下把妻子给休了。因为陈平有文化，所以乡里举行社庙分祭肉时，叫陈平主持，陈平每次都分得很公平，乡亲们很满意。陈胜、吴广起义后，陈平先是投奔魏王咎，因为总有人在魏王咎的耳边讲陈平的怪话，陈平有些担心，便离开追随项羽，官至都尉。因为殷地失守，项羽要诛罚守地将吏，陈平也在诛罚之列。他害怕灾祸降临，将项羽所赐的黄金封好派人送还项羽，抄小路逃走。过黄河时，船夫那双贼眼总在他身上搜索。陈平明白他是什么意思，赶忙脱下衣服，裸露全身，帮船夫撑船。船夫看到他脱下来的衣服中并未藏着金银财宝，便放弃了杀他的念头。后来陈平经人举荐投靠刘邦，刘邦很欣赏他，见面一交谈便任命他为都尉。因为陈平是个美男子，刘邦同时任命他当陪乘官，刘邦出出进进全由他陪着，还赋予他监督联络各部将领的职权。这一来麻烦了，周勃、灌婴等将领找到刘邦告状，说陈平品行不好，在家时与嫂子私通；说他当上监督官后，收下面的金钱，谁给的钱多就给谁说好话。刘邦一听也火了，斥责陈平。陈平很坦率，说："我只身逃出来，不收点钱没法子活，但如果我提的建议对你没用，收的钱在我家里，我如数奉还，还让我背着这把骨头离开就行。"刘邦觉得陈平讲得在理，加上他确是个能出大主意的人，于是向他道歉，并把他提升为中尉，其职权不只是联络了，而是监督所有的将军。公元前二〇四年，项羽率军将刘邦围困在荥阳，并断绝了汉军输送粮草的通道。万般无奈之际，刘邦提出割让荥阳以西的土地求和，但项羽不答应。危急之中，陈平献上一计，这一计用的就是金钱。刘邦拨给陈平四万斤黄金，由他在楚国贿赂将士，制造谣言。其中最致命的一个谣言是项羽的战将钟离昧因没有得到封地，打算与汉王刘邦联手，消灭楚军，割地称王。得到陈平贿赂的楚军将士真真假假地这么一传，使得本来就疑心很重的项羽发怵了，很快就疏远了钟离昧。从此，楚军势力大减，开始走上了被刘邦逐一歼灭的道路。

因为陈平在军事上运用金钱这一手获得过巨大的成功，所以我们有理由认为在解白登之围中，陈平使用了金钱这个武器。史书记载，秘密使节在晋见挛鞮冒顿的阏氏时，送上了贵重礼物。但刘邦到白登巡视，会带什么贵重礼物呢？就是带的话，又能带多少呢？再说一个使节从围得水泄不通的白登抄小路逃出来，即便有大量的金银珠宝可带，又能带出来多少呢？因此，晋见阏氏时呈献厚礼的可能性不大。当然如果刘邦亲笔立下字据，答应事后给匈奴汗国进贡多少金银财宝，或答应割让多少土地给匈奴汗国，也未可知。因为陈平献上的这一计"其计秘，世莫得闻"，所以我们可以做各种各样的猜测，做各种各样的破译。

分析陈平第六计的第二种可能性，是离间计。这是陈平惯用的也是运用得最得心应手的计谋。项羽有两个得力干将，一个是钟离昧，一个是范增。上面讲到用金钱贿赂楚军，叫楚军将士帮他造谣，最终离间了项羽与战将钟离昧的关系，使得项羽这个西楚霸王断了左臂。公元前二〇四年，陈平用离间计把范增从项羽身边离间出去，断了项羽的右臂。范增是随项羽一同起事的一员大将，智勇双全，加之比项羽年长，在一些事关全局的问题上敢于跟项羽唱反调。比如公元前二〇六年，项羽摆下鸿门宴，企图诛杀刘邦，后因项羽犹豫，让刘邦逃脱，范增就非常气愤地骂项羽："不长进的竖子，怎么能共谋大事？将来夺取天下的，一定是刘邦，我们都会成为刘邦的俘虏。"对于亚父范增，项羽是既敬重又厌恶，在一些军机大事上因为范增的谋略确比他高明而不得不听，但对范增直言不讳所表现出来的对他的不尊重，项羽感到很不舒服。

陈平正是抓住项羽这个心态，小施了一个离间计。陈平知道项羽的使节要来，特地以最高规格准备了一桌全牛宴。待项羽的使节到达后，陈平一见故作惊愕，嘴里念念有词地说："我还以为是亚父派来的人呢，原来是楚王派来的人呀！"说罢叫人把那桌丰盛的酒席撤了，换上一桌粗茶淡饭。使节回去如实向项羽报告，项羽便开始怀疑范增。当时楚军已包围荥阳，范增在前线指挥，请求发动急攻。项羽因为对范增起了疑心，范增叫急攻，他偏不。范增也打探到了项羽对他的怀疑，从前线回来，极其悲愤地对项羽说："天下大事，已经平定，大王好自为之，请允许我告老还乡。"项羽巴不得这个总跟他唱反调的老家伙走开，于是立即批准。可怜范增对项羽忠心耿耿，却得不到信任。范增在从前线返乡的路上，背上疽疮复发，悲愤而死。

在解白登之围中，我们有理由认为陈平的秘计使用了离间的手法。挛鞮冒顿率军在代县一带构筑军事防线，是有一定基础的。被刘邦收拾过的叛军余党，拥戴赵国的赵利，在代县、太原一带扯起了赵王的旗号，并与匈奴汗国取得了联系。挛鞮冒顿把刘邦围在白登之后，与赵利、王黄等叛军头领约定了发起攻击的日期。可到了那一天，赵利、王黄的军队连个影子也没有，挛鞮冒顿怀疑赵军跟汉军勾结，故而取消了围歼的计划。代县、太原一带的叛军赵利、王黄是汉朝廷要剿灭的对象，眼看汉朝皇帝刘邦死在旦夕，为什么与挛鞮冒顿约好了时间发起攻击却不发兵前来呢？我们不妨做一种假设，即陈平使用离间计，派人跟赵利、王黄说：汉朝皇帝与匈奴汗国单于商量好了，先以匈奴军队故意包围刘邦，引诱你们前来围歼，待你们真的来了，便一网打尽。若真是这么说了，赵利、王黄就是吃了豹子胆也不敢再来了。

分析陈平第六计的第三种可能性，是搬出神来吓唬挛鞮冒顿。陈平本人是信天命的，他曾说过："我多用诡秘计谋，是为道家所禁忌的，如果我的后代不能荣华富贵，那是报应，是我多用诡计而造成的必然后果。"
史载，陈平的话应验了，陈平的后代没有长出息的人物，即使承袭了侯爵
的，也终被废除。在解白登之围中，挛鞮冒顿的阏氏在接见刘邦派去的秘
密使节后就对挛鞮冒顿这样说："两国的君王，不应互相围困。我们所侵
占的中国土地，事实上不能长久居住，况且中国皇帝有神灵保护。"因此说，
派秘密使节去跟挛鞮冒顿的阏氏游说，又通过阏氏之口劝说挛鞮冒顿给刘
邦放开一个小口子，是有可能的。估计派出的这个使节是个虔诚的神的使
者，而且口若悬河，诸如刘邦不是凡人凡胎，是赤帝的儿子，赤帝派他下
凡来主宰人间；他下凡时白帝的儿子变成一条巨蟒挡住他的路，他拔剑把
白帝的儿子斩杀了；赤帝的儿子是不能包围的，更是不能杀害的，否则就
会得罪赤帝，一旦得罪赤帝，你们匈奴汗国就要倒大霉了等等之类的神话，
这个秘密使节会对阏氏演说，并且会演说得绘声绘色。

还有一种可能是陈平给冒顿的阏氏送了一幅画，画的是汉王朝后宫的
一个美女。使节对阏氏说，汉宫这种美女多的是，冒顿一旦入主汉宫，便
会一头扎进美女堆里，把你这个阏氏扔到一边。阏氏觉得有道理，便找冒
顿做工作，把刘邦放了出去。

当然，陈平那秘而不宣的第六计还应有更多种破译法。

喝酒相国的无为而治

　　"无为而治"是孔老夫子的名言，但公元前一九三年曹参接替萧何做汉朝的相国以后，他在相国的职位上用喝酒取闹的着意创作，赋予了其实际意义。

　　乍一听"无为而治"，直让人着急。偌大一个国家，该治理调停的事情万万千千，作为操持国政的相国，日不停夜不歇都忙不过来，怎容得他喝酒取闹而无所作为呢？无所作为，如何治理天下？

　　但把"无为而治"放在公元前一九三年，放在曹参这个相国身上，还是有一定道理的。

　　曹参行伍出身，刘邦在沛县起事后跟随刘邦南北转战。曹参率军屡打胜仗，并因取得秦朝战将李由的首级而被封为建成君；魏王豹造反，曹参与韩信并肩作战，生擒魏王豹；刘邦当上皇帝以后，因曹参战功卓著，封他为平阳侯，食邑逾万户；陈豨叛乱，曹参以齐相国的身份率军参战，立有战功；黥布造反，曹参率军与刘邦会合，大获全胜。在连年不断的转战中，曹参不仅目睹了天下黎民百姓遭受的战争之苦，而且深深感悟到了天下苍生对世事太平的渴望，感悟到了各级官吏、政府不再扰民的重要。故而他在齐国任相国时，就遵循与民生息的治国之策取得了巨大的成功。曹参在齐国相国的职位上干了九年，这九年的成功为他晋升汉朝相国并实施"无为而治"的基本治国之策奠定了基础。

　　但是，曹参做了汉朝相国后，用喝酒取闹来标榜"无为而治"还有其更深刻的原因。

曹参接替萧何的相国职位后，并非什么事也没做。从史料看，至少做了一件事，就是在选派郡县和各封国官吏时，选派了一批不善言辞、忠厚老实、品行端正的人，而对那些言行不一、为人苛刻、专图虚名、善于钻营投机的官吏，他大刀阔斧地革职、斥退。在做完这一件事以后，曹参所做的就是喝酒取乐，一天到晚喝得醉醺醺的。朝中一些与曹参交情不错的臣僚看到他这个样子，登门劝谏，曹参知道他们的来意，一见面就先喝酒，喝到半截人家要开口劝说，他就灌人家，直到把人家灌得说不了正事为止。

曹参相府的后园紧挨着朝中官吏的宿舍，那帮当差的小官看到相国一天到晚喝酒，自然也就效仿，天天喝酒，喝多了就唱歌、喧闹。跟随曹参左右的官吏本对曹参成天喝酒就看不惯，看到那帮小官也似曹参那般穷喝，更是气不过。于是设了个小计谋，故意把曹参领到后园游玩，以为曹参看到那帮小官喝酒玩闹会加以惩治，不承想曹参不仅不加以惩治，反而叫人把酒拿到后园，喝将起来。曹参与那帮小官摽着喝，摽着闹，杯来盏去，隔墙呼应，弄得他的左右哭笑不得。

对于曹参不理朝政、专事喝酒的做法，皇上刘盈很恼火。但碍于他是父亲刘邦的重臣，不好当面训斥，就找到曹参的儿子曹窋，叫他这个做儿子的回家劝劝他父亲。刘盈的话说得很难听，说曹参不理朝政，成天喝酒，是对他这个年轻皇帝的轻蔑。在朝廷当官的曹窋听皇上这么一说，非常害怕，就回家对父亲说："高祖刚去世不久，皇上年纪又轻，你当了相国，天天只是喝酒，无所事事，怎么去考虑天下的安危呢？"曹参一听，勃然大怒，下令门客把儿子拉下去鞭笞二百下。待上朝时，皇上刘盈对曹参说："你儿子曹窋说的那番话是我教他说的，你怎么好鞭笞他呢？"曹参一听，赶紧摘帽谢罪。曹参如是说："你这个皇帝比不上高皇帝刘邦，我这个相国比不上萧何这个相国，刘邦和萧何制定的法律、政策、规矩等等，足够我们使了，用不着再去搞什么新的花样了。"

史载，刘盈表示赞成。

如果单从史书记载的这一情节看曹参的"无为而治"，能给人留下许多想象的空间，且想象的方向多是对曹参不利的。但如果把曹参的这一做法放在当时的历史背景下来看，曹参的这一做法则是值得称道的！

在曹参任相国之前的中国历史，往远一点说，从公元前四〇三年三国分晋开始，到公元前二二一年秦始皇灭六国统一中国，近二百年的战国时期，几乎没有一年不是战火烈烈。秦始皇当皇帝的十二年，是中国历史上以横征暴敛著称的十二年，人民群众遭受的涂炭不亚于烈烈战火的炙烤。从秦二世嬴胡亥执政到公元前二〇六年嬴子婴坐白马乘素车向刘邦跪拜投降的几年间，陈胜吴广、项羽刘邦等一批英雄豪杰用起义征伐的战火把华夏大地撕扯得千疮百孔。就是在刘邦执政的几年间，剿陈豨，灭黥布，屠彭越，用排除异己而把人民群众拖入了战争的水深火热之中。当时中国的庶民百姓，其生伴战火而生，其死因战火而死，几乎没有过过安定祥和的日子。曹参接替萧何为相后，既不颁布新法，也不推行新政，而是以英明的汉高祖刘邦和杰出的相国萧何所颁行的政策法令是最好的为由，实行与民生息的治国之策，其高明之核心是将不扰民深藏于喝酒取闹的"无为"之中，其表象"无为"，实为"大为"。试想，哪一项新政可以不与社会、民众的承受能力相匹配？如果曹参为了显示自己为相的才华，不管社会能否承受，也不管百姓是否接受，今天出台一个法令，明天推行一项新政，皇上高兴，朝官称颂，可就苦了百姓了。

司马迁在写曹参为相的"无为而治"时，手法非常高明。在他的笔下，泱泱大汉王朝的相国曹参，是个酒徒、醉鬼，把曹参实行"无为而治"的高明治国之策，故意淹没在他的醉酒之中。在对曹参这个喝酒相国做了这样一种涂抹后，司马先生突然笔锋一转，写了百姓歌颂曹参的一首歌谣："萧何为法，顜若画一；曹参代之，守而勿失；载其清净，民以宁一。"

翻译成白话文就是萧何制定法令，严明齐全；曹参接任，谨慎遵循；"无为而治"，庶民安宁。

人民群众就是"上帝"。

"上帝"说："曹参，喝你的吧！"

好个以不死求公道的贯高

贯高是刘邦称帝后分封的赵国相国，一把硬骨，义气千秋。

赵国的国王是张敖，是战国时赵王张耳的儿子、刘邦的女婿、鲁元公主的丈夫。公元前二〇〇年，刘邦趁着大雾摸到被匈奴军队围困的白登城的一角，从牵鞮冒顿放开的一个小口子溜出来，气喘吁吁地往长安赶，路过赵国时，被女婿张敖迎进了邯郸。知道岳父大人在白登被围了七天七夜，吃没吃的，喝没喝的，整天提心吊胆过日子，吃尽了苦头，女婿张敖对他非常恭顺，生怕哪个方面安排不周而惹得他不高兴。可刘邦呢，白登被围的惊悸尚未抖落干净便摆起了皇帝爷的架子，一进赵王府便像只簸箕一样坐在那里，叉开双腿，微屈双膝，做出一种傲慢轻视的姿态，且常常不等张敖把话说完便破口大骂，骂得不堪入耳。

赵国的相国贯高既看不惯刘邦那般羞辱自己的国王，又看不惯自己的国王在刘邦面前那般卑躬屈膝的样子，于是他与大臣赵午等人气愤地对赵王说："把刘邦干掉。"赵王张敖人非常忠厚，贯高等人这么一说，他赶忙制止并咬破手指，指着鲜血千叮咛万嘱咐，叫他们千万别这么想，也万万不可这么做。看到赵王如此忠于刘邦，贯高等人商议找机会把刘邦干掉，但这事不能让赵王知道。如果成功了，福分由赵王享用，如果失败了，灾难自己承担，不把赵王牵连进去。一切商议好了以后，贯高等人开始寻找机会。

公元前一九九年冬天，刘邦亲率大军在河北正定一带攻击叛军韩王信的残部，返回途中在柏人县住宿。贯高等人派刺客埋伏在刘邦下榻的洗手间的夹墙之中，打算在刘邦上洗手间时突然袭击，把他干掉。刘邦也是吉人天相，晚上忽然觉得不对劲，就问随从当地叫什么县，随从告诉他叫柏人县以后，刘邦嘴里念念有词："柏人，柏人，迫人也！"念罢突然起身，不宿而去。

一年后，贯高等人打算谋杀刘邦的事被人告发了。刘邦下令将赵王张敖连同贯高等一干人马全部逮捕。消息传到赵国后，参与谋杀刘邦的赵午等十余人惊恐万分，纷纷握剑在手，准备自杀。贯高一看，火了，骂他们说："谁叫你们干这种事？赵王没有参与我们的阴谋，可他也要逮捕，你们都死了，谁还能证明他的清白？"

张敖、贯高等人被押解到长安以后，除张敖之外，无一例外全都受到了严刑拷打。因为主谋是贯高，故而严刑拷打的重点是贯高。主审官为了叫贯高承认张敖是主谋，先是叫人用鞭子、木棍打，数千次地打过之后，贯高不招，改为铁锥乱刺，直刺得贯高全身稀烂，再也找不到一块完好的肌肤下锥子。贯高则任凭如何鞭打、锥刺，始终不改口："这事是我们瞒着赵王干的，赵王确实不知道。"

事实上，刘邦也在等着贯高承认是张敖主谋的口供，可三番五次奏报上去的都是"赵王确实不知道"，不禁赞叹道："好一条汉子，谁认识他，去拜访一下，动以私情，套出实话。"

中大夫泄公是贯高的同乡，私交很深，刘邦就派他去找贯高动私情，套实话。泄公见到贯高后，似老朋友般与贯高把臂言欢，话题扯得很远，且多是儿时顽皮、两家相好的友好回忆，是叫贯高尽忠君之道的动情劝说，是老朋友关切他性命之忧的深情流露。在做了这样一番好朋友式的交谈后，泄公打探贯高一个最核心的问题，即赵王张敖到底参与了没有。贯高在大牢之中受尽了严刑拷打，吃够了皮肉之苦，在浑身上下疼痛难忍之时能与老朋友做这样一番友情交谈，很受感动。他对泄公说："人之常情，谁不爱自己的父母妻子？如今我的父族、母族、妻族三族人全部被处死，我即使再爱赵王，也超不过我的亲属吧？但是，谋反的事全是我们背地里干的，赵王确实没有参与。"

泄公把与贯高交谈的情况报告刘邦后，刘邦信了，下令释放张敖，撤销王爵，贬为"宣平侯"，同时下令特赦贯高。

当泄公再次跑进大牢，将张敖被放同时特赦他的消息告诉贯高以后，贯高非常高兴，他对泄公说："我全身脓血而不肯死，只是为了证明赵王无辜。如今赵王已经出狱，我已尽了责任，死而无憾了！"说罢仰起头来卡断咽喉而死。

贯高在受尽严刑拷打、活着比死去更难以忍受的情况下，以就是不死来证明张敖没有参与谋杀这个事实的精神是值得赞赏的。贯高的这种精神并非臣忠于君的愚忠，而是坚持实事求是的精神，坚持公道的精神——这是人性之中最宝贵的精神。古往今来，多少有头有脸的君子为了升官发财，为了苟且偷生蜕变人性，甘愿当走狗、汉奸、叛徒；多少拔树举鼎的武士为了一己之荣、蝇头小利而歪曲事实、诬陷他人。这种把实事求是当皮球踢，拿自己的良心去喂狗的卑劣行径，见得多了听得多了以后，不由得我们不赞赏贯高。贯高有一句大实话："我即使再爱赵王，也超不过我的亲属。"但在坚持实事求是亲属就要被涂炭，歪曲事实亲属也许能得以保全甚至享受荣华富贵的两难选择面前，贯高选择的是实事求是。

这才是一种值得讴歌的纯洁人性的选择！

我们赞赏那种不惜以死来维护真理的人格！

我们更赞赏那种以不死来坚持实事求是的人格！

人生不幸之大幸

公元前二○五年三月，汉王刘邦率军从陕西大荔东渡黄河，直逼魏国的都城山西临汾。魏国首领魏豹抵挡不住，率军投降。刘邦当然忘不了在搜刮金银财宝的同时，把魏王宫室的美女一并掳走。

于是，历史在被刘邦掳走的一群美女里打下了一个深深的情结。

在掳掠的魏王宫女中，有一个姓薄的女子，其父是苏州人，曾在魏王府谋事，与魏王宗室女子魏媪私通，生下了薄氏。历史落在司马迁的笔下，遗忘了薄氏的名字，但却没有遗忘她的美色而引起汉王刘邦的垂爱。

薄氏被送到刘邦的后宫。同时送到后宫的有薄氏的两个好友，一个叫管夫人，一个叫赵子儿。美貌出众的管夫人和赵子儿在与薄氏的朝夕相处中结下了友谊，她们凭着年轻时才有的天真，曾在诉说情感而真的受了感动以后，遵循着"苟富贵，无相忘"，在嘻嘻哈哈中立过誓约—谁先显贵了，别忘了好友—就是这句誓约，给了薄氏一个机会。

在战事稍有好转后，刘邦在成皋（今河南荥阳）与管夫人和赵子儿寻欢作乐。就在被这种幸福浸泡得浑身发炸的时候，管夫人与赵子儿同时想起了薄氏，想起了她们三姐妹曾经有过的誓约。她俩没有因为还有一个曾经心爱的姐妹独守空房而伤感，只是当作年轻时有过的一个能令如今发笑的戏语而咯咯发笑。刘邦喜欢身边的美女发出这般淫淫的笑声，当然会像个孩子似的缠着她俩寻根问由。她俩用响铃般的嬉笑把曾与薄氏的誓约讲出来以后，刘邦反倒"心惨然，怜薄姬"，生出些许伤感来。他撇下管夫人和赵子儿，立即把薄氏召来"幸之"。

可怜的薄氏在被刘邦宠幸以后，无比激动地说："我昨天夜里梦见一条苍龙盘在我的肚子上。"薄氏这句话足以撩拨得流氓气十足的刘邦雄性大发，他对薄氏说："这是要尊贵的兆头，我来帮你成全这桩事吧！"

就这一次，薄氏为汉室江山生下了一个创造辉煌的伟人—文帝刘恒。

二十三年后，刘恒登上了汉室皇帝的宝座。

可这二十三年之中，刘邦几乎把这个儿子忘了。

尤其是刘邦死后，实际操纵朝廷的皇太后吕雉做的第一件事，就是讨伐刘邦三宫六院的美貌女子，凡曾被刘邦"宠幸"过的"皆幽之，不得出宫"，她要一个一个慢慢收拾。历史上骇人听闻的"人彘"，就是曾经最得宠于刘邦的戚夫人被吕雉砍掉四肢、挖掉双眼、拔光头发、熏哑嗓子、扔到厕所的一大独创。就连戚夫人的儿子刘如意也未能逃脱吕雉用毒酒灌杀……

刘恒母子之所以无恙，得益于刘邦生前对他娘俩的"无宠疏远"。薄氏虽被刘邦"幸"过，并一"幸"而留下了刘邦的血脉，但刘邦对薄氏早就毫无兴趣了。

历史所遵循的唯物辩证法的"天则"，就这样在薄氏母子身上做了极其鲜明的注释——刘邦对薄氏的不"幸"，却成了薄氏的大幸——老四刘恒因为母亲失宠于父亲，因而在要乖撒娇的年龄也没有在父亲面前要乖撒娇的机会，更不用说像三哥刘如意那样经常挂在父亲的嘴上，对二哥刘盈的皇位形成威胁。薄氏精心守护着一天天长大的儿子，生活在被刘邦遗忘的角落，日子虽不贫乏，但门庭极其冷清。母子俩谁也不能得罪，谁都得罪不起，成天谨慎小心，生怕什么事惹怒皇后吕雉招来横祸。但薄氏毕竟被高祖刘邦"幸"过，刘恒毕竟是刘邦的血脉，满朝文武大臣虽用不着为谋求私利而巴结他们母子，但他们母子的特殊背景还是在文武大臣的心目中有些分量的。加之皇后吕雉的阴狠毒辣与薄氏母子的忠厚敦良形成了鲜明的反差，因而文武大臣在不得不巴结讨好皇后吕雉的同时，以心作秤，称出了薄氏母子的"贤智温良"。

高祖刘邦死后，大权在握的皇太后吕雉当然不害怕薄氏母子的"贤智温良"，也不以为如此老实巴交的薄氏母子会成为她独揽大权的威胁，故而在清洗刘邦生前的红颜宠妃时饶了薄氏，让她出宫到了当代王的儿子刘恒身边。

吕雉饶了薄氏，事实上也饶了刘恒。吕雉饶刘恒不是没有理由的。

刘恒七岁那年，也就是公元前一九六年，刘邦做出了一个"非刘氏不王"的重大决定，并通告朝廷上下，企图把历史框定在刘氏世袭为皇为王的轨迹上。刘邦哥哥的孩子、叔叔的孩子都封王了，当然不能不封自己的儿子。虽然刘邦因为不喜欢刘恒的母亲而连带不喜欢自己的儿子刘恒，但在封王时还是给了刘恒一席之地。至于封他到什么地方为王，刘邦是费了一番琢磨的。现今的河北蔚县和太原市以北一大片地方，当时是匈奴侵扰的重点，刘邦想把这一带变成汉王朝的北方屏障，因而打算将河北蔚县至山西的晋阳县连起来，成立一个代国，选派一个刘氏子弟到代国为王，在那里繁衍生息，世代做汉朝的屏障。在确定代王人选时，刘邦想到了刘恒，萧何等数十名大臣也想到了刘恒。于是，年仅七岁的刘恒告别母亲薄氏，在一帮文武朝臣的簇拥下，到代国就职了。

七岁的代王刘恒虽只是一个乳臭未干的娃娃，但自小从母亲那里学会的谦逊恭勤，特别是从母亲嘴里听到的吕雉的阴狠毒辣，使得他小小年纪就对宫廷政治有了一种特有的敏感性。父亲刘邦在他到代国上任的第二年死了，掌管朝政大权的吕雉没有通知他回去奔丧，他虽然伤心欲绝，也没敢离开代国半步。好在母亲薄氏在刘邦死后得到皇太后吕雉的饶恕，来到了刘恒的身边。刘恒在偏远贫瘠的代国为王，谨慎从事，日子倒也过得安稳。事实上，此时的皇太后吕雉在独揽朝政大权以后，并不是没有想起刘恒这个刘邦的庶子来。她在公元前一八一年派使者告诉刘恒，说打算派他到赵国为王，刘恒当即婉言谢绝了。政治敏锐性极强的刘恒本能地从宫廷政治斗争的角度，用婉言谢绝来躲避了一个政治阴谋。刘恒十分清楚，赵国的国都在经济、文化非常发达而又富庶安全的邯郸，戚夫人的儿子刘如意为赵王，被吕雉用毒酒杀害了；淮阳王刘友接替赵王，被吕雉幽禁在宫中活活饿死了；又改派梁王刘恢为赵王，同时选派一批吕氏女子作为随同，日夜加以监视，刘恢被逼无奈，自杀身亡。民间早就有"当赵王就是进坟墓"的传说，如今吕雉要刘恒离开贫穷落后而又时常受匈奴侵扰的代国，到经济发达的赵国为王，这不是试探又是什么呢？一旦应承下来，他刘恒连同母亲薄氏还能逃脱吕雉的魔掌吗？

刘恒的婉言谢绝躲过了吕雉并非精心设计的一个政治阴谋，使得他不仅能在偏远贫瘠的代国把代王这把交椅稳稳地坐住，而且能在保持恰当距离的位置上对与自己密切相关的宫廷斗争做超然的冷眼旁观，这为他后来在皇帝的宝座上施展政治才华做了厚重的积累。

尤其值得一提的是，刘恒把母亲薄氏接到代国以后，不知是水土不服还是别的原因，薄氏病倒了，而且一病就是三年。这三年，留下了中华民族二十四孝图中的一幅经典。史载，刘恒这三年间不眠不休，既不闭上眼睛，也从不脱下衣服，长年累月地在母亲身边服侍，凡给母亲喝的汤药，必先经他亲口尝试，然后才由他一勺一勺地吹凉给母亲喂……历史就是这样有意无意地告诉我们，刘恒特殊的出身背景，特别是刘恒和他的母亲薄氏被刘邦的遗忘，是刘恒独特的一笔政治积累。身为皇帝的血脉却被皇帝遗忘，本是人生的一大不幸，而正是这遗忘，不仅使刘恒母子在险恶的宫廷政治斗争中求得了一份平安与平淡，而且求得了一份通常皇帝的血脉所领悟不到的平凡。因为刘恒母子长期有意防备吕雉加害自己，因而他们获得了为人为官所必须具备的自律和谨慎；因为刘恒母子享受不到达官贵人的尊崇，因而他们不得不把自己的心态调整得与庶民较为接近。刘恒母子在众人眼里的"贤智温良"印象，从人性的本质上说，绝不仅仅是在躲避吕雉的加害中获得的，它原本就是一种秉性、一种人格，是为人的一种大德。这种大德，离开与面呈菜色的庶民相处，离开自己动手的劳作，是无论如何不可能获得的！

刘恒获得了这种大德，他应该感谢父亲刘邦的遗忘，感谢皇后吕雉的狠毒！

法律的开明诠释

一人犯法，九族株连，这几乎被所有的帝王视作必须沿袭的治国宝典，因为一人犯法屠灭九族，对于帝王来说是最简单的处置办法，省去了许多时日和麻烦；还因为这种法典能以最恐怖的震慑力把人吓住，省去了帝王教化百姓所要花费的许多精力。但正因为其最简单，也标明了帝王最愚蠢；正因为其最恐怖，也揭示了帝王最暴戾。

刘恒登上皇帝的宝座后，便下诏废除这个法令。他的这一举措不只是表明他与愚蠢和暴戾告别，而更像是向世世代代沿袭下来的统治术宣战。国家的法律由皇帝签署颁布，可皇帝又是金口玉言，所说的任何一句话甚至任何一个梦呓都具有甚至超越法律的效力。封建帝王的特权与法律的权威所构成的特殊矛盾，在皇帝身上聚焦。

我们的祖先虽然因为历史的局限性而制定了一些令今天看来荒唐的法律，但法律的荒唐并不能抹杀古人执行法律的认真。这之中积极的意义当然不在于一种认真的精神，而在于对法律意义的理解。应当说文帝刘恒对法律意义的理解是准确的、开明的。

张释之当司法部长不久，接手了一桩与文帝刘恒有关的案子，案情非常简单。文帝刘恒出巡到长安城北的中渭桥时，突然有一个人从桥下跑出来，把拉文帝刘恒辇车的马惊着了，马飞奔起来，差点儿把文帝从辇车里摔出来。护卫的骑兵追上去把那人逮住，交给司法部长张释之治罪。张释之不敢怠慢，立即升堂审理。

惊吓文帝御驾的人是长安县的一位平民，他走到中渭桥时，听说天子出巡清道，禁止路人通行，便躲到桥下，想等到天子的车队过去后再出来。左等右等过了好久，这人以为天子的车队已经过去了，便小心翼翼地从桥下伸出脑袋来，恰巧碰上天子的辇车，把拉辇车的马惊得暴跳起来。这人也是吓蒙了，不是把脑袋缩回去，而是没命似的跳起来逃跑，被骑兵侍卫像抓小鸡一样抓到了司法部来审判。

张释之听了这人的陈述后，对照朝廷颁布的有关法律判他违反清道禁令，处以罚金便把人放了。

文帝刘恒得知这个判决结果后，亲自找上门去，质问张释之："这个人惊吓了我的马，幸亏我的马顺从，要是换了别的马，岂不会把我摔伤吗？"最后文帝强调说："这个人犯了那么大的事，你这个司法部长竟然只判他罚金？"

这最后一句的言外之意就是你这个司法部长能不能分清轻重，你这个司法部长会不会判案，你这个司法部长是想干还是不想干了？

张释之并非等闲之辈，文帝刘恒怒气冲冲发出的质问，其言外之意于他的不利，甚至于他的危险性，他不会听不出来。但张释之不愧为文帝刘恒这种明君所挑选的司法部长，面对文帝刘恒的质问，面对文帝刘恒的怒气冲冲，他没有曲意逢迎，也没有拿法律当儿戏，而是把耿直忠良之心当旗帜高高举起，与文帝据理力争。

张释之说："法律，是天下人人都得遵守的准绳。法律规定违反清道禁令的处以罚金，就得处以罚金。如果不这么判，凭个人的意志任意加重处罚，那么天下谁还会信任法律？退一步说，如果陛下您当时就把他诛杀了，也就罢了。现在您既然交给司法部，司法部就一定要依法行事，坚持公平。如果不这样，看着当权者的喜怒去判罪，想轻就轻，想重就重，百姓岂不是手足无措了吗？"张释之在做了这样一番据理力争后，客气了一句："请陛下明察。"

史载，文帝刘恒在听了张释之这番话后，思索了很久，说："你的判决是对的！"

文帝刘恒"思索了很久"的这个描述，对于史学家来说也许意义不大，但对于文学家乃至读书人来说，留下的想象空间是非常广阔的。

至少我们可以做这样的一种想象：文帝刘恒很矛盾，一方面，一个小小百姓惊吓了他的御驾，害得他差点儿从马上摔下来，着实使他吓了一跳，弄得他恼羞成怒，恨不得把这个小小百姓宰了。另一方面，自己签署颁布的法律就是这么规定的，只能处以罚金，杀他不得。当然，凭他的皇帝权威，张嘴把他杀了，张释之不能不执行，法律也奈何他不得。但文帝刘恒在个人情绪与法律规定的矛盾面前，非常理智地选择了法律的裁决，他在受到张释之顶撞之后的"思索了很久"，就是理智战胜情绪的过程。

还说说与文帝刘恒的父亲有关的一件事。

有一个人偷刘邦祭庙门上的玉环，被当场抓获了。这小偷也是没脑子，偷到先帝刘邦头上，给自己偷去了一个死罪。

古时的皇帝是很虚伪的，不管这个皇帝的位置是父亲传给自己的，还是自己推翻父亲的统治地位从父亲手里夺来的，只要自己坐上皇帝这把交椅，哪怕对生前的父亲恨之入骨，也要假模假式地做出一副对先人恭敬的样子，以表明自己的孝顺。

文帝刘恒也一样。他无法摆脱传统势力对他的影响，加之他是刘邦的庶子，虽被刘邦封为代王，但他无法不顾忌皇后吕雉看他的目光，因而虽为王，却不得不小心谨慎过日子。这种小心谨慎的岁月，更加重了他孝顺的品格特色。故而坐上皇帝这把交椅后，刘恒固有的品德加之传统势力的强大惯性，使得他必须在恭敬已经作古的先帝刘邦上表现出顽固的虔诚。当把偷盗刘邦祭庙大门玉环的小毛贼捉拿以后，他感到震怒，立即交司法部审理。

审理这个小毛贼的任务又落到了司法部长张释之的头上。

张释之就是张释之，他没有顾及文帝刘恒的品格特色，而是一头扎到法律里找条款，按"偷盗皇帝祭庙律"把那个小偷判了个法场斩首。

这个结果向文帝刘恒一报告，他立即火了，又一次找到张释之，怒火冲天地说："这个小毛贼胆大包天，敢偷先帝祭庙的东西！我把他交给司法部，是要你判处诛杀他的全家。可你却拿法律来顶我，判他个法场斩首，这不符合我恭敬祖先的本意！"

面对怒火万丈的文帝刘恒，张释之虽然叩头请罪，但对必须坚持的法律原则却半点也不让步。他说："法律这样规定，我就这样判决。对于犯罪，应该看触犯法律的轻重大小作为惩罚的根据。"张释之为了证明自己判决的正确，也为说服文帝刘恒，做了一个大胆的假设，他说："如果因为偷高祖祭庙门上的一个玉环就诛杀其全家，万一哪个愚民掘了长陵一抔土，陛下将做什么更重的惩处？"

我之所以说张释之这个假设是大胆的，是因为古人在一些关键环节上的话都说得十分隐晦，用现在的语言翻译张释之说的掘长陵一抔土，就是挖你家祖坟。为一个偷庙门玉环的小毛贼辩护而做挖文帝刘恒祖坟的假设，且文帝刘恒尚处于怒火万丈的情绪之下，真可谓胆大包天。仅凭这样一句亵渎高祖的话，就足可以砍下张释之的脑袋。

文帝刘恒没有这么做，而是报告薄太后，批准原判决。

文帝刘恒报告薄太后，我们可以做这样的认定，文帝刘恒虽遇到了张释之拿法律顶他，但他最终还是被张释之说服了。报告薄太后，是因为薄太后曾做过刘邦的妾，又是他的亲娘，请示一下老娘，既是以示尊重，也是给自己一个台阶。

文帝刘恒虽贵为天子，但同样有血有肉。平民百姓惊吓了他，他气得想把人家的头砍掉；小毛贼偷了他父亲祭庙门上的玉环，他又恨不能诛杀小毛贼的全家。文帝刘恒这种情感的偏颇宣泄，是常人的，也是可以理解的。退一步说，假设历史记载的就是文帝刘恒在盛怒之下砍了小百姓的头，诛杀了小毛贼的全家，在后人看来也是无足轻重的，甚至仅

凭这两件事，影响不了历史也影响不了后人把他视作明君的赞誉。但司
马迁先生用巨笔记下文帝刘恒尊重法律的区区小事，似乎还有其更深刻的
含义。

宝马、露台、秘祝的联想

　　宝马、露台、秘祝，本质上没有任何联系。

　　可是，因为这三件事都发生在文帝刘恒身上，因而它们之间不仅有本质的联系，而且联系得一以贯之。

　　先说宝马。

　　公元前一七九年夏天，也就是刘恒登上皇帝宝座不足半年后的一天，有人不知是出于爱戴还是出于投机，给文帝刘恒献了一匹日行千里、夜行八百的宝马。王公大臣自是喜不自禁，可文帝刘恒把马还给当事人，并发给他路费打发回家。之后，文帝刘恒多少有些调侃似的对臣僚说："我每次出巡，天子的銮旗在前，卫士的车队在后，有急事时，每天走五十里，统帅军队的时候，每天走三十里，我一个人骑千里马，叫我跑到哪里去？"文帝刘恒在做了这样一番类似调侃后毅然下诏，告谕天下："我不接受呈献，通令四方，不要搜寻奇珍异宝来献！"

　　封建社会的帝王将相，几乎没有不接受奇珍异宝贡献的，有的为夺得珍宝，不惜大动干戈；有的不惜调动全部的智慧，设计一连串害人损人的阴谋诡计。从某种意义上说，奇珍异宝是为帝为王的象征，手里不捏着一把珍宝，即不称其为帝王。可文帝刘恒不，他有资格得到天下几乎所有的珍宝而放弃这种资格，他有权势得到天下所有人的进贡而拒绝这种进贡，从根本上说，还是与他那不敢懈怠的救世主责任感一致的。用无私来形容文帝刘恒，这种文字的表述似乎太现代，难以叫人认同，但从文帝刘恒拒收奇珍异宝的作为中确能生动而又具体地看到一种令人肃然起敬的品格。

如果我们的思维延伸一点就可以想象出，一些不体恤民众疾苦而贪得无厌的官吏，在看到皇上接受千里马的贡奉后，必然把本来就收不住的手伸得更长，把本来还有点犯怵的胆子无所顾忌地放量。如此蔓延开来，最终受害的不是百姓又会是谁呢？

我们不妨再把思维延伸一点，如果皇上喜欢搜集奇珍异宝，那么必有一批投机政客会因为进贡讨得皇上的欢心而得到重用，让这等人掌握朝政要职，于朝政，更于人民群众，不是灾祸又会是什么呢？史学家在评价文帝刘恒执政时社会风气归于笃实厚道，我想这不会和文帝刘恒拒收奇珍异宝无关！

再说露台。

文帝刘恒曾打算修建一个露台，供自己休闲和享受之用。他叫工程人员造预算，大约需要黄金二千四百两。文帝刘恒一听，大吃一惊，说："这个数目是十户中等人家的财产。我继承先帝的宫殿，常常觉得不配，还要露台干什么？"

寥寥数语，一片赤诚。十户中等人家的财产对于一个皇帝来说不过是九牛一毛，可文帝刘恒却恰恰因为要花费十户中等人家的财产而坚决放弃。在文帝刘恒为人为政的全部心思中，黎民百姓是他唯一的参照系，他正是比照这一参照系，放弃了修露台的打算；他也正是比照这一参照系，给后人留下了为帝的人格崇敬！

再说秘祝。

从秦始皇开始，后经刘邦乃至刘盈等若干皇帝，朝廷都设一种祭祀的官员，专事一种高度秘密的诅咒，称为秘祝。平常日子，祭祀官员用祷告为皇帝祈福祈寿，每遇灾祸，祭祀官员就躲到一个极隐秘的地方，祷告上苍把造成灾祸的责任推到臣僚和百姓身上，让上苍惩处臣僚和百姓，而使皇帝得到开脱，以永享上天垂恩，长生不老。

文帝刘恒作为血肉之躯，既非不想长生不老，也非不怕上天的惩罚。

每遇天灾，他常常先从自己的身上检讨过失，祈求得到上天的宽恕。但文帝刘恒与他之前和之后的所有皇帝不同，他害怕上天惩处，企望长生不老，但他绝不把责任往臣僚和百姓头上推，也决不能容忍秘祝这种企图把上天的惩处推到臣僚和百姓头上的做法。于是下诏：

"天道循环，灾祸之来，由于怨恨。幸福之来，由于恩德，文武百官犯了错误，是由于我这个当皇帝的领导不当。而负责祭祀的官员却把过失转移到居于下位的人身上，这正显示我的道德有亏。我不愿这样做，应行废除！"

秘祝被文帝刘恒废除了，但祈求上苍降福于他的香火并未断绝，散落在全国各地大大小小的寺庙道观里，香烟缭绕之中，各级祭祀官员祈求文帝刘恒万寿无疆的祷告声几乎飘散在全国的每一个角落。于是文帝刘恒再次下诏：

"祭祀官员在祈求上苍赐福时，都要求把幸福降临到我身上，却忘记了百姓，使我惭愧。以我品德的欠缺而独占福分，百姓不能分享，是使我的品德欠缺更多。以后祭礼官员向天致敬时，不要为我做任何祈求。"

祈祷祭祀本来就是愚昧，其结果也只能是子虚乌有。可文帝刘恒却把这种子虚乌有的东西当真，从品德的角度检讨自己。正是从这种不收珍宝供奉、不修行宫、不让天下人为自己祈祷等小事上，文帝刘恒完善了自己的人格；也正是源于这种高尚的人格，文帝刘恒创造了历史的辉煌！

两个太阳照大地

天上只能有一个太阳。当上古的天空同时悬挂着十个太阳，把大地苍生烤炙得难以生存的时候，后羿站出来，挽弓向天，射杀九个太阳，留下一个照耀人间。

一个国家只能有一个皇帝。一个皇帝不只是代表一个国家，而且代表一片国土。一国同时站起来若干个皇帝，即意味着这个国家的土地同时被几个皇帝分割。久而久之，国土这个概念不仅将从一国的版图中分离出去，而且将从一个民族的血统中分离出去。

公元前一七九年，就在文帝刘恒坐着黄绫盖着的御车、前面銮旗开道、后面军队护卫、浩浩荡荡从长安出巡的时候，在中国南方的广州市，一个名叫赵佗的人扯起"南越武帝"的旗帜，也用黄绫盖车，前竖銮旗，后拥卫队，浩浩荡荡从广州出巡了。

一个中国两个皇帝，一南一北两个太阳，照得人心一片惶然。

问题的症结不在于一国之内有几个皇帝，而在于一个皇帝就意味着一个拥有主权而不受制约的国家。

当"南越武帝"从广州出巡的消息传到长安后，朝廷上下一片哗然，文武百官抓住这个表达忠心的机会，集中表达了"一国不能有二君"的愤怒。那态度极其鲜明：天下只能有一个汉文帝，多出一个"南越武帝"，他们绝对不能容忍！因而兴兵讨伐的调子越喊越高。

文帝刘恒在朝廷上下一片兴兵讨伐的叫嚷声中，首先想到的是公元前一九六年父亲刘邦在处理与南越关系上所采取的怀柔政策。于是，他极其冷静地下达了两道与满朝大臣的情绪截然相反的诏令：一道是整修赵佗父母的坟墓，设立特别官员负责洒扫祭祀；一道是征召赵佗的兄弟及亲属，任命他们当官，重重地给予赏赐。

文帝刘恒没有向他的臣僚做下达这两道诏令的任何解释，诏令一下，他便没事儿似的召见洛阳郡守吴公向他鼎力推荐的洛阳才子贾谊，与这个二十岁刚出头，但博学多闻、文辞优雅的年轻后生彻夜交谈……

文帝刘恒虽然没对他的臣僚做任何解释，但他下达的诏令本身就是最鲜明也是最深刻的解释。

赵佗是今河北正定（古时叫真定）人。秦始皇统一中国后设置了桂林、南海、象郡等都郡，并从内地选派一批官员到那里任职，受秦王朝的统一管辖。赵佗就在那时被派往南海郡龙川县做县令。从经济文化较发达的中原，到地处偏远且汉人与少数民族杂居的龙川县做县令，赵佗以其开阔的视野和出众的才华在龙川县令这把交椅上向南海乃至整个南越辐射了巨大的影响，成了南海最高军事长官任嚣的座上宾。秦朝末年，项羽、刘邦等群雄并起，兵戈相见，争霸天下的硝烟飘过黄河长江，给南越带去了可以背秦而自立的信息。恰在这时，南海军事长官任嚣病重，他自度时日有限，在临终之际把赵佗召去，凭着他几十载政治风雨磨炼出来的特有目光，语重心长地对赵佗说："我们南海郡偏僻而遥远，现在中原诸侯争霸，我担心那些作乱的军队趁机攻击我们。我本想率军去断绝我们与秦朝的通道，以静观事态的发展，不承想重病在身，无力完成这个任务了。"老军事长官大喘了几口粗气接着说："我们番禺（今广州市）这个地方，后有险固的山寨可以依靠，前有南海横阻作为屏障，从东到西，有数千里之大，又有不少汉人杂居辅助，地广人杰，满可以建立一个国家……"老军事长官说到这里时，盯着赵佗，眼睛里流露出的全是信任，他不无遗憾又不无欣慰地接着说："因为郡中没有什么杰出的人才值得我和他商量，所以把你召来，把我临死前的心思告诉你。"

赵佗对老军事长官的如此信任非常感激，加之他对时局的分析，也深深认识到天降大任于斯人的时机到了，于是欣然领命，跪地拜谢，双手接过老军事长官任命他接任南海军事长官的文告。

任嚣死后，赵佗施展军事长官的权威，下令烧毁了横浦关、阳山关、湟溪关的桥梁，封锁秦始皇开凿的五岭山径，断绝了与中原的通道。接着以维护当地土著人习俗为由，找碴杀掉了秦朝派去的一些官吏，换上了自己的亲信党羽。就在秦王嬴子婴跪在咸阳西北的轵道旁向刘邦投降的时候，赵佗率兵兼并了桂林郡、象郡，自立为"南越武王"了。

汉高祖刘邦平定天下后，出于对战争的厌倦，也是出于对百姓连年遭受战争之苦的同情，放弃了对自立为王的赵佗的征讨。但刘邦绝非等闲之辈，他深知祖先留下的最大产业是国土，他刘邦不能在这个根本问题上愧对祖先，因而他虽不发兵讨伐赵佗，但却也不能容忍在他的一统国度里，有一个自立为王的赵佗把他的国土挖走一块。经过反复谋划，刘邦拿出了一个政治家的聪明一招：用一张"南越王"的诏命，承认这个既成事实，把赵佗企图从华夏版图中分裂出去的念头，用一纸诏命给予打消，把汉朝与南越已经露出来的对立端倪，用一纸诏命给予化解。任命赵佗为"南越王"的诏书起草后，刘邦特地派大夫陆贾带着印信符节前去把自立为"南越武王"的赵佗所控制的国土收归一统。

公元前一九六年五月，陆贾抵达番禺，见到了"南越武王"赵佗。

陆贾与赵佗的这次见面非常有趣。赵佗完全是一副当地土著头领的打扮，头发束成一撮，捆得紧紧的，在头顶上竖起来。他叉开两条腿，坐在那里的姿势颇似扔在地上的一个簸箕。他用这种装束和傲慢表明他对汉王朝的不在乎。

陆贾大夫虽身处异域他乡，且随时都可能碰上难以预料的不测，但他有腹中的诗书壮嘴，有统一中国的正义壮胆，一上来就嘴巴不饶人。他指着歪坐像簸箕一般的赵佗说："你本是汉人，你的亲属、你的祖坟也都在故乡，可你不念祖宗，穿一身土著的服装，企图以弱小的南越跟天子对抗，我看你的灾祸就要临头了……"

陆贾从赵佗背叛祖宗的角度严厉指责一番后，又从汉高祖刘邦如何承奉天意、汉王朝如何强大、高祖如何关心赵佗等诸多方面阐明了他此行的目的。他吓唬赵佗说："朝廷的宰相和将军们准备派出大军，向你问罪，只是天子怜悯百姓饱尝战乱之苦才没有应允。如果你赵佗再不迷途知返，我向朝廷一报告，朝廷就会做出强烈反应，首先挖掘焚烧你的祖坟，屠杀你的家族，尔后随便点一位将军，带上十万兵马，就能把你南越踏平……"

赵佗一听，腾地从地上跳起来，规规矩矩地坐下，道歉说："请大人原谅，我在土著部落鬼混得太久，忘记了汉人的礼仪。"他话虽是这么说，但骨子里还是不服气，问陆贾："凭我赵佗的能力，比萧何、韩信如何？"

陆贾也是给他面子，迎合他答道："你的贤明和能力，跟他们相似。"

赵佗的本意是想拿自己和刘邦比，只不过先搬出萧何、韩信兜个圈子，见陆贾说他与萧何、韩信相似，觉得不过瘾，故而直入主题问道："我比皇帝刘邦怎么样？"陆贾借着赵佗这个话题，在大大夸赞刘邦连同汉王朝的同时，大大踩乎了一顿赵佗连同南越，他说："刘邦继承三皇五帝的伟大勋业，统治的人口以千万为单位计算，土地方圆有上万里，物产丰富，号令统一。而你区区南越，只不过相当于汉王朝的一个郡而已，怎么能与高祖刘邦相比呢？"

赵佗也是嘴硬，大声笑着说："可惜我不在中原，如果在，谁知道我不如刘邦呢……"

陆贾大夫这次出使南越，不仅使赵佗放弃了"南越武王"的封号，接受了汉王朝"南越王"的封爵，而且在给汉王朝带回大量进贡的同时，带回了赵佗"愿奉明诏，永为藩臣"的承诺。

那一年，文帝刘恒七岁，被父亲刘邦封为代王，前往代国就职。陆贾大夫出使南越的事，他从母亲薄氏的口中听说过，但陆贾出使的细节，以及收归南越的重大意义，他一个孩子家是弄不明白的。

但吕雉掌权时期，在处理与"南越王"赵佗的关系上的一些做法，刘恒已经开始用自己的政治目光进行审视，并从中得出了是吕雉逼赵佗自称"南越武帝"的结论。吕雉当政时，不知是听了谁的鬼主意，下令"不得给蛮夷南越金铁、农具、牛、马、羊，就是给牲畜，也只能给雄性的，不给雌性的"。

赵佗本来就不甘为臣，吕雉这么一逼，他便毫不犹豫地借故脱离与汉王朝的关系，扯起了"南越武帝"的旗帜。为了扩大势力，也为他当皇帝积蓄资本，赵佗把吕雉对他进行制裁的原因推到一直与汉王朝保持良好关系的长沙王身上，说是长沙王挑拨了他与汉王朝的关系，因而率军攻打长沙国的边邑。

老实巴交的长沙王自度不是赵佗的对手，烽火一起便火速向吕雉求援告急。吕雉做得更绝，下令削去南越国的封号，并发兵讨伐。公元前一八一年，吕雉派隆虑侯周灶率军攻打南越，由于南方天气潮湿，北方将士水土不服，军队尚未开出长沙国的范围便大量流行瘟疫，无法前进了，只好驻扎下来。不到一年，吕雉去世，周灶随即率军撤回。赵佗戴"南越武帝"这顶帽子时就有些犯嘀咕，听说汉王朝派大军来攻更是有些害怕。他急急忙忙率军踏平长沙国边邑的几个县后，速速撤军离去，并修书给周灶，论述攻打长沙国的理由，请求汉王朝罢免长沙国的两名将军，也请求修复他老家父母的坟墓。那意思很明确，只要他提的要求得到应允，他赵佗继续为汉朝作臣。

也是事不凑巧，周灶接到赵佗的信时，恰逢吕雉去世，还没来得及禀报，便率军拔寨撤走了。赵佗一看，顿时胆气十足，趁机以武力威胁与南越毗邻的小国，用财物拉拢闽越、西瓯等国的王侯，采取诱迫兼施的手段，叫他们乖乖地归顺了南越。赵佗所控制的领土，从东到西达万余里之大，他觉得原先那套"南越王"的礼仪与他所控制的领土已经不相称了，于是依照汉朝皇帝的做派出入乘坐天子的黄盖车，一切礼仪规格与汉王朝相同，摆出了一副与汉朝皇帝平起平坐的架势。

文帝刘恒无疑对赵佗与他平起平坐感到不舒服，他的血脉以及他的教养使得他不能容忍父亲策马打下的一统江山，让赵佗那顶"南越武帝"的帽子割出一部分去。但他也不想动用武力去制服赵佗，因为赵佗称帝毕竟是吕雉所逼，还因为一旦发动战争，最终受难的将是百姓。于是他反众僚的力谏而行之，下达了两道诏令。但他在下达两道诏令后与贾谊交谈的过程中，并没有放下如何处理与南越关系的思谋。贾谊从建立大国政治的角度所发表的宏论，鼓舞了他用怀柔政策处理南越问题的信心。他找到足智多谋的开国老臣陈平，请他推举赴南越的人选。陈平当然首推陆贾，一张嘴便是陆贾出使南越的一串故事，还没等陈平把陆贾出使南越的故事讲完，文帝刘恒便御笔一点，把陆贾作为履行出使南越使命的人选圈定了。

陆贾这次见赵佗的情形与上次大不相同，赵佗用周到的礼节表明了自己的心虚。陆贾一看，心里有数了，一上来便以大国使臣的口气责问赵佗："你为什么自立为帝也不派人到汉王朝来报告？"

面对陆贾那大国使者的主宰气势，赵佗赶紧谢罪，说："本王所辖地势卑下，气候潮湿。在我周围，东边的闽越（今福建）君称王，西边的瓯骆（今广西）君也称王，我妄自窃称帝号，只是为了自我娱乐，怎么敢报告天子呢？"

赵佗一个劲儿为自己开脱，陆贾心里更有了底数，于是取出文帝刘恒写给赵佗的信，朗声念了起来。

文帝刘恒真不愧为大国帝王，他信中那委婉恳切的外交辞令，尤其是他那帝王所少有的宽厚仁义，不仅坚持了丝毫也不该让步的原则，而且深深地打动了赵佗。

赵佗毕竟是从中原过去的人，他虽然在南越生活了四十九年之久，且几十年在一方霸主的位置上发号施令，但他深明国家统一的民族大义。尤其是文帝刘恒那平等的态度、坦诚的品格和他那宽厚的仁者爱人之心，使赵佗深为感动。树高千丈也要叶落归根。赵佗也是年逾六十的人了，他虽然在"南越武帝"的位置上要尽了威风，但他的血脉使得他怎么也挥之不去恋祖恋根。因而在他读了文帝刘恒那深明大义的信后，紧紧握着陆贾的手说："汉天子真是长者，我愿奉明诏，永为藩臣。"他不仅这么说，而且立即付诸行动，下令国中："我听说两雄不并立，两贤不并世。当今皇帝，是一位圣明的天子。从今以后，我要去掉帝制黄屋左纛，仍为汉臣。"

陆贾这次出访为文帝刘恒带回了"君以仁德待臣，臣以仁德报国"的丰硕收获，带回了汉王朝一统江山的完整与统一。

于是，天上又只有一个太阳。

饲养员与周勃

饲养员在《史记》中无名无姓，周勃则是汉朝开国功臣，这二人并没有直接接触，可能还互不相识。但因为与文帝刘恒有关的一件小事，特别是事件本身的思想底蕴，把两人联系起来了。

先说周勃。周勃和刘邦是同乡，吹得一口好箫，刘邦起兵前，周勃经常加入办丧事的行列，帮人家吹箫管奏挽歌，赚口酒吃。刘邦在沛县起兵，周勃就跟着，作战非常英勇。在司马迁著述的"绛侯周勃世家"中，数度用"第一个登上城墙"和"功劳最高""建功最多""功勋最大"的字句描绘他身经百战的功勋。在推翻吕雉政权的斗争中，周勃持符节收归北军，为刘恒登上帝位做出了巨大贡献。但周勃为人老实厚道，且不喜欢舞文弄墨，虽箫吹得挺溜却说话口拙舌笨，每次召见儒生，他总是背对着人家，并催促说有事快讲，不必引经据典。文帝刘恒执政后，他任右丞相，常常笨嘴拙舌的并没有给文帝刘恒留下什么好印象。

再说饲养员。一次，文帝刘恒漫游上林苑，参观虎圈时，一时兴起，问陪同他的林苑管理处长都有些什么禽兽、各有多少、平时怎么喂养，一连问了十几个问题这位管理处长都没有回答上来。就在这位管理处长左顾右盼急得头上冒汗的时候，旁边站着的虎圈饲养员搭腔了，这伙计伶牙俐齿，文帝刘恒问什么答什么，张口就来。见他这么利索，文帝刘恒便想考察他的能力，提的问题越来越细，越来越深。这伙计还是张口就来，对答如流，活脱脱一个"问不倒"。离开时文帝刘恒对跟随他的礼宾官张释之说："这个管理处长是个混饭吃的，把他换了，提升那个饲养员当处长。"

张释之也是胆大，文帝刘恒叫他换管理处长，他答应了，但没有立即办。过了些日子，张释之问文帝刘恒："你说周勃这个人怎么样？"文帝刘恒脱口而出："忠厚长者"。借着这个话题，张释之联系上林苑事件给文帝刘恒讲了一番道理，他说："周勃口吃迟钝，有道理也讲不出来，但他忠心耿耿，朝廷用这样的人可靠踏实。上林苑那个饲养员，伶牙俐齿，能言善辩，给人的感觉靠不住。"

接着，张释之立足建立大国政治的高度，循着秦王朝覆灭的轨迹给文帝刘恒大谈了一通该提倡什么反对什么的道理。秦王朝大批起用成天耍嘴皮而不干实事的人，结果搞得朝廷上下徒具虚文，社会上卖嘴雕文的风气淹没了扎扎实实的苦干，人们把劲儿都使在嘴巴和笔头上，严重损蚀了实干兴邦的基石。不仅如此，皇帝再也听不到批评的意见了，朝廷由此走向衰败，并最终崩溃。张释之说："如果陛下为饲养员能言善辩就给予越级提升，我担心天下因而效仿，竞相在嘴巴上下功夫，而不注意实际工作。"最后张释之特别提醒说："下级受上级的影响比影子来得都快，因此在这种社会风尚的导向上，不能不慎重。"

文帝刘恒听了张释之这席话深有所悟，连连夸赞，并取消了那个"问不倒"的饲养员的擢升。

对于这件事，后人看法各异，有人认为那个一问三不知的管理处长是脓包，而那个事先并不知道文帝刘恒会向他百般盘问的饲养员有敬业精神。这种见解虽然非常独到，但有这样两个问题我们不能不思考。

其一，大史学家司马迁在文帝刘恒执政的二十三年中，将上林苑事件写进历史，不能不说是在大量历史事件中经过选择的。司马迁才高八斗，不会是个木讷寡言的呆子，他之所以选择这个事件，说明他这个满腹经纶的大学者欣赏文帝刘恒改变主意后的裁处，欣赏文帝刘恒时那种民风质朴、务求宽厚、人民不愿抨击别人的良好社会风尚。这很值得我们后人深思。

其二,从古至今,有哪一个人能在自己所钻研的领域做到百问不倒呢?可那个上林苑虎圈的饲养员做到了,他"随问随答,十分敏捷,无有穷尽"。读到这段文字描写时,使人想起那种信口胡编应付上级领导的下级官员来,这样的人靠随口编数字、编成绩而骗取上级的欣赏,骗取升官发财。谁能肯定那个饲养员不是这样的人呢?再说文帝刘恒并不是因为上林苑的各种动物没有饲养好而要撤管理处长的职,而是因为提的问题管理处长答不上来要撤他的职。既然动物饲养得挺好,仅仅因为一些老虎吃什么、一天吃多少、蛇吃什么、一天吃几斤等类似科学喂养方面的配方、数据等问题答不上来撤人家的职,也确实没有道理。问题的症结还在于,负责全盘工作的管理处长答不出文帝刘恒所提的各类问题,一个仅仅负责虎圈饲养的人,怎么可能弄清虎圈之外的各类问题呢?又怎么能不叫人怀疑这个饲养员在糊弄文帝刘恒呢?如此看来,张释之与文帝刘恒的一席谈话兴许埋没了中国历史上一个伟大的动物饲养专家,但倡导了一种不尚空谈、务求实际的时尚和民风。

不造阴间天堂

　　古时的帝王，几乎无一例外在追求长生不死的同时，在生前就做自己死后的阴间谋划。人造一座大山且内部结构严谨科学得令今天的科学家都不敢挖掘的秦始皇陵，可以说是封建帝王在阳世做阴世谋划的典型缩影。

　　文帝刘恒也曾卷入这个传统惯性。公元前一六四年，赵国人新垣平号称有望气之术，晋见文帝刘恒，胡扯了一通长安西北有五色神气的鬼话。文帝刘恒被新垣平的鬼话迷住了，下令在渭水北岸建立五帝庙祀奉，并给新垣平升职。第二年，新垣平为骗取更大的利益又玩弄一招，他事先叫人拿着一个玉杯在皇宫外等待，自己跑去跟文帝刘恒报告，说皇宫外有一股宝玉之气，唆使文帝刘恒领着满朝大臣到皇宫门外去看，果然见一人贡献玉杯，杯上还刻着"人主延寿"四字，喜得文帝刘恒下令全国民众大酒大肉地欢宴一场。新垣平一看自己的骗术得逞，接着又来一通胡诌，说他向北遥望，看到山西万荣县上空有金宝之气。听新垣平这么一说，文帝刘恒立即想到周朝的九鼎。传说秦朝灭六国之后把九鼎迁往咸阳，途中一鼎突然起飞，掉进泗水之中。秦始皇曾派人打捞，结果一无所获。如今，能望见宝玉之气并得到证实的新垣平又望见金宝之气，文帝刘恒岂能不信，于是下令在汾河之滨兴建庙宇，准备祭祀行将出现的周王宝鼎，结果庙宇尚未建成，就有人用铁的事实揭穿了新垣平的骗术。文帝刘恒在莫大的羞辱中幡然醒悟，下令诛杀新垣平。自此之后，文帝刘恒对鬼神之事不再感兴趣了，也不再祭祀渭水北岸的五帝庙。

　　如果说文帝刘恒在做这种迷信鬼神、追求长寿的努力时猛然刹车，是被铁的事实粉碎梦幻后不得已而为之的话，那么在这之前放弃选棺椁的打算，则是自觉的。

公元前一七七年，文帝刘恒来到长安西南的霸陵，为自己死后选择埋葬的地方。他登上霸陵的北侧向远眺望，指着临潼东侧的那条大路对身边的宠妃慎夫人说，这就是通往你家乡邯郸的路。一语出口，两人都顿生凄然。于是慎夫人鼓瑟，文帝刘恒和瑟而歌。瑟调与歌声相互交融，其瑟其歌凄凄切切。歌罢，文帝刘恒喟然长叹，说如果用北山的石头做成棺椁，再捆上拌漆的麻，这样的棺椁就没有人能打得开了。

跟随的官员听文帝刘恒这么一说，立即附和称颂。

礼宾官张释之则说："如果坟墓中有人们渴望得到的珍宝，就是用整个华山以及秦岭山脉做棺，都能找到打开的缝隙。如果坟墓中没有人们渴望得到的东西，即使不用石头做棺，也没有人来动它。"那意思很明确，你文帝刘恒死后不要带去任何奇珍异宝，随便挖个坑埋掉，这样就没有人盗你的墓，你的墓也最安全。

在此时此地皇帝大人这样一种情绪下，张释之的这番话既刺耳又不合时宜。司马先生没有描绘在场的一些臣僚是怎样流露出对张释之担忧的表情，只是轻描淡写地写了一句，文帝刘恒称赞他说得好。

紧接着，《史记》记载张释之被提升为司法部长，可见文帝刘恒在霸陵称赞张释之是真心的！

在皇帝亲自为自己谋划死后的安葬问题时，提醒皇帝在棺材里不要放任何珍宝，无异于劝阻皇帝不要把阳世间的荣华富贵带到阴间去享受，这无疑需要一种不怕掉脑袋的勇气！皇帝听从臣僚的提醒和劝阻，并加以真心诚意的称赞，这就不仅仅是一种勇气了，超越勇气的当是一种坦荡光明的人生态度！

老侍郎冯唐

侍郎，在文帝刘恒的皇宫官吏等级中，可以说是最低级的官。侍郎前面再加一个"老"字，给人的感觉就不只是这个人是个小官，而且是个很长时间都没出息的小官。

可对老侍郎冯唐，却不能这样去看。

公元前一六六年，匈奴老上单于率领十四万大军，一路斩关夺隘，直入彭阳，其前锋抵达陕西陇县的回中宫，距长安不过三百里。于是满朝大骇，上下堪忧。

文帝刘恒也深为匈奴的侵扰焦虑，但他还是保持着自己的作风，每次入朝途中见有人上书言事，总让辇车停下来接收。一天，文帝刘恒从郎官署门前经过，见一白发老人仍为郎官，便下车问他是哪里人，怎么这么大年纪还在这里为郎。

这位白发老人叫冯唐，赵国人，因孝顺出名，被推荐到西汉王朝禁卫官司令部下设的一个部门当侍郎。文帝刘恒对冯唐说："我在代国为王的时候，我的厨师长经常向我提起赵国将领李齐，尤其是他在巨鹿大败秦兵的战绩给我留下了非常深刻的印象，以至到今天每次吃饭时还念念不忘。"他很尊敬地问冯唐："老人家，您知道李齐吗？"

事情也是巧了，这位冯老头不仅知道李齐，而且知道大名鼎鼎的赵将李牧。因为他的爷爷在赵国时，曾当过管理士卒的官，和李牧交情很好；他的父亲曾做过赵国的代相，和李齐的关系很好。他在听了文帝刘恒钦佩李齐的话后说："李齐虽然贤能，但比不上廉颇和李牧。"

冯唐这么一说，文帝刘恒当然要盘根究底问个明白。于是冯唐滔滔不绝地讲起了李牧率军戍边的故事，听得文帝刘恒拍着大腿叫好。钦佩之余，文帝刘恒说："我怎么就得不到像李牧这样的将军呢？如果有李牧这样的人为将，就不会担心匈奴为患了。"

冯唐则说："恕我直言，您即使得到李牧这样的将才，也不懂得任用！"

文帝刘恒一听，站起来怒冲冲地走了。过了一会儿，文帝刘恒召见冯唐，责怪说："您就不能私下跟我说吗？为什么要当众羞辱我呢？"在文帝刘恒的责怪中，流露出了对冯唐当众顶撞他的不满，他把冯唐的顶撞说成羞辱，不无道理。

一个皇帝，得到能征善谋的将领而不能使他的本事发挥出来，这不是将才的无能，而是皇帝的昏庸。冯唐说文帝刘恒即使得到像李牧这样的将领也不能任用，这之中所包含的浅层意蕴像文帝刘恒这样的人不会听不出来，故而他非常生气。但文帝刘恒明智豁达的过人之处在于他没有任由恼怒的情绪淹没自己的理智，而是在恼怒之中保持了一份清醒。于是只过了一会儿，他便把冯唐请进宫去请教。

冯唐也是有满肚子的不吐不快之言，进宫以后毫不嘴软，拿被文帝刘恒判处徒刑的戍边将领魏尚为例，再次强化了他对文帝刘恒即使得到像李牧这样的将领也不能很好任用的批评。

魏尚统兵驻防的地方，恰是李牧曾经统兵驻守的防线。李牧为将时，防线以内的居民该上交给朝廷的租税都由他用来作为军需费用，所有赏赐惩处全由李牧决定，朝廷一概不管，所以他能审时度势，得心应手地指挥军队屡打胜仗。而魏尚作为戍边将领，不仅赏赐惩处他说了不算，而且一举一动都受到朝廷的严格制约。魏尚倒也不愧为名将，他在朝廷严格制约把他的手脚捆得死死的情况下，继承李牧遗风，经常拿出自己的钱买些牛羊犒劳手下的军官和士兵，使得军心大振，一有战事，将士个个争勇，打得扰边匈奴远远逃遁，不敢靠近关塞。但朝廷的法令非常严苛，每次作战，按官阶大小规定了砍杀敌人脑袋的数量，若达不到规定的数量，不分青红皂白，统统送官府治罪。魏尚在一次率军作战中，因为少交了六个敌人的脑袋而被罢官治罪，因此冯唐说文帝刘恒即使得到李牧那样的将才，也不懂得使用。文帝刘恒在把冯唐请进宫后再次受到冯唐的同一种批评后，非常高兴，立即命令冯唐拿着符节去赦免魏尚，同时恢复他的官爵，叫他速回边塞统军。

魏尚从监牢出来再度回边塞统军，朝廷对边防军颁布的按杀敌首级论赏定罪的法令必然随之取消或加以改进。可以想见，边防军民在朝廷的政令改变以后，必然在实事求是的法律制约下获得符合实际的发展与安宁。

身为一国之君的文帝刘恒悉心倾听方方面面的劝谏，并在听取劝谏遭到顶撞甚至羞辱时，能舍羞辱而取劝谏，确实难能可贵。

"劝谏"一词本身就是一种价值定势，就是一种地位定势，它所指的是地位低下的人向地位高贵的人提建议时的大胆甚至放肆。而高贵者常常认为自己最聪明，通常摆出一种姿态，听几句不疼不痒的批评是勉强能够做到的，但绝对容不得下人的大胆和放肆，容不得下人对他"最聪明"的轻蔑和超越。"劝谏"一词的这种价值定势和地位定势被文帝刘恒的所作所为赋予了一种新的内涵，其核心就是尊重智者的平等人格，而不是地位的高低差别。因而我们有理由这样说，文帝刘恒在用所作所为赋予"劝谏"一词新的内涵的同时，为自己的人格和素质做了一种非同凡响的超越，对自己所要创造的业绩奠定了辉煌的基石！

民谣亦有谬误

民谣、歌谣、顺口溜，是时代的产物。民谣、顺口溜等通常能揭示出一些事物的本质，以其独特的方式反映一种深刻，表达一种民意。

但民谣也好，顺口溜也好，有其不可避免的局限性。发生在公元前一七三年的一则民谣，"一尺布，尚可缝；一斗粟，尚可舂；兄弟二人不相容"，则并非反映事物的本质，并非表达民意，有其明显的局限性。

事情还得从刘邦说起。

公元前一九九年冬天，已经投降匈奴的韩王信不断率兵骚扰，刘邦担心酿成祸患，率兵征伐，班师返回时留宿邯郸。赵王张敖是刘邦的女婿，他知道岳丈是个好色之徒，为讨得他的欢心，特地从自己王宫里挑出一个美女，献给刘邦享用。

赵国的相国贯高、大臣赵午因对刘邦那次的傲慢不满，打算谋杀刘邦，他们精心设计的谋杀方案因为刘邦的一时念起而没有得逞。

一年后的公元前一九八年十月，贯高的仇家告发了这个事件，刘邦下令逮捕赵王张敖、相国贯高和赵午等一大批人，还有刘邦住宿"幸"过的那个美女。此时这个美女因为刘邦"幸"过的龙种面临分娩了，她哀求狱吏向刘邦报告，说自己确实没有参与对刘邦的谋杀，还说自己已经怀上刘邦的孩子快要生产了，请求得到刘邦的赦免。狱吏倒是向刘邦报告了，刘邦则因为自己女婿封国的大臣设计谋杀自己而非常生气，对狱吏报告的这一情况没放在心上。

这位美女生下儿子后便自杀了。狱吏不敢怠慢，恭恭敬敬地把这个孩子捧给刘邦。刘邦见到这个孩子才有些后悔，起名刘长，下令后宫好生抚养。

刘长长大以后，弄清了自己的身世，特别是弄清了皇后吕雉家的舍人审食其不为他的母亲说情后，便把那股恶气全发作在了审食其身上。

刘恒登上皇帝的位置后，作为同父异母的兄弟，只剩下赵国美女生的淮南王刘长。刘长又比刘恒年龄小，因而刘恒便处处迁就他。

刘长自以为与刘恒最亲近，因而骄横放纵，为所欲为。公元前一七七年，刘长到长安朝觐，陪文帝刘恒打猎，二人同车，刘长不分尊卑，张口大哥闭口大哥。同行的臣僚觉得刘长太放肆，而文帝刘恒并不在意。可刘长甚是得意，心想文帝刘恒待他甚厚，他即使把吕雉时的左丞相审食其杀了，文帝刘恒也不会追究。于是他怀揣铁锥，带着随从，拜访审食其，把他给杀了。

擅杀朝廷命官，罪该当斩。刘长心里有数，还没等下官禀报，他便驰向皇宫，脱衣裸背，自首请罪，并从为国除害的高度陈述了锥杀审食其的理由。文帝刘恒念他怀念母亲的一片孝心，没有治他的罪。

刘长这一举动给朝廷以极大的震动，上至皇太后薄氏，下到政府重臣，对刘长都心怀恐惧。中郎将袁盎进谏文帝刘恒："俗话说，尾大不掉，必滋后患。刘长擅杀朝廷命官，陛下必须给予制裁，大则取消他的封国，小则削弱他的封地，这样才能给予制约，否则后果不堪设想。"文帝刘恒不予采纳。

刘长杀人而不予治罪，回到封国以后更加骄横。每次出门都用皇帝才可以用的警卫仪式，乘坐黄盖辇车，出入比拟天子。不仅如此，他在封国擅自颁布法令，明令汉朝政府的法令在他的封国作废；他收罗其他封国逃逸的罪犯，赏赐他们财物、田宅和爵禄，为他们安家娶妻，有的罪犯竟封至关内侯，享受两千石的俸禄。一时间，其他封国的地痞、恶棍作奸犯科以后，纷纷逃到刘长的封国得到庇护……

刘长的种种不端行为传到文帝刘恒耳朵里以后,他还是以长兄的身份进行规劝。刘长生病了,文帝刘恒特地派人送去慰问品,刘长竟不见使者;庐江地区的庶民作乱,当地官吏平定了动乱,文帝刘恒为救济该地的平民,遣使送去了五千匹布给予赏赐,刘长则以没有穷苦的人为由不予接受;刘长还对打算入朝觐见文帝刘恒的人说道:"你想背叛我而归附于汉吗?"面对刘长的种种逆行,文帝刘恒仁至义尽,特地写信对他进行劝导。刘长不仅不听,而且以强硬的态度复信,并以弃国为民对文帝刘恒进行要挟。忠厚仁慈的文帝刘恒还是不愿伤了兄弟之间的和气,又遣舅舅薄昭致书劝导。刘长收到薄昭的信后多少有些后怕,但他已经在歧途上拔不出腿了,思虑再三还是打算举兵反叛,来个先发制人。

主意一定,刘长立即派遣大夫但等七十人潜入关中,买通棘蒲侯柴武的儿子柴奇,共同谋反,约定用四十辆大车运兵器到长安以北的谷口,依险起事。柴武还派遣罪犯开章作为刘长的特使,南联闽越,北通匈奴,乞师大举,反叛朝廷。

正在刘长紧锣密鼓地谋反时,罪犯开章写给柴武的一封密信被人搜出,阴谋败露。于是丞相张苍等冒死上书,劝文帝刘恒立即缉拿刘长归案。可是文帝刘恒还是顾念兄弟之情,不忍捉拿刘长,而是下令捉拿开章。

捉拿开章的朝廷命官到达淮南以后,刘长将开章藏在自己的官邸,后见朝廷紧追不放,便将开章诱杀,悄悄用棺材装起来,埋在肥陵邑,伪设坟墓,还特地在坟地周围种上树,加以掩饰。

朝廷官吏已经掌握了刘长的这些罪行,特地奏报文帝刘恒。直到这时,文帝刘恒才下令将刘长召回长安。丞相张苍、御史大夫冯敬提审刘长,证实了刘长的谋反罪,上奏文帝刘恒将刘长斩首弃市。文帝刘恒不忍心诛杀刘长,下令叫臣僚讨论,臣僚们知道他的心思,建议废除刘长的王位,迁至四川严道县安置。文帝刘恒准奏,同时下令每天供给刘长五斤肉、二斗酒,准许他最心爱的美人、才子十人随同。

刘长在押解途中不禁感叹:"谁说我是勇者,我哪来的勇?我因骄纵而不知自己的过错,以致落得如此下场!"他忍受不了这个打击,绝食而死。

文帝刘恒听说后,为之痛哭。他原打算用这种办法让刘长吃点苦,使他知道悔过后,再召他回来,恢复封国。不承想秉性刚烈的刘长竟绝食而死,刘恒因此悲伤不止。

照常理说,作为文帝刘恒,对这个同父异母的弟弟刘长已经做到了仁至义尽。且看得出来,文帝刘恒因为仁慈而把手足之情凌驾于法律之上,表现出一种只有帝王才能享受的特权。历史特别是文帝刘恒时的人民,应当花费些心思为文帝刘恒更为后人总结一下他养虎遗患的沉痛教训。可是,落在《史记》上的,竟是当时群众广为流传的一首歌谣:"一尺布,尚可缝;一斗粟,尚可舂;兄弟二人不相容。"

是谁不能容谁?很显然歌谣说的是文帝刘恒不能容刘长。

是文帝刘恒不容吗?显然这不是事实。文帝刘恒在刘长的问题上不仅表现出了弃国法而不顾的固执,而且表现出了弃国家利益而不顾的私情。正是因为文帝刘恒顾念兄弟之情,才使得刘长骄横放纵,不仅在自己的封国滥杀无辜,而且在长安滥杀朝廷命官;正是因为文帝刘恒对刘长的宽容放纵,才使得刘长敢于自颁法律与朝廷抗衡,阴谋勾结匈奴反叛朝廷。刘长本该腰斩弃市,可文帝刘恒出于私情而对其放逐,是刘长无法忍受这种带着美女侍从享受朝廷供奉的"流放",才绝食身亡。究竟是谁最终不放过刘长呢?既不是文帝刘恒,也不是文武大臣,而是历史和人民!历史把握的是"多行不义必自毙"的永恒定律,刘长无论如何逃脱不了这一定律的惩罚!

只是这歌谣出自群众之口并广为流传,实在令人扼腕!

照常理说,对刘长这样一个自恃皇亲国戚而无法无天、无恶不作的人,人民群众应该加以抨击,抑或用歌谣的方式表达对刘长这种恶人的憎恨,表达对文帝刘恒迁就刘长的批评。可歌谣所表达的恰恰相反，不是在倡导正义，不是在颂扬美德，而是在倡导一种并非儒学真谛的腐臭。

文帝刘恒听到这歌谣后不禁喟然长叹。我们听得出来，他长叹出来的余音余韵，不只是他如此庇护同宗血脉而并未落得孝悌仁慈美名的感叹，而是他这个封建帝王在处理治国的各种关系上的困惑与彷徨。也许就是歌谣给文帝刘恒带来的苦恼，也许就是这个可怕的歌谣的原因，文帝刘恒下令给刘长的几个儿子袭爵封国，让他们像享受父辈功德般享受荣华富贵。

历史告诉我们，因文帝刘恒对皇亲血脉凌驾于法律之上的袒护和放纵，不仅使得他自设了创造历史更大辉煌的梗阻，而且使他意想不到地为子孙埋下了祸根。

苦果，是自己种下的。

可是，品味苦果的，则不只是种苦果的人，还有子子孙孙……

从《史记》出发

应梦贤臣难圆梦

　　文帝刘恒曾做过一梦，梦见自己突然飘飘欲仙，腾空而起，直入九霄。可就在登上天庭的那一刹那，一步之遥却怎么也上不去，来来回回折腾了好几个回合，就差那拨千斤的四两之力。恰在这时，一个头戴黄巾的黄头郎出现在文帝刘恒的足下，用力一推，使他登上了天庭。文帝刘恒非常高兴，回头看这个黄头郎，没有看清他的面目，只看清他穿的衣服下方已经破损，露出一个小孔。恰在这时，雄鸡打鸣把文帝刘恒的美梦惊醒。从此以后，文帝刘恒经常回思梦境，留心寻找那个在梦中并未看清面目的黄头郎。也是巧了，未央宫西侧有个沧池，常有御船停泊，在船上工作并专门用于侍候皇上的人有几百名，他们统统头戴黄帽，号称黄头郎。文帝刘恒惦着梦中那个黄头郎，特地到沧池巡视，并把黄头郎悉数召来，一个个过目。其中一个衣服下方已经破损，露出一个小孔的黄头郎，被文帝刘恒叫住，并把他带走留在身边侍候。这个黄头郎名叫邓通，衣服下方露出的那个小孔与文帝刘恒梦中所见吻合。加之"邓"字繁体左边是"登"字，文帝刘恒以为助他登天踏上成仙之路当是此人，于是把邓通作为应梦贤臣，平白提升，官至中大夫。

　　邓通被召至身边后，文帝刘恒发现他庸碌无为，没有什么特异功能，也给不了他登天成仙的任何帮助。但邓通在文帝刘恒身边像乖顺的小猫小狗一般，会看主子的眼色，会讨主子的欢心，当说不当说，当笑不当笑，分寸拿捏得恰到好处。日理万机的文帝刘恒从邓通身上排解了许多烦恼，因而对邓通非常宠爱。可能是被邓通逗得高兴了的缘故，公元前一六〇年前后，文帝刘恒特地把当时一个极有名的相术大师请进宫来，叫他为邓通相面。相术大师将邓通上下打量，左看右看，最后得出的结论是邓通是个饿死鬼相，日后将饥饿而死。文帝刘恒一听不高兴了，说邓通要富贵，有什么困难，只要我一句话，管叫他富贵终生，何至于饿死呢？说罢将相术大师斥退。

文帝刘恒几乎就在相术大师离开皇宫的同时下了一道诏命，将蜀郡严道的铜山赏赐给邓通。大概是为了跟相术大师赌气，文帝刘恒在把一座铜山赏赐给邓通后，还特许邓通自行铸钱，作为中央政府认可的一种货币在社会上流通。

无疑，文帝刘恒这道诏命给予邓通的富贵是无与伦比的。一座含量极其丰富的铜山归邓通个人所有，仅此，邓通就可以富得流油了。文帝刘恒又特许邓通自行铸钱，这在今天看来无异于中央银行将印钞票的权力交给邓通，而且是印了钞票归自己，想印多少印多少。有一座属于自己的铜山，又享有自行铸钱在市场上流通的特权，黄头郎邓通一夜暴富，令天下所有人钦羡不已，也令很多达官显贵妒忌眼红。

本属于国家的铜山，凭皇帝一纸诏命归了个人，本属于中央政府铸造并发行钱币的权力，凭皇帝一赌气给了个人。这一做法本身所深刻揭示的不只是皇帝的权力有多大，而且深刻揭示了掌握巨大权力的皇帝有多么愚蠢！这一做法从根本上破坏了中央政府正常的管理运行机制，破坏了中央政府正常的管理秩序，损毁了人民群众好不容易构筑起来的尊重政府、服从政府、维护政府管理权威的思想和道德规矩。

于是史学巨匠司马迁站出来，通过写文帝刘恒赏赐给邓通铜山和特许他自行铸钱一事，做了认知规律的另类诠释。

在司马迁的刀笔之下，先是丞相申屠嘉出面惩治邓通。申屠嘉为人耿直，他对从不干任何实事、又没什么本事、专会在文帝刘恒面前要乖卖俏的邓通早就瞧着不顺眼，一直在找机会修理他。机会来了，一次申申屠嘉向文帝刘恒奏报有关事项，站在一旁的邓通一副懒懒散散的样子，怠慢失仪，没个站相。申屠嘉奏报完毕，当着文帝刘恒的面弹劾邓通，被文帝刘恒袒护过去。申屠嘉没有就此罢休，回到丞相府后即召邓通议事，以便找个茬口对邓通来个先斩后奏。邓通一接到丞相议事的通知，顿时吓得魂飞魄散，他知道此一番前去，必是凶多吉少。情急中，邓通先跑到文帝刘恒那里求情，得到文帝刘恒给予解救的允诺后，才战战兢兢地向丞相府走去。只见丞相申屠嘉整衣肃冠，高堂正坐，满脸杀气，正等着他呢。邓通刚要开口求情为自己解脱，申屠嘉开口便是一个"斩"字，吓得邓通扑通一声跪地，叩头乞饶。申屠嘉厉声叱道："朝廷是高皇帝的朝廷，一切朝仪，所有人都得遵守。你一个小臣，竟敢在大殿上怠慢懒散，今以大不敬罪斩你首级。"恰在邓通磕头似捣蒜一般，自度小命休矣的关键时刻，文帝刘恒遣使持节前来，替邓通说情解脱，邓通得以保住一条小命。

申屠嘉之后出面惩治邓通的，是太子刘启。

有一段时间，文帝刘恒身上长疖子化脓，疼得他昼夜难忍。终日守在文帝刘恒身边的邓通就用嘴帮他吸吮溃烂的脓血，使得文帝刘恒大为感动。他问邓通："我拥有天下，谁最爱我？"邓通体会不到文帝刘恒的感念，凭着寻常百姓的情理答道："至亲莫过于父子，从情理看，最疼爱你的当是太子。"第二天，太子刘启入宫看望父亲，正值文帝刘恒的疖子发作，便问刘启："你能不能帮我吮去脓血？"刘启不敢说不，因为提这要求的不仅是他的父亲，还是金口玉言的皇上。但他从小就生活在皇宫的蜜罐里，叫他吸吮脓血，确实勉为其难。君为臣纲，父为子纲，君叫臣死，臣不得不死，父叫子亡，子不得不亡。万般无奈的刘启屏住呼吸，皱着眉头，趴到文帝刘恒的身上用嘴去吸那化脓鼓起的疖子。刚吸吮了一口便觉得恶心难忍，抑制不住要吐。文帝刘恒长叹一声，只好叫他作罢，仍叫邓通为他吸吮。只见邓通像没事一般，一口口吸吮，吐出后，接着吸，直到把脓血吸尽才漱口。

由此，太子刘启与邓通结下嫌隙。

公元前一五七年，文帝刘恒去世，太子刘启继位。刘启一穿上龙袍便下诏把邓通那顶中大夫官帽给摘了，但严道铜山尚未收回。被摘掉官帽闲待在家的邓通大概是觉得光有钱还不够，还得披一身官服才过瘾，于是活动复出。在他看来，他那顶中大夫的官帽之所以被摘，是因为丞相申屠嘉瞧他不顺眼，如今申屠嘉也死了，是不是可以从景帝刘启手里还把那顶官帽要回来呢？鬼迷心窍的邓通有的是钱，到处散发，在朝廷找人运作官帽，并通过他人把奏章递到了景帝刘启手里。景帝刘启正愁找不到收回严道铜山的茬口，这一来有了，一道诏令把邓通拘系狱中，罪名就是盗出徼外铸钱。邓通当然要为自己辩解，但狱卒的严刑拷打不容他辩解，只容他招供。邓通经不起皮肉之苦，狱卒问什么招什么。审讯报告递上去后，景帝刘启又下一诏，收回严道铜山，同时收缴邓通瞒交的官税。

属于邓通的铜山收回朝廷了，邓通自行铸钱的巨大收入以瞒交官税的名义被全部没收了，他那被钱币堆积起来的家也被抄得干干净净。景帝刘启在做完这一切以后，把他从狱中放了出来。因为文帝刘恒的宠爱而官运亨通、富满天下的邓通，告别牢狱之后，赤条条成了一文不名的光杆，居无室，食无炊。景帝刘启的姐姐馆陶公主刘嫖念他对文帝刘恒的照料，给邓通送去钱物接济。可东西尚未送到邓通手里，便被一帮下级官吏尽数掳走。刘嫖得知后，秘密派人给予邓通衣食，才使他苟延残喘地活了两年。后来刘嫖自己的麻烦很多，无暇顾及邓通，断了供给的邓通只好乞讨寄食，最终饿死街头。

相术大师对邓通所做的"饥饿而死"的预测最终应验了。如果仅把相术大师的预测与邓通的饿死连起来看，省去中间这许多故事许多环节，相术大师所做的预测竟似计算机精确演算的那么准确。但如果按照司马迁所记叙的过程来看，我们不难看清邓通最终穷困潦倒的根本原因：邓通因受宠于文帝刘恒而获得铜山铸钱的赏赐，破坏了朝纲，因而他必然要付出代价，受到惩罚。景帝刘启给邓通安上的那顶"瞒交官税"的罪名，按当时的法律当斩首，没有砍他的脑袋，已经是便宜了。

周勃其人

　　周勃是刘邦策马打天下的一员战将，深得刘邦器重。吕雉在刘邦弥留之际讨教安邦之策时，刘邦在迷迷糊糊的时候也没忘记周勃，说："周勃为人持重宽厚，缺少学问，但安定我刘氏天下的，必定是周勃。"虽然这位手握全国兵权的总司令在吕雉掌权时无所作为，但在推翻吕氏政权的时候，还是因为到北军振臂一挥，起到了总司令应起的作用。尤其在推举刘恒接替皇帝这件大事上，周勃也起了很重要的作用。

　　因为周勃是个粗人，还因为他无论是在刘邦当皇帝还是刘恒当皇帝的问题上，起的作用重大，因而他有些放荡自己的心迹，在政治上显得不够老道。

　　刘恒上任走马渭河时，群臣迎接，跪拜称臣。刘恒即下车答礼跟群臣相见。这时周勃就做得极不恰当，他走到刘恒面前，请求"单独接见"，弄得刘恒一时不知该怎么处理为好。与刘恒同行的宋昌出面解围，对周勃说："如果你说的是公事，请当众奏报。如果说的是私事，天子无私。"周勃立即跪下，呈上皇帝的印信玉玺。他这一举动又弄得刘恒为难，他刘恒尚未登基，怎么好先接玉玺呢？只好推辞。

　　周勃的这一举动在场的文武大臣怎么看，史无记载。但司马迁把这一细节记下而不加任何评论，本身就是一种评论。

　　刘恒登上帝位后，分封行赏，陈平为权重一等的右丞相，周勃为权重二等的左丞相。不几天，陈平就上奏，说在推翻吕雉政权的斗争中，自己的功劳不如周勃，提出将右丞相一职让给周勃，自己当左丞相。陈平可不似周勃，他满肚子文韬武略，为什么一定要让出权重的右丞相一职，司马先生没留下任何文字解释。

周勃当上右丞相以后，文帝刘恒对他是既尊敬又畏惧。早朝结束，周勃告退，神色极其得意，坐在金銮殿上的刘恒一直目不转睛地看着他出朝。

禁卫官袁盎对文帝刘恒说："周勃有骄傲之色，而陛下却那么谦让。臣失臣礼，君失君礼，我认为不恰当。"

袁盎该对周勃说而不该对文帝刘恒说的这番话，对文帝刘恒是个提醒。从此，文帝刘恒再上朝时，就变得非常严厉。一次早朝，文帝刘恒当庭问右丞相周勃："政府一年判多少案件？"周勃答不上来。又问："政府每年收支多少？"周勃还是答不上来。直问得周勃惶恐惭愧，挥汗如雨。

有了这番当朝出丑以后，周勃变得谨慎起来了。他自感文帝刘恒对他不很信任，加之有人劝他隐退，他思考再三，托病辞职，得到批准。从此文帝刘恒取消左右丞相的设置，只设丞相一个，由陈平担任。

公元前一七八年，丞相陈平去世，周勃再任丞相。

一年后，文帝刘恒下诏："去年曾下令侯爵一律回国，这些人并没有遵守命令。丞相是我最倚重的官员，请做榜样，率先领导。"于是周勃被再次免职，回到自己的食邑地绛县。看得出来，文帝刘恒的这一诏令主要是针对周勃的。

究竟是什么原因拿掉周勃的丞相，司马先生没有做什么解释。但从这期间发生的事件看，可能与文帝刘恒企图运用这一手来巩固自己的统治地位有关。

绛侯周勃回到自己的食邑地以后，心虚胆怯，常常盔甲披身，怕遭人暗算。尤其在郡守和都尉巡视绛县时，他都以为是朝廷派来诛杀他的，因而不仅盔甲紧裹，而且叫家丁全副武装护卫。

因为周勃神经质，使得有人检举他企图谋反，文帝刘恒下诏司法部调查审理。周勃本来就是一介武夫，被逮起来一审，张口结舌说不出什么道道来。史载，审讯他的狱卒见当过大汉丞相的周勃如此笨嘴拙舌，有些瞧不起他，慢慢地由审讯变成了严刑拷打。周勃家人无奈，拿钱贿赂狱卒，狱卒于是给周勃出主意，叫周勃的儿媳妇出面做证。

周勃的儿媳妇是文帝刘恒的女儿，当朝公主，虽然她与周勃儿子周胜之感情不好，但周勃是不是在做谋反的准备，公主还是清楚的。于是她悄悄找到舅爷薄昭，请他面呈太后，为周勃说句公道话。

薄昭是文帝刘恒的舅舅，无论是在文帝刘恒面前还是在太后面前，说话都有一定的影响力。但薄昭有些贪，他在答应公主的请求后并不急于说情，在收下周勃家人的金钱后还不说情，只是在案件快要审结、周勃吃够了苦头的时候，才把这事告诉薄太后。

史载，薄太后得知这一消息后，摘下头巾朝文帝刘恒摔去，说："周勃除掉吕姓家族，身怀皇帝玉玺印信，控制北军重兵，不在那时谋反，而今住在一个小小县城却去谋反，天下有这种怪事？"文帝刘恒已经看过司法部呈上的周勃口供，原本就不打算杀周勃，只是想灭灭他的威风，在薄太后发火时，他赶紧说："我没有说他谋反呀，已经调查清楚，马上就释放他。"于是派人持符节赦免了周勃，重新恢复他的爵位和食邑。

周勃出狱后发了一声长长的感叹："我曾经统领百万大军，怎知道狱卒有那么大的权威？"

狱卒的权威当然不是缘于狱卒的傻气。他周勃是先帝刘邦打天下的功臣，又是把刘恒扶上皇帝宝座的功臣，是文帝刘恒女儿的公公，是文帝刘恒的亲家，无论从哪方面讲，小小的狱卒也没有对他进行严刑拷打的胆量。狱卒之所以敢对周勃下手，是因为文帝刘恒想灭灭周勃的威风。当朝资格最老功劳最大的周勃，因为怠慢皇上都逃脱不了惩罚，何况其他王侯臣僚呢？但令文帝刘恒没有想到的是，因为灭周勃的威风，而大长了狱卒等一帮喽啰的腐败之风，使得他们不仅敢对开国元勋进行严刑拷打，而且敢于徇私舞弊从中牟取私利。

冒顿单于赞

司马迁写道："匈奴，其先祖夏后氏之苗裔也，曰淳维。唐虞以上有山戎、猃狁、荤粥，居于北蛮，随畜牧而转移。"司马迁说的是，在华夏版图上生活的各少数民族，同祖同宗，血液同脉。

在华夏发展历史上，我国的少数民族做出了巨大贡献。历史是沉重的，历史的发展过程是曲折的。当我们今天审视遥远而又漫长的历史时，一些少数民族的英雄人物，他们仍然站在历史的高点令人肃然起敬。挛鞮冒顿单于就是这样的人。秦始皇统一中国后，派蒙恬大将率军以武力开道，傍战略要地建塞，择人稠肥地建县，修筑了一条从长安至辽东共一万多里的大马路，沿途设置了四十四个县城，在构建中国原始版图的同时，促进了各少数民族的发展。

从陈胜、吴广揭竿而起，到秦王嬴子婴跪伏轵道将皇帝印信双手捧给刘邦的几年中，因战乱动荡，无论是项羽还是刘邦，都无暇顾及周边各少数民族，因而少数民族的发展很快。其中冒顿单于所领导的北方匈奴汗国，以其兵强马壮而成了与汉朝抗衡的一支强大劲旅。

这位冒顿单于值得大书一笔。

冒顿的父亲是头曼单于，冒顿很小就被立为太子，占据了父亲百年之后接替单于的有利地位。但不久，冒顿的这种有利地位便动摇了。父亲头曼所宠爱的阏氏生了一个小儿子，不知是头曼出于对小儿子的格外宠爱，还是阏氏在头曼怀里的撒娇挑唆，头曼单于打算废掉太子冒顿。不便明着干，头曼便设计了一个毒招，把冒顿派到月氏去当人质。冒顿一到月氏，头曼单于便发兵攻打月氏。本来太子在月氏当人质，头曼应该极力与月氏修好，结果头曼却发兵猛攻月氏。月氏火了，打算杀掉冒顿，以报头曼发兵攻打之仇。就在冒顿的头颅行将落地之际，冒顿盗得一匹良马，披星戴月地逃回了匈奴。

儿子从父亲设计的死亡陷阱中逃回来了，父亲也不好说什么，便把他安置在一个骑兵部队，令他率万骑训练。冒顿在经历了这样一场政治陷害之后，变得聪明狡诈起来了。他独自发明了一种响箭，由他率先发弓指示目标。他下令说："凡是我的响箭所发射的目标，而弓箭手不跟着尽力射杀的，一律砍头。"

冒顿号令既出，便坚决照办。

冒顿领着弓箭手射杀鸟兽，有人不射击响箭所发射的目标，冒顿就当场把这些人的头砍掉。

冒顿用响箭射杀自己骑的良马，弓箭手中有的不敢跟着射击，冒顿便立即下令将这些人的头砍下来。

冒顿用响箭射向自己宠爱的妻子，弓箭手都大为恐惧，有的不敢拉弓上弦，于是冒顿又下令将这些人的头砍掉。

冒顿用响箭射杀父亲头曼的良马，弓箭手们个个把弓拉满，齐齐向头曼的良马射击。

在做了这许多训练之后，冒顿的手下一个个变得凶狠残忍、服服帖帖了。冒顿于是开始他的一个更大的也是最终的谋划。

冒顿跟父亲头曼打猎，突然间，冒顿把响箭向自己的父亲射去，接着成千上万支弓箭一起射向他所指示的目标。父亲在乱箭中毙命之后，父亲的阏氏、弟弟及不服的大臣也都成了冒顿的响箭所指示的目标。

冒顿没有做任何政治演说，但他用这种迫使手下忠于自己的训练巩固了自己的太子地位，最终登上了单于的宝座。

用残酷的手段杀死父亲，自立为单于，是被人瞧不起的。冒顿在单于的宝座上屁股还没坐热，当时实力强大的东胡王便派使者来发难了，没有任何交换条件，也没有任何理由，提出要头曼单于生前的一匹千里马。冒顿不露声色，召集大臣商议。大臣们坚决反对，说千里马是匈奴的宝马，不能给东胡。冒顿却若无其事地说："我们和东胡毗邻，怎么能爱惜一匹千里马呢？"于是下令把头曼的千里马送去。

要千里马就给，东胡王得寸进尺，又派使节到匈奴，提出要冒顿的一位心爱的阏氏。冒顿登上单于的宝座后，阏氏很多，送一个两个不成问题，但东胡王这种蹬鼻子上脸的做法分明是在欺负人。因而在冒顿再次召集大臣商议时，激起了满朝的愤怒，出兵攻打东胡的喊叫充满朝廷上下。冒顿却说："我们与人家国境毗连，怎么能爱惜一位女子呢？"那口气，显得十二万分的无所谓。

要单于心爱的嫔妃都给，东胡王更是觉得冒顿可欺，于是提出了领土要求。东胡与匈奴交界的地方有一千多里的空地，双方在各自的边界修建了防守的堡垒。东胡提出占有那片空地，匈奴人不得到那里去放牧。冒顿再次召集大臣商议，这一回大臣们没有愤怒无比了，有的只是不屑一顾，说那是一片空地，无人居住，给他们可以，不给也可以，更是显得十二万分的无所谓。

冒顿则不然，他一反前两次无所谓的态度，陡然间变得非常愤怒，说："土地是一个国家的根本，怎么可以给别人呢？"他在用激愤的情绪大大陈述了一遍土地不能奉送的道理后，下令将那些主张把土地给东胡的大臣斩首，并立即披挂上马，发布命令：国中有谁后退不跟着去攻打东胡的，一律处死！

冒顿单于率兵打的这一仗，斩杀东胡王，全部俘虏了东胡的人民和牲畜财产。接着他乘势率兵向西赶跑了月氏，向南吞并了楼烦和白羊两族，向北降伏了浑庾、屈射、丁零、鬲昆、薪犁等部落，不仅将秦王朝蒙恬率军控制的土地全部夺去，而且统兵向南，不断在汉朝的燕、代两国发起攻击。

刘邦在皇位上深感不安的便是北方的匈奴。公元前二〇〇年，刘邦派战将韩王信统军驻守代国，建都马邑城，以防备匈奴的进犯。当年秋天，冒顿单于率军将马邑重重包围。韩王信数度派使节出使匈奴，以谋求和解。刘邦对韩王信频频私派使节感到怀疑，在发兵增援马邑的同时，派朝廷命官打探韩王信的举动，并予以指责。韩王信深感恐惧。因为在他之前，非刘姓而封王的楚王韩信被诛灭三族，梁王彭越被剁成肉酱，淮南王英布被诱杀，燕王臧荼被腰斩。尤其朝廷使节将梁王彭越的肉酱送给他品尝时，韩王信不寒而栗，成天担心灾祸降临。因而被刘邦一指责，便一不做二不休，率兵举城投降匈奴。

冒顿不动兵戈而得马邑，军威大振，乘势统兵向南，越过句注山，进攻太原，抵达晋阳。

于是，刘邦亲自率军攻打，与韩王信在山西沁县决战，大胜而返。刘邦一走，当地人曼丘臣、王黄等人拥立故赵国王室后裔赵利为赵王，收罗韩王信的残兵败将，与匈奴联盟，准备再次向汉朝进攻。

这一次，冒顿在战术上做了大的调整，制定了一个在历史上堪称杰作的作战方案。他先派右贤王率一万余名骑兵，与王黄、赵利的部队在山西代县至太原一带布阵，汉兵发起攻击，匈奴的骑兵就溃退，汉兵不追了，便又集结起来布阵。汉兵且攻且追，匈奴且溃且结。时值隆冬，汉兵冻掉手指的占十分之二三。

这时，身居晋阳宫的刘邦打听到冒顿率军驻屯山西大同市以东代谷的消息后，决定发动一场大规模的进攻，一劳永逸地解决北方的边患问题。于是他接二连三地派出探子前去侦察。冒顿命令部属将精锐部队和肥壮的牛马藏匿起来，只留部分老弱残兵和衰老的牲畜摆在那里，为汉朝侦探提供呈报的虚假事实。刘邦十多次派出探子，十多次都得到可以大胜匈奴的呈报。刘邦毕竟是沙场高手，他怀疑使节打探不准，特派刘敬前去做最后的侦察。

刘敬本不姓刘,姓娄。公元前二〇二年,刘邦平定天下,打算定都洛阳。被官府拉去当差的娄敬,挣脱绳索,身穿羊皮袄晋见刘邦,从进退有路、可攻可守、俯瞰全国的统治需要,建议刘邦定都咸阳。刘邦吃不准,请教张良,张良支持了娄敬的见解。于是刘邦命娄敬当禁卫官,封"奉春君",赐他刘姓。因为刘敬见解深邃,刘邦留下了印象深刻,因而在他做出是否对匈奴发起进攻的重大决策时,特派刘敬去进一步核实。

还没等刘敬打探回来,刘邦鬼使神差突然觉得心机有动,认为攻打匈奴的良机来了,机不可失,于是迫不及待地匆匆统兵三十二万,浩浩荡荡向北推进,拉开了与匈奴决战的序幕。

刘邦的决战大军进入山西大同时,刘敬回来了,他凭着自己去伪存真的观察和分析,得出了与前十几批探子所得出的相反结论,认为这完全是匈奴诱敌深入之计,万万不可贸然进攻,否则将陷入匈奴的重围之中。

刘敬把自己的见解据实向刘邦禀报后,刘邦怒火万丈,大骂刘敬散布失败思想,涣散军心,并下令给刘敬戴上脚镣手铐,打入代县的死牢囚禁起来。

刘邦这火发得着实霸道。一方面,他相信自己的灵感,以为这灵感是上天对他这个真龙天子的照应,不会有错。另一方面,刘敬报告的消息又无疑使他对自己灵感的可信性产生了动摇。他之所以数度派人打探匈奴的消息,在多次得到同一口径的消息后还派刘敬去做最后的印证,是因为他对发起进攻便可大胜的消息感到怀疑。当刘敬的打探证实自己的怀疑后,刘邦难免心急发怒。这已经不是他刘邦高坐晋阳宫听使节的禀报了,数十万大军浩浩荡荡从长安开到了大同,在这个时候罢兵而返,不大失脸面吗?于是刘邦大骂刘敬涣散军心,用君王才有的霸道,死撑着自己已经错了但还要错下去的面子。

刘邦率军挺进,冒顿则倾全国四十万精锐骑兵,趁刘邦带部分兵马巡视大同市东面的白登山时，将白登山连同刘邦以及他随行的军队团团围住。东边全是骑青马的，南边全是骑赤马的，西边全是骑白马的，北边全是骑乌骊马的，四面合围，水泄不通。刘邦率军左冲右突，七天七夜都没打开逃生的缺口，消息又传不出去，得不到救援，气得刘邦七窍冒烟。眼看毁灭在即，陈平给他献上一个秘计。于是，一个身负特殊使命的秘密使节悄悄溜到冒顿的王庭晋见阏氏，毕恭毕敬地献上贵重的礼物。于是，阏氏劝冒顿把被围的刘邦放了。于是，冒顿精心设计的一个杰出战役方案，被阏氏几句不轻不重的话瓦解了。于是，就有了一个由冒顿下令放开的口子，让刘邦在铁壁铜墙般的重围中轻松地逃将出来……

刘邦逃出来以后，没有忘记被他打入代县囚牢的刘敬，派人赦免了他，并给他加官封爵。刘敬之前十几批打探不实的探子，都被他下令全部处斩。吃了这次被围的苦头之后，刘邦打消了用武力征服匈奴的念头。

但是，冒顿并没有因为在白登之役放刘邦一条生路而放弃对汉朝廷的骚扰和侵犯，边境连年烽火不断，告急的使役络绎不绝。刘邦深感忧虑，请教刘敬，谋求长久和平之策。

刘敬给刘邦献上了一招：叫刘邦将自己的女儿许配给匈奴首领做老婆，并带上一份丰富豪华的嫁妆。因为女儿是中国皇帝的女儿，有一个大富大贵的娘家，实力雄厚，匈奴首领就一定会立她当阏氏。阏氏生的儿子，就是当然的太子。每逢过年过节，阏氏娘家打发些能言善道的人带上礼物，特地向匈奴首领馈赠问安，并趁匈奴首领高兴的时候，给他教导或暗示一些关于女婿对岳父大人的礼节。这样，匈奴首领活着在位的时候，他是女婿，一旦死了，他的儿子也就是皇帝的外孙继任首领。长此以往，匈奴首领的统治地位就能由皇帝的外孙、曾外孙世世代代把持下去，战争也就可以避免了。

刘敬在献出这一招后，趁刘邦高兴告诫刘邦，要嫁就必须嫁嫡长公主，如果胡乱找一个普通的皇族女子，或从皇宫挑选一个漂亮女子冒充，关系隔着一层,最终解决不了问题。刘邦就一个女儿,名叫鲁元公主,且早已嫁给赵国国王张敖。但他出于对国家安全的考虑,还是咬牙下令叫鲁元公主远嫁冒顿,与匈奴和亲修好。只是因为皇后吕雉日夜啼哭,肝肠欲断,刘邦才最终作罢,选了一位皇族女子嫁给冒顿和亲。

果不其然,冒顿得到一位皇族女子作妻以后,虽史无记载他如何识别这个皇族女子并非汉皇帝的嫡长公主而怒火万丈,如何记载他尽女婿对泰山大人之礼,但记载了匈奴对边境的骚扰和侵犯大大减少,边境军民在偃旗息鼓中得到生息。

刘敬献上的这一招被刘邦之后的历朝历代帝王所沿用。虽然历朝历代的皇帝将皇族的甚至是自己的女儿献给少数民族首领作妻,并没有因此完全熄灭边关的烽火,但无疑起到了缓解边关烽火蔓延的作用,起到了融洽中国境内汉族与少数民族关系和感情的作用。以关系和感情的方式体现在民族与民族之间的作用不是用金钱和财富所能衡量的,它融化在人民的血脉之中,附着在人民的灵魂之上,世世代代,繁衍不绝。

刘邦死后,吕雉执掌政权,倒也没有对匈奴动兵舞戈,该慰问的时节照常打发使节带上厚礼去慰问,而且也做过遴选皇族女子封为公主、嫁给冒顿做妻修好这等事。但因为当时处于汉朝与匈奴和亲修好的大气候之下,双方来往密切,因而吕氏家族排除异己、抢夺势力范围的做法,必然在这种来往密切之中传到匈奴,也必然使匈奴的领导层对吕雉这种做法产生鄙视。加之刘邦首创的和亲政策,以及这种政策所带来的偃旗息鼓的局势,使得匈奴汗国得以休养发展。公元前一九二年,国力鼎盛的匈奴汗国在将国力积累得可以傲视邻邦的时候,便开始对汉政府的皇太后吕雉无礼了。

冒顿单于在给吕雉的一封信中这样写道:"我是一个寂寞的君王,又生在北方荒凉的草泽地带,长于牛马成群的原野之上,屡次到达边境,希望深入中国腹地一游。而你的丈夫初死,想必空闺难耐。我们两人既然都不快乐，又无法取悦自己。你不如嫁给我，各人用自己所有的交换自己所没有的，你芳心如何？"

冒顿写的这封信不乏淫亵和戏弄，但更主要的是一种蔑视，一种泱泱汉朝大国已经不被人尊重的蔑视。

吕雉倒也大度，收到信后立即召集御前大会，当众念信，叫文武百官讨论如何处置。于是，出兵征伐与和亲修好的争论各陈述一番后，吕雉出于底气不足，更出于维护吕氏家族利益的考虑，最终选择了和亲修好。她叫外交部代她给冒顿写一封回信，文辞谦卑，态度恭顺，媚色于纸，请求冒顿施恩。

这之后的一段时间，匈奴汗国在史学家笔下侵犯汉朝边境的记录不多，即使有所记录，也只是掳二千余人而去之类。历史，特别是处理汉朝与各少数民族关系的历史重任，在历史学家的笔下，轻轻地搁在汉文帝刘恒的肩上。

刘恒上任不久，便以一纸诏书摘掉了赵佗那顶"南越武帝"的帽子，和平解决了南越问题，消除了吕雉兴兵讨伐的后患，但北方匈奴汗国的侵扰却时时令他寝食不安。

公元前一七七年五月，匈奴汗国右贤王率军向陕西绥德一带发起进犯，掠夺那一带已经归顺汉朝的少数民族的财产，杀害无辜群众。文帝刘恒亲自率兵反击，还未抵达战地，右贤王便率军离去。文帝刘恒则撤兵而返，并修书冒顿，谴责其入侵行径，倡导和亲修好的安境之策。这之后，文帝刘恒与冒顿有过既极其机智，又顾全大局的书信来往。

先是冒顿来信。他首先肯定和亲给双方带来了和睦，接着用"但是"，把右贤王对陕西绥德的侵犯说成是汉朝军队对右贤王的进攻。接着又用一个"但是"，说右贤王在汉军进攻时的抵抗没有向他请示，这等离间两国兄弟般情谊的事他不知道，所以他冒顿要处罚右贤王，罚他向西攻击月氏王国。接着冒顿巧妙地自我炫耀起来，他说承蒙苍天的恩典，使他们的战士优良，战马强壮，终于完全平定月氏王国，以及楼兰王国、乌孙王国、呼揭王国等邻近二十六国。各国部落的军队合并成一家，统归他冒顿指挥。在以高超的外交辞令做了上面这通炫耀之后，冒顿才言归正传，回到主题上来。他说，我愿意废弃战争，休养士卒马匹，不再介意以前的芥蒂，恢复原来的友谊，使边境人民得以安宁。

文帝刘恒的回信是不带外交辞令的。他首先肯定冒顿愿意废弃战争、使边境人民得以安宁的政治主张。接着指出，背弃盟约、离间兄弟之情的事总是先由匈奴汗国挑起的，时时令他寝食不安。接下来，文帝刘恒表明一种唯有皇帝才有的大度，他说，至于右贤王进犯的事发生在我汉朝大赦之前，也就不要再追究了。他要求冒顿公开告诉他的官员认真履行废弃战争、使边境人民得以安宁的承诺，不要再违背。

文帝刘恒与冒顿单于的这次书信往来，把两位政治家处理汉族与少数民族关系的做法推向了历史的较高水平。当时冒顿统帅的匈奴汗国，其国力足以与汉朝抗衡。但冒顿深明大义，以其少数民族首领所特有的智慧，在表明他所统帅的民族强大而不可侵犯的同时，表明了他维护匈奴汗国与汉朝友谊的强烈愿望。而文帝刘恒那"与民生息"的人性本质决定了他不愿大动兵戈，劳民伤财。可他是汉朝大国的皇帝，这个架子在任何时候都不肯放下来。因而他在给冒顿的回信中没有吕雉叫人写回信的那种谦卑恭顺，在最关键的废弃战争、维护和平的问题上，用质朴得不带丝毫外交特色的语言，表明了汉朝皇帝维护各民族团结统一的不变立场和灵活方法，为以后的历朝历代构建了处理这类矛盾的大框架。

公元前一七四年，也就是文帝刘恒与冒顿用书信的方式完成汉朝与北方匈奴汗国和平相处的大框架后不久，一代杰出的匈奴汗国首领挛鞮冒顿与世长辞了。

挛鞮冒顿死了，但他在公元前处理少数民族与汉族的关系、维护国家团结统一的做法是值得称颂的！

贾谊的建树

公元前一七九年，文帝刘恒颁诏天下，以考试的方法为中央和各级政府选拔官吏，他亲自出题在全国统考。秦朝丞相李斯的学生吴公，时任河南洛阳郡守，参加刘恒组织的全国统考，成绩第一。加之吴公任洛阳郡守期间，勤政爱民，政绩卓著，被文帝刘恒破格调任司法部长。吴公穿上司法部长的朝服后，以年轻有为和精通诸子百家为由，向刘恒推荐了自己非常欣赏和器重的后生贾谊。

贾谊是河南洛阳人，生于公元前二〇〇年，他的老师是张苍，而张苍的老师是春秋时的大学问家荀子，贾谊便是荀子的再传弟子。贾谊聪慧过人，志向宏大，小小年纪就以精通诸子百家而在洛阳一带享有盛名。文帝刘恒亲自接见并与之交谈后，二十二岁的贾谊被立为博士。

贾谊虽在众多博士中年纪最小，但他才华出众，事事应答如流，颇得文帝刘恒欣赏，一年之内被破格提升为太中大夫。贾谊雄心万丈，提出了许多政治改革建议，对文帝刘恒统领朝政产生了积极的影响，尤其是在强化中央政府的权威上，贾谊更是做出了巨大的思想建树。

强化中央政府对全国的统治以维护祖国的完整和统一，是秦始皇统一中国以后的历朝历代所面临的一个重大政治问题。虽然这个问题通常以维护帝王屁股下这把交椅的方式表现出来，但从当时的历史背景和文帝刘恒的所作所为看，最终产生的效果是与维护祖国的完整统一相吻合的。刘邦当上皇帝以后，分封了一批刘姓血脉和八个有战功的异姓王统领各封国，结果没过几年，八个异姓王中有五个举旗叛乱。虽然反叛的原因大都归结于刘邦的猜疑、吕雉的狠毒，但封国过于强大，有资本与中央政府抗衡，不能不说也是异姓王反叛的一个重要原因。刘邦铲除异姓王之后，分封刘氏子弟为王，并做出了"非刘姓为王，天下共诛之"的规定。刘邦以为刘氏一家的阿狗阿猫分布到全国各地掌握地方政权，刘家的江山就能稳住。后来吕雉操纵朝政，封了一批吕姓王。吕雉家族被推翻后，文帝刘恒恪守刘邦的戒律，各封国的王位全部由刘姓把持，他也以为，这样做汉室江山就能世世代代姓刘。

维护国家统一，不因封国反叛而使国家的领土切割得七零八落，无疑是绝对正确的。但问题的关键在于，刘姓占领全国各封国，就不存在国家领土被分割的危险吗？

对于这个问题，精通诸子百家且具有深邃政治目光的贾谊从当时的情况中看清楚了，文帝刘恒采取与民休戚以图恢复经济发展的政策已经受到各种贵族势力的限制和梗阻。

文帝刘恒的异母兄刘肥的三个儿子刘襄、刘章、刘兴居在推翻吕氏政权中立了大功，但他们最初的出发点是想让刘襄以刘邦长孙的名分接替皇位。刘恒接替皇位后，分封刘襄三兄弟为王，没有满足他们到地广富庶的封国为王的欲望，因而他们心怀不满，不仅对刘恒所统领的中央政府多有抵触，而且伺机谋反。结果在公元前一七七年，趁文帝刘恒率军御驾亲征匈奴入侵之机，刘兴居起兵反叛……

文帝刘恒的异母兄弟刘长，封淮南王。刘长无视朝廷，擅杀朝廷命官，在封国内自行制定法令，公然摆出一副与中央政府抗衡的架势，后南联闽越，北通匈奴，乞师反叛……

其他亲王统治的封国，虽然尚未公开扯起反叛朝廷的旗帜，但国力日益强大而诱发的反叛意识却是一个潜在的巨大政治威胁。这一点，贾谊也看得入木三分。

统治江苏东阳郡、郚郡、吴郡五十三县的吴王刘濞，是刘邦亲哥哥刘仲的儿子。刘邦分封天下时，没有忘记这个多少有些窝囊的哥哥刘仲，封他为代王。公元前二〇〇年，匈奴攻代，刘仲弃城而逃，被刘邦贬为郃阳侯。公元前一九六年，淮南王英布举兵造反，刘邦率军平叛，刘仲的儿子刘濞以骑将身份随从。刘濞年方二十，勇猛英武，在剿灭英布的平叛中立了战功。当时驻守东阳、吴郡一带的荆王刘贾被英布杀死，没有后嗣。派谁去接替荆王，刘邦犯难了，派自己的儿子去镇守吧，又都年轻，担心镇不住，思来想去，就封刘濞在江苏沛县为吴王，统治东阳郡、鄣郡、吴郡的五十三个县。史载，刘邦在册封授印后，特地叫刘濞到咸阳当面交代，一见面，刘邦就后悔了。原因是刘邦从刘濞的面相中看出了他有反叛特征。刘邦进而摸了摸刘濞的后背，摸出了他的反骨。但已经册封授印了，反悔也不妥。于是刘邦抚摸着侄子刘濞的后背说："我料定汉朝五十年以后，东南方将会发生反叛，会不会是你呢？"刘邦似乎是自言自语说了这样一番话后，语重心长地对刘濞说："天下刘姓是一家人，希望你谨慎从事，千万不要反叛！"

刘邦死后，吕雉操纵朝政，吴王刘濞远在江苏沛县一带，不参与吕氏家族的任何纠葛，也就少了许多政治上的麻烦。在图得这样一份清静以后，刘濞没有用更多的精力去关注吕氏家族抢班夺权的热热闹闹，而是悄悄招募天下的逃犯和亡命之徒，偷偷铸钱、煮盐，逃避国家的税收，使吴国的财政收入大增，强于天下。

文帝刘恒继位以后，吴王刘濞派太子入京，陪皇太子刘启喝酒下棋。一次，吴王刘濞的儿子与刘启下棋，刘启走错一步，要悔棋重走，吴王濞的儿子则坚持不让，双方发生争执。本来小孩子玩耍争亦无是，打也无非，争完打完又会和好如初的。可吴太子和皇太子后面各站着几个陪伴和老师，老师见两个孩子争起来了本该上前好言相劝，不料吴太子的老师和随从轻佻骄矜，不仅不劝，反而帮着吴太子争，说一些不该说的话。这一来两个孩子越争越上劲，情急之中，皇太子刘启操起棋盘朝吴太子打去。这

从《史记》出发

一下打出事来了。吴太子也是薄命，皇太子也是打的不是地方，一棋盘过去，吴太子被当场打死了。事已至此，皇太子受责，吴太子也只好送回吴国安葬。吴王刘濞咽不下这口气，说："孩子在长安死，就应该葬在长安，何必送回吴国安葬呢？"又把孩子送回了长安，给你文帝刘恒一点颜色瞧瞧。从此，吴王刘濞不再尽藩臣对天子应尽的礼节，明明身体棒棒的，却称有病，不再进京朝见。文帝刘恒倒不计较，但朝廷的臣僚气不过，把吴国来朝的使者全部扣留。刘濞到底只统领汉朝的一个封国，几批使者被扣，心里发毛，担心朝廷治罪，便悄悄地做起反叛的准备来。还是文帝刘恒宽宏大度，下令释放吴国的使者，并赐吴王濞几案与手杖，告诉他至老至死都可以不上朝。文帝刘恒的宽厚虽化解了一个封国的叛乱，但并没有彻底消除叛乱的隐患。吴国因私自铸钱、煮盐，老百姓不用纳税，国家财政雄厚，封国的士兵采用雇佣制，拿薪水。而其他封国的逃犯知道吴王刘濞有意收容他们，纷纷逃往吴国，为吴王卖命。有了不必上交国库的大宗收入，加之手下有一大批效忠吴王的逃犯充当亡命打手，吴王刘濞对吴国的统治可以称得上是针插不进、水泼不进的一块铁板。

贾谊虽没有刘邦能看相、能料定五十年以后事件的神算，但他从一系列露出端倪的事件中已经看到了一些封国对文帝刘恒所颁布政策的梗阻，看清了封国强大对中央政府所构成的威胁，于是他在著名的《治安策》中提出了"众建诸侯而少其力"的政治主张。

贾谊才华横溢，文采飞扬，他用"应该痛哭"的陈述方式，论述削弱诸侯国势力的政治需要。指出："封国过于强大，跟皇帝之间一定发生猜疑。上疑下，必然要用刑动兵，下面就会受到灾祸。下疑上，必然对抗，上面就会经常忧虑他会不会叛变。这实在不是上下互相保全之道。"针对当时天下能暂时安宁的原因，贾谊指出各封国的亲王大都年龄小，中央政府派去的太傅、丞相仍掌握实权。几年之后，待这些亲王羽翼丰满了，情况就不是这样了，国家也就难以安定。贾谊从这个分析中得出结论：封国强大的，一定先造反。因而他建议分割大的封国，一直分到不能再分为止。封国地广人多而亲王子孙太少怎么办？贾谊建议先预建封国，叫王位空着，中央政府派丞相暂时把持，待子孙多时再叫他们去接任。贾谊极而言之，认为当今天下的形势就像得了浮肿病一样，手指像腿一样粗，腿像腰一般大，一根手指抽筋，全身都跟着痛，如果今天不抓紧治疗，成了痛疾之后，即令扁鹊再生，也无能为力……

贾谊提出的"众建诸侯而少其力"的政治主张，有的放矢，切中时弊，是文帝刘恒建立大国政治的重要理论支柱。开始文帝刘恒对贾谊的这一政治理论并不怎么在乎，随着形势的发展变化，文帝刘恒不仅逐渐引起重视，而且着力付诸实践了。公元前一六九年，文帝刘恒改封淮阳王刘武为梁王，改封城阳王刘喜为淮南王；公元前一六五年，齐王刘则、河间王刘福先后去世，没有儿子，文帝刘恒下令撤除封国，原封国的土地和人民直属中央接管；公元前一六四年夏季，文帝刘恒把淮南王刘喜调回复任城阳王，为下一步瓜分淮南国铺路；同年夏季，文帝刘恒下令将齐国分成六国；同年秋季，文帝刘恒又下令将淮南国分成三国……

文帝刘恒采纳贾谊"众建诸侯而少其力"的政治主张，分割大封国的势力，强化中央对全国的统一领导和控制，强化中央政府的权威，为维护国家领土的完整统一，抑制各封国亲王对皇位的觊觎，奠定了中央集权的政治和经济基础，也奠定了文帝刘恒之后的景帝刘启、武帝刘彻统治中国近百年的政治和经济基础。

树起思想的旗帜

　　古老的中国在创造辉煌历史的同时，创造了恢宏而又精深莫测的思想文化。神秘而又极具哲学色彩的黄老学说，主张天人合一而推崇君臣、父子、夫妻尊卑等级的儒学，注重现实、提倡奋斗、推行吏治的法学，在不同的历史舞台纷纷登台，各领风骚。在文帝刘恒登上国家最高统治地位后，历史留给他究竟以什么思想作为统治阶级的思想体系，是有些混乱的。

　　一方面，父亲刘邦由一个好酒色的小小泗水亭长，没用几个春秋便神奇地接管了秦始皇统一六国后的江山，成为汉朝的开国鼻祖。这在文帝刘恒乃至当时天下所有人看来是凡人所不能为的，而纯属天意，纯属上天的刻意安排。作为刘邦的妾生子刘恒，一直不被父亲宠爱和重视，吕雉执掌朝政大权以后，远在代国为王的他成天盯着吕雉的眼色过日子，生怕什么时候吕雉哼一声而把他的王位哼掉。可在吕雉家族被推翻以后，刘恒做梦也没想到，在推翻吕氏政权的斗争中没建任何功勋，且对继承皇位不抱任何幻想的他，却被神奇地抬上了皇帝的宝座。这在刘恒看来也纯粹是上天的安排。从刘邦到刘盈、从刘盈到吕雉、从吕雉到刘恒并非漫长的历史跨度，几经跌宕的皇位变更使得刘恒对黄老学说的宿命论产生了本能的推崇。因而顺从上天的安排，遵从上天的本意，顺其自然，就像蒲公英那样随风飘荡，飘到哪儿就扎根在哪儿的黄老学说，便成了文帝刘恒乃至中央政府的统治思想主体。

　　另一方面，文帝刘恒从父辈手里接过来的江山，大到封国郡县的划分，各级官吏的设置，礼仪法律的实施，小到马路的宽窄，钱币的重量，商品交换的规矩等等，又大都承袭的是秦朝法制的模式，连父亲刘邦都几乎没做什么变更。法家学说不仅作为思想体系渗入人民生活的各个方面，而且作为政治体系厘定了社会的发展框架，成了整个朝政乃至全国人民普遍认知并付诸实践的现实。

文帝刘恒实际推行法制的社会现实，与他所推崇的一切服从上天安排的黄老学说是格格不入的。他人性的宽厚慈善决定了他不愿承袭法家那严酷、残忍的思想体系，而他登上皇位以后所派生出来的救世主的强烈责任意识，又使得他对承袭黄老学说那套顺其自然、无为而治的思想体系感到很不甘心。在这一主观意识相互排斥的碰撞之中，文帝刘恒走招纳天下贤良方正、直言无隐的人来辅佐他的路子，以寻找解开矛盾的良策，寻找一种划时代的突破。

年轻有为的大学者贾谊应召而上，慷慨陈词，极力向文帝刘恒推荐儒家学说。儒学信奉天人合一，以礼乐为核心，厘定规矩，推行教化。儒学大家是春秋时期著名的思想家、教育家孔丘。

孔丘生活的春秋时期，多战而无义战，各国诸侯为了各自的利益相互攻杀，父亲与儿子、哥哥与弟弟抛弃骨肉情分，兵戈喋血，争权夺势。战争摧残道义，同时也焚毁礼乐制度。孔丘先前并不从事礼乐活动，而是在鲁国为官，因政绩显赫深得鲁定公信任，做了大司寇，主管鲁国的司法。孔丘辅佐鲁定公与邻近强大的齐国斗智斗勇，维护了鲁国的尊严，为鲁国争得了大面子。后来齐国的国王齐景公为达到离间鲁定公与孔丘关系的目的，投鲁定公所好，送美女、骏马给鲁定公玩赏，结果目的达到，鲁定公恋美女不恋江山，爱物疏人，玩物丧志，孔丘被冷落，不得不离开官场，搞起学问来，带一班弟子周游列国，推行他"君君、臣臣、父父、子子"的儒家理论，主张把君臣、父子、夫妻等尊卑贵贱的等级差别用礼乐的形式固定下来，形成治国治民的规矩和意识形态。

贾谊为了说服文帝刘恒，紧密联系当时的社会现实，列举了许多毁弃

从 《 史 记 》 出 发

礼义廉耻的具体表现。诸如儿媳妇给孩子喂奶，旁若无人地把衣服撩起来，而且竟然毫无顾忌地和公公并肩坐在一起；诸如儿子长大了就跟父母分家，分得一部分财产另立门户，不孝敬父母；诸如分了家的儿子，如果母亲不打招呼便从儿子家里拿一把扫帚用用，儿子就会去责问母亲；诸如儿媳妇不把婆婆当回事，受了婆婆的责备便恶言回报，骂得很难听；诸如有的儿子分家以后，只顾自己享受，不管父母的温饱；等等。贾谊尤其感到气愤的是，一些庶民百姓也住楼堂大厦，所有的戏子和妓女老鸨佩戴珠宝首饰。文帝刘恒规定皇后只允许穿领口上缝一条花边的衣服，可一些平民的老婆不仅穿的衣服领口上缝好几条花边，而且把花边缝到鞋子上。贾谊分析认为社会风气之所以败坏到这种程度，根本原因是君臣、父子、夫妻的贵贱等级没有法定的差别，倡导儒家的礼治目的在于教化民众在不知不觉中改恶向善，形成一种君为臣纲、父为子纲、夫为妻纲的社会秩序。贾谊形象地比喻说：权是天下的巨大宝物，就看皇帝把它放到哪里，把它放到"仁，义、礼、乐"上，政权就安全，国家就发展，皇帝屁股下这把交椅就能安稳，就能把皇位延绵不绝地传给子子孙孙；而把它放到"法令，刑罚"上，政权就危险，国家就动乱，皇位就稳不住，也就不可能传给子孙。

　　贾谊沿着这一思路，进而论述了用儒学教育太子、教化大臣的极其重要性。在做这方面的论述时，博学多才的贾谊当然想得起来周文王时代君臣之间的那些隐晦得令人难以置信的规矩：查出哪个大臣犯有贪污罪，并不说他贪污，而说他"锅碗不干净"；查出犯有强奸淫乱罪的，不说他强奸淫乱，而说他"帷薄不修"；对于昏庸无能的，不说其昏庸无能，而说他"不称职"；即使所犯罪过查实了，也不指名道姓斥责，而是转许多圈子委婉地点一下，听懂了所点的问题且罪行较轻的，不用司法人员前来宣判，更用不着绳索捆绑，自己将自己的衣帽毁坏，走到放逐自己的地方去伏法；当然也有听不懂所点问题的人，于是天子会出面谴责诘问，一旦天子自己或派人谴责诘问，犯了罪的大臣便头戴白帽，白帽上悬挂表示罪当死刑的毛缨，双手捧着一盆表示公正的水，盆上放一把表示一旦判罪即用于自杀的剑，自往受理高级官员监控的"请室"接受审判；判处当斩的，判官不宣判斩首，而是告诉他"你已经犯罪，但我仍然保持你的尊严"，听到这样的"宣判"以后，犯了罪的大臣便自杀谢罪……

在贾谊看来，这是最能体现尊卑贵贱等级的法定规矩。他用"投鼠忌器"的妙论说明皇帝用这样的礼义廉耻对待臣僚，免得平民百姓因臣僚犯罪而对君王生出不敬的极端重要性。贾谊说："鞋子虽然全新，不放在枕头上。帽子虽破，不用来垫鞋底。对于皇帝身边的大臣，如果加以敬重，官吏平民才能对大臣俯伏在地，敬畏有加，推行朝廷的政策法令才会畅通无阻。如果皇帝不用礼义廉耻对待臣僚，像法家所奉行的那样，把犯了罪的大臣捆起来交下级法官小吏审讯拷打，官吏和平民百姓就会由于对犯罪大臣的鄙视而生出对皇帝的不恭。"贾谊当然听说过汉朝的开国功臣周勃从狱中出来时发出的"我曾经统领百万大军，怎知道狱卒有那么大的权威"的无尽感叹。虽然他贾谊被破格提升为太中大夫之后的再度提升被周勃等一批老臣所阻止，但他从周勃入狱后遭受的严刑拷打，以及他不得不拿出家里的积蓄去贿赂狱卒的事实中，看清了文帝刘恒用不恰当的做法处理并无罪过的周勃所造成的不良社会影响。因而他大力倡导儒家那套尊卑贵贱分明的法定等级，企望以礼乐的形式将高低贵贱之分固定下来，形成治国治民的法定规矩和意识形态。

文帝刘恒采纳贾谊的建议，着力培养臣僚的节操，从此以后，大臣犯罪，不予审讯，由大臣根据自己所犯罪行的轻重自择处置。文帝刘恒的亲舅舅薄昭一向被人称为忠厚长者，但他有些贪，特别是他掌管兵权以后，骄横不可一世，以致发展为擅杀中央政府使节。薄昭罪该当斩，文帝刘恒采用劝说的方法，派高级官员前去陪薄昭饮诀别酒，希望他能自裁。薄昭自恃是当今皇帝的舅舅，加之十分珍惜自己的生命，不肯自裁，于是文帝刘恒又派群臣前往薄昭居住的宫殿痛哭吊丧。活生生的一个人被一群当朝臣僚当作已经死了的人而悼哭，使得薄昭无可奈何，只好自杀。

　　思想是行动的旗帜。每个人都有自己的思想旗帜，但就某个人来说，受不同社会地位、经济条件、生活层次乃至世界观、人生态度的影响，所树的思想旗帜是五花八门的。而作为一个国家的统治思想，应该是统领的、主流的。在经济发展非常落后的公元前近二百年，要把人民群众不同的思想认识在国家主流思想的旗帜下统一起来，并使国家的主流思想替代人们的个体思想，不是皇帝的一纸诏书抑或是大学者的一篇宏论所能解决的。它是一项事关全国人民的巨大工程，是需要数代人甚至数十代人接力延续的巨大工程。文帝刘恒在他做皇帝的二十三年中，启动了在他之后的我国世世代代都在不懈努力的这一工程，率先树起了建立一统大国的思想旗帜。

七国叛乱的历史昭示

公元前一五四年，也就是景帝刘启登上帝位的第三年，刘邦的一群孙子、曾孙子在各自的封国对源于刘邦而享受的荣华富贵不满足了，在吴王刘濞的号召下，七国同时叛乱，向尚未站稳脚跟的皇帝刘启的帝位发起攻击。

刘濞，这个七国叛乱的旗手，在文帝刘恒时期就以其儿子与文帝刘恒的儿子刘启争执时被失手打死一事而与朝廷产生芥蒂。他因此不再上朝，也不再搭理朝廷。待刘启即位后，一方面，刘濞仗着自己的辈分比刘启高，更不把朝廷当回事；另一方面，儿子被当今皇上打死这口气，怎么也咽不下去。于是他在拼命铸钱煮盐富强封国的同时，已经开始做向皇位发起进攻的准备。

跟着刘濞反叛的另六个封国的国王中，有四个是刘肥的儿子。刘肥是刘邦没有发迹之前，与村里一个姓曹的妇女鬼混所生。刘邦当上皇帝以后，分封各皇子时，没有忘记与姘头曹氏所生的刘肥，把他封为齐王。刘肥在各皇子中是老大，刘盈接替刘邦的帝位后，刘肥到长安朝觐，见到刘盈不是行君臣之礼，而是行兄弟之礼。为此，吕雉火了，命人端毒酒毒他。被刘盈化解这一灾难后，刘肥献出齐国的城阳郡作吕雉女儿鲁元公主的汤沐邑，才逃过了被吕雉害死的噩劫。刘肥也有一群儿子，长子刘襄在吕雉死后举兵发难，企图抢夺帝位，被灌婴等率军挡住了。其子刘兴居在文帝刘恒时举兵造反，被中央军杀死了。刘肥还有六个儿子被文帝刘恒全部封王，只是版图不大而已。刘濞扯起反叛的旗帜后，刘肥有四个儿子聚集在他的旗帜下，一个是胶西王刘卬，一个是胶东王刘雄渠，一个是菑川王刘贤，一个是济南王刘辟光。这四个人之所以跟着刘濞造反，是因为他们在各封国一把手的位置上都做过营私舞弊、违反中央政府政令的事，且有些事做得很出格，有把柄在皇上手里捏着，害怕受到惩治。当然，受刘濞用语言给他们勾画了理想蓝图的诱惑也是重要原因之一，但这之中最根本的，还是皇帝的子子孙孙占据各封国的弊端在历史发展过程中瘀结的总爆发。

另外两个跟在刘濞屁股后面造反的，一个是刘邦的弟弟刘交的孙子刘戊，一个是刘邦的孙子刘遂。

刘遂有必要多说几句。吕雉执掌朝政后，派刘邦的庶子刘友到赵国为王，不久便被皇后吕雉杀害了。刘友的子孙因为刘友的如此下场而丧失了封王授爵的资格。只是到了刘恒当皇帝后，才恢复刘友的子孙这个资格，并封刘遂为赵王。按说因为刘友的这段经历，刘友的后代如果讲良心的话，如果还知道感恩的话，就不应该跟在刘濞的屁股后面反叛朝廷，可刘遂还是反了。

对此，司马迁先生用写七国叛乱花絮的方法，看似不经意地做了深刻揭示。

在写到刘戊疯了似的参加七国叛乱时，司马先生追述了一下刘戊的家史。刘戊的爷爷刘交是刘邦家的文化人，幼年时与鲁国的申先生、穆先生、白先生拜在浮丘伯的门下学习《诗经》。刘邦当皇帝后，封刘交为楚王，刘交则把三位同窗好友请到楚国做官，经常研讨诗书，商议国事。穆先生不饮酒，每次参加宴请，刘交都在他的面放一杯甜酒以示敬重。刘交死后，他的儿子刘郢客继位，仍似父亲那般对父亲的三位同窗好友敬重有加。可刘郢客死后，他的儿子刘戊继位，开始刘戊还能记得家里的规矩，尊重三位老先生，后来便忘了。穆先生于是提出要走，并对申、白二位先生说，如果不走，刘戊会把我们锁到街头去示众。申、白二位先生死活不信刘戊会这么对待他们，坚持留下不走。刘濞站出来谋反后，刘戊立即跟上。申、白二位先生进言劝阻，刘戊下令用绳子拴着他俩的脖子，让他俩穿上囚衣，被人牵到街上捣米示众。刘戊的叔叔刘富派人好言相劝，刘戊则警告说，如果我起兵叔叔不参加的话，我先杀叔叔，吓得刘富带着母亲赶快逃掉。刘戊手下的两位大臣进言叫他不要谋反，被他惨无人道地活活烧死。

司马迁在记载七国叛乱时特地写了这么一节，确实耐人寻味！笔者以为，这不是司马先生在写枯燥的历史时玩弄花絮，而是看似不经意实则颇具匠心的一笔，其用心极其深刻。

皇帝的子子孙孙、堂兄堂弟全数分封为王，分割天下，这一做法本身就有违历史的发展。应当说，这是制度上的弊端，是上层建筑的弊端，极大地限制了社会的发展进步。而这帮占据各地为王的皇子皇孙，不满足于在本封国的土地上骄奢淫逸，必然要把欲望扩展到君临天下的皇位上去，因而举兵谋反、直指帝位是必然的。司马先生以刘邦家族中最有文化的刘交为例，说明王位传到孙子手里没出三代就开始谋反的历史必然性。试想，这么一个自幼学习《诗经》、知书达理的人家尚且不出三代就发生蜕变，不读诗书、没有文化的那帮皇子皇孙们该会怎样呢？司马先生真不愧为史学巨匠，用楚王刘戊慢待父辈好友这样的历史花絮揭示了必须解决历史瘀结弊端的深刻道理。

从《史记》出发

周亚夫，宫廷政治的殉葬品

　　周亚夫是周勃的儿子，在军队供职，辅佐过文帝刘恒，在景帝刘启当政时期，为平定七国叛乱力挽狂澜，立了大功。从某种意义上说，没有周亚夫，就没有景帝刘启的江山。

　　就是这样一位为救国难而做出巨大贡献的功勋，最后还是让景帝刘启给整死了。

　　司马迁在作"绛侯周勃世家"时写到周亚夫，上来就写卜卦大师许负为他看相，说当时担任河内郡守的周亚夫，三年后封侯，十一年后任朝廷将相，二十年后被饿死。卜卦大师做如此结论的玄机是，周亚夫的嘴边有一条直竖的纹理进入口中，这是饿死的面相。从周亚夫以后的经历看，与许负所预测的结果完全吻合，丝毫不差。因为太精确了，精确得无懈可击，所以我们有理由认为这不是许负的相面预测，而是司马先生为景帝刘启残害忠臣的政治阴谋辩护。

　　周亚夫是一位军事天才。文帝刘恒在弥留之际对儿子刘启说："国家如果发生巨变，可任命周亚夫当元帅。"刘恒临死前给儿子做这样的交代不是没有道理的。

　　公元前一五八年冬季的一天，从长安到边关的烽火连成一片。文帝刘恒亲自率军布阵，指挥六路大军摆开了与匈奴决战的架势。为了鼓舞部队士气，文帝刘恒亲自驱车劳军，他先到蓝田，再折棘门，最后到达细柳。在蓝田和棘门，指挥官一听天子驾到，立即辕门洞开，率领官兵列队恭迎。文帝刘恒及皇家卫队一行浩浩荡荡，穿过军营，如入无人之境。但在咸阳的细柳营垒，文帝刘恒受阻。

　　周亚夫统领的细柳营垒，辕门紧闭，戒备森严，军官都身披盔甲，士兵都全副武装，所有官兵弓上弦、刀出鞘，整个营垒鸦雀无声，似有千万种杀机潜伏。文帝刘恒的先遣队来到细柳，被哨兵阻于辕门。先遣队长传令"天子即将驾到"，值日官则回答："将军有令，军中只听从将军命令，不服从天子诏书。"回答得嘎嘣脆，一点商量的余地也没有。不一会儿，文帝刘恒率皇家卫队赶到，也被阻于辕门。文帝刘恒于是派人"持节"向周亚夫传旨，周亚夫才下令打开辕门，但附加一条不容更改的规矩："军营之中，任何人都不可骑马奔驰！"文帝刘恒于是下令勒紧缰绳，徐徐行进。在将军居住的虎帐旁边，周亚夫手持兵器，伸直手臂，上下举动，以军人特有的礼节向文帝刘恒作了一揖，说："身穿铠甲的武士，不便下跪，请允许我用军礼参见。"文帝刘恒出了细柳营垒后，情不自禁地赞叹："老天，这才是真正的将军。像蓝田、棘门的军队，简直是儿戏，发动奇袭的话，那些将领都会被生擒活捉。至于周亚夫，谁敢碰他。"

　　周亚夫的军事天才在平息以吴王刘濞为首的七国叛乱中也有过出色的展现。

　　面对七国同时叛乱，景帝刘启想起了父亲刘恒临死前的交代，任命周亚夫为太尉，率三十六位将军，攻击吴楚联军。临出发之前，周亚夫把自己的军事计划向景帝刘启禀报，打算先让梁国顶住吴楚联军的进攻，中央军暂不去救梁国，而去断绝吴楚联军的粮道，从根本上瓦解其攻击力量。这一被事实证明是十分正确的军事战略，得到景帝刘启应允。但在吴楚联军向梁国发起猛烈攻击、梁国国王反复派出使节向周亚夫求救、周亚夫不予理睬的情况下，景帝刘启因听了梁王的求救而下令周亚夫率军赴援梁国。尤为难能可贵的是，周亚夫拒不执行皇帝的诏书，而是按既定的战略部署，不是派军队去增援梁国，而是去切断吴楚联军的补给线。这样一来，吴楚联军慌了，放弃对梁国的进攻，转而挥师向北，与周亚夫兵团决战。

这时的周亚夫已经切断了叛军的补给线，不急于和叛军交锋，坚守营垒，拒不发兵，用拖的办法消耗时日，用时日去损耗叛军的斗志和战斗力。粮食补给不上的叛军被周亚夫坚守营垒不与交锋这么一拖，拖得斗志低迷，拖得精疲力竭，攻又攻不下，吃又没吃的，很多士兵饿死，不死的开始逃亡，吴楚叛军整个乱了方寸，全线崩溃。这时周亚夫发出进攻的命令，率军穷追猛打，一战而将吴楚叛军全部歼灭。叛军旗手吴王刘濞，在周亚夫兵团的攻击面前，自顾逃命，只带了少数卫士远远地逃往东海王国。来势汹汹的七国叛乱，由于总司令周亚夫指挥有方，三个月便得以彻底平息。

尤其值得一书的是周亚夫处理"夜惊"的镇定自若。周亚夫率兵坚守营垒的那段日子里，吴楚联军不断发起强攻，虽然没有攻下周亚夫兵团的坚固防线，但士兵的心理防线受到了极大的冲击，逐渐变得脆弱起来了。一天午夜，肃杀寂静的周亚夫兵团营垒，突然一声号叫划破夜空，叫得人毛骨悚然。精神极度紧张的官兵们听到这一声号叫，一跃而起，梦游般冲出营帐，盲目地操起兵器，鬼使神差地与他人殴斗、厮杀起来。一时间，周亚夫兵团的营垒似火并般相互攻打起来，不少官兵因此被杀死杀伤。相互残杀的官兵转而在周亚夫的虎帐前大打出手。此时的周亚夫是醒着的，但他装作熟睡的样子，侍卫惊恐地向他报告，他装作没听见，摇晃他快起床，他翻身继续睡。不一会儿，夜惊便开始平息。

"夜惊"是冷兵器时代军队的一种并不常见的怪诞现象，如果处置失当，后果不堪设想。周亚夫处理"夜惊"的方式足见其大将风度，和他在军队中的威信和影响力。

就是这样一位救国难于战场的军事天才，最终被整死了。

周亚夫被整死，源于他的正直。

正直是要得罪人的，得罪人是要付出代价的。

周亚夫首先得罪的是皇帝刘启。刘启登上帝位后的公元前一五三年，立长子刘荣为太子，后因后宫的残酷斗争，景帝刘启下令罢黜太子刘荣，改封为临江王，立刘彻为太子。当时已经穿上丞相服的周亚夫坚决反对刘启这样做，故而得罪了刘启。我们不妨做这样的推测，即便景帝刘启不整他，被周亚夫反对而最终登上皇帝宝座的刘彻也决不会饶过他。还有，在反对罢黜太子的问题上得罪皇帝刘启，同时也就得罪了即将即位的皇后。试想，如果没有老太子的罢黜，怎么会有新太子的继位，又怎么会有新皇后的即位？你周亚夫反对罢黜老太子，不就是反对新太子和新皇后即位吗？你这一反对意见，不叫你付出沉痛的代价甚至生命，能平息新太子新皇后的心头之恨吗？

周亚夫其次得罪的是皇帝的母亲窦太后。得罪这个老太太是与周亚夫救国难于战场相联系的。面对吴楚叛军的疯狂进攻，周亚夫奏请景帝刘启批准，先放弃对梁国的增援，而去切断吴楚联军的补给。实践证明这一战略部署是完全正确的。但这样做得罪了窦太后，因为梁国的国王刘武是窦太后的小儿子，是当今皇上的亲弟弟。应当说，梁国在平息七国叛乱中付出了沉痛的代价，做出了巨大的贡献，没有梁国对吴楚联军的顽强抵抗，没有梁国对吴楚联军的有力牵制，周亚夫兵团不可能顺利切断吴楚联军的补给线，也很难说中央军就能最终战胜七国联军。梁国所做出的牺牲是全局的需要，是值得的。但梁王不这么看，窦太后不这么看，他们母子不看大局，不看国家是否危亡，而只看梁王曾多次派人向周亚夫求救而周亚夫置之不理，故而对周亚夫衔恨至深，总想找机会整治他。

公元前一四七年，周亚夫因反对景帝刘启给投降于汉朝的六个匈奴酋长封侯授爵，而被免职回家。这之后不久，周亚夫的儿子为准备老父死后的殉葬品，向营造署购买了五百件作废的盔甲盾牌。他的儿子也是个浑球，找人搬运这些殉葬品却不付工钱，惹得搬运工向朝廷告发，说周亚夫准备谋反。景帝刘启迅速下令逮捕周氏父子进行审判。周亚夫没有看清这个问题的严重性，还以寻常的目光看待这一事件，故而对逮捕和审讯他们父子非常愤怒，拒不回答狱吏的提问。景帝刘启听说后破口大骂，下令廷尉亲自审讯。

司马迁特地记下了如下这段审讯问答：

廷尉问："你为什么要谋反朝廷？"

周亚夫反问："我儿子买的，全是坟墓里用的葬器，怎么叫谋反？"

廷尉说："你纵然活着不在地上谋反，死后也会在地下谋反！"

直到这时，周亚夫才明白这是个陷阱，一个无法辩白的政治陷阱。于是，这位在军事上响当当的指挥官，在人格上响当当的汉子，绝食五天，大口吐血，死于囚牢。

司马先生详细地记下廷尉与周亚夫的这段对话，是耐人寻味的！

景帝刘启的法制情结

帝位传到刘启手里以后，他所沿袭的仍是父亲刘恒的那套做派，严于律己，宽以待民。景帝刘启所追求的社会目标是让天下每一个人都耕田养蚕，以使平素有积蓄，灾时有防备；希望全社会中强的不欺压弱的，人多的不欺负人少的，衰老的能安享晚年，幼小的能健康成长。但他与文帝刘恒所不同的是，在强调教化的同时，强化法制对各级政府官吏的制约，并在法制建设上有过独到的贡献。

秦始皇创作的株连罪在吕雉执政时废除了，但只是诏书上的废除，并没有落到实处。在文帝刘恒时期，一人犯法全家被逮捕的"收律"和"相坐法"，从文帝刘恒的法典里删除了。可在以望气之巫欺世的新垣平欺骗到文帝刘恒头上并被揭穿后，新垣平的三族都遭到了夷灭，这说明株连罪在文帝刘恒手里并没有真正废除。景帝刘启在废除株连罪上比他的父亲刘恒来得彻底。

公元前一五四年，襄平侯纪嘉的儿子纪恢说谋反朝廷，纪恢说的三族人丁全被逮捕。这样做正中纪恢说的阴谋。原因是纪恢说不孝，经常胡作非为，多次受到父亲纪嘉的严厉制裁。纪恢说为报复父亲，经过一番密谋，以谋反朝廷而使得自己连同父母兄弟一同被逮，企图假朝廷之手，摘掉父亲襄平侯的官帽，在自己被处死的同时，把父亲纪嘉连同兄弟一并杀掉。景帝刘启不搞株连，是谁的罪就治谁的罪，不放过坏人，也不冤枉好人。他在查清事件真相后，下诏赦免纪嘉，纪嘉仍为襄平侯，纪嘉的妻子和除纪恢说以外的儿子全部免于处罚，有爵位的还恢复爵位，只是将纪恢说和

从《史记》出发

参与这一阴谋的人依法严厉处置。

发生在公元前一五四年的这一案件，特别是皇帝对这一案件的公断，在今天看来是极寻常的，但在两千多年前却是具有划时代意义的。功过是非的人间公道在这一案件的处置上得到体现，在法制尚没有成为治理国家主旋律的时代，景帝刘启在公断纪恢说的案件上，用皇权支撑法律，用法律主持公道，是难能可贵的。

我国很早就有五听、八议、三刺、三宥、三赦的法令，只是流传了若干朝若干代也没有真正实施过。传到景帝刘启手里以后，他重视起来了，并认真对待过。

我们不妨对这些早期法令做一简单介绍。五听，一是辞听，即观察分析当事人的言语；二是色听，即观察分析当事人的面部表情；三是气听，即观察分析当事人的气息；四是耳听，即观察分析当事人的听觉反应；五是目听，即观察分析当事人的眼睛表情。八议，指享受特别审议而可以减免刑罚的八种人。一是议亲，指皇帝的亲族；二是议故，指皇帝的故旧；三是议贤，指有德行有威望的人；四是议能，指有学问有技能的人；五是议功，指对国家有功劳的人；六是议贵，指爵位高的人；七是议勤，指享受六百石以下俸禄而勤于公事的人；八是议宾，指宾客或各诸侯国来朝的使节。三刺，即审理诉讼经三讯而判决。一是讯群臣，征求大臣们的意见；二是讯群吏，征求基层有关官吏的意见；三是讯万民，征求庶民百姓的意见。三宥，即犯人可以得到从宽处理的三种情况。一是弗识，指不懂法而犯罪；二是过失，指因疏忽大意而犯罪；三是遗忘，指忘记法律的规定而犯罪。三赦，即三种可以赦免的人。一是幼弱，指未满七岁，刑罚上无行为能力的幼年；二是老眊，指八十岁以上年老昏眊的人；三是愚蠢，指生下来就是痴呆或弱智。早在两千多年前的这些法令，虽然带有浓厚的封建色彩、权贵色彩，但也充分体现了我国祖先的智慧，以及对于法律精神的正确把握。祖先的这些智慧沉寂了若干年以后，景帝刘启又把它衔接起来了。

公元前一四五年，景帝刘启下诏："凡疑难案件，可轻可重，法官采取重的判决……人心不服的，应重新平反。"

为什么要平反？因为法律规定可轻可重，既如此，法官为什么不能判得轻一点？景帝刘启这一诏书，不是寓意着深深的轻罚情结吗？

公元前一四三年，景帝刘启再次下诏："审判案件，事关重大。人有愚智之别，官有上下之分，疑难案件，应呈报主管官员，主管官员不能决定，应呈报大理。如上级指出原判决不当，原判决人不算过失。执行法律的人，处理诉讼，务必从宽。"

在这道诏书中，景帝刘启把自己轻罚的情结和盘托出。他明令司法人员从宽处理诉讼案件的基点是建立在人有愚智之别、官有上下之分的基础之上，因此办案人员不要就案办案，而要把人的因素加进去，把案办活，办出人性和情理来。

此外，景帝刘启颁发的两道与法律有关的诏书也足以说明他对法律精神的深入把握。

一个诏书曰："饥寒交加，而不去为非作歹，这样的人太少。"

另一个诏书曰："农作物歉收，人民缺少粮食，是什么原因？谁的责任？可能是官员们作奸犯科，接受贿赂，向人民掠夺，谋取利益。诸如县政府的县丞、长史之类，钻法律的漏洞，其行为如同强盗，使人痛恨。"

把这两道诏书连起来看，不难看出，景帝刘启对社会上发生的犯罪问题有清醒的也是深刻的认识。一方面，他对饥寒交加的人寄予极大的同情，这些人处在社会的底层，吃不饱，穿不暖，为了活命，干一些为非作歹的事也是迫不得已。另一方面，庶民百姓为什么会饥寒交加？景帝刘启也看清楚了，主要是一些官吏，特别是离老百姓近的一些官吏，似强盗般作奸犯科，向人民掠夺。如果各级官吏不向人民掠夺，不作奸犯科，认真履行职责，人民就不会饥寒交加。在有了这样的清醒认识后，景帝刘启对丞相下令:"凡两千石以上官员,浮猾昏庸而导致下级官吏不能尽忠职守,甚至掠杀人民的,向我报告,我要定他们的罪。"

以上不难看出,景帝刘启所把握的法律基本精神,是对庶民百姓要求比较宽松,而对职位较高的官吏要求比较严格。换句话说就是,对广大人民群众,他更多的是寄希望于教化,而对于各级官吏,他更多的是寄希望于依靠法律制约和规范。景帝刘启的这一法制情结,在变成诏书、法令颁布以后,应运而生的,虽不大可能完全达到他这一法制情结的理想效果,但对广大庶民百姓肯定是有益的。

后宫，溅血的黑漩涡

后宫，历来很乱。不仅乱，而且是宫廷政治斗争中一个鲜血飞溅的漩涡。

历史发展到公元前一五七年刘启当皇帝的时候，后宫这个政治漩涡，旋出来的不仅是荒唐，而且是飞溅的鲜血和肮脏的政治阴谋。

刘启还是太子的时候，就娶了奶奶家族的一个薄氏女子为妻，奶奶是爷爷刘邦的姬妾，是父亲刘恒的生母，奶奶叫孙子娶一个薄氏女子为妻，甭说刘启不敢不从，就连文帝刘恒也不敢违命。就这样，那个没有留下姓名的小薄氏，那个扎着两个小辫的小薄氏，作为巩固薄氏外戚势力的政治代表，蹦蹦跳跳地进宫当了皇太子妃。

刘启接替皇位后，立了这个扎着小辫进宫的薄氏为皇后。薄氏虽贵为皇后，但不得景帝刘启的宠爱，因而她在尽情享受后宫奢侈生活的日子里，并未享受一个正当青春焕发的女人所能享受的夫妻生活，也未能生出一个巩固自己皇后地位的儿子来。这对于薄氏来说是极其痛苦的。眼看着皇帝今夜宠幸这个妃子，明晚宠幸那个姬妾，独守空房的薄皇后只好把泪咽进肚里。但薄皇后心里非常清楚，她作为薄家外戚势力的政治代表，无论身心多么痛苦，也必须在皇后的位置上死撑着。

薄皇后撑了六年，太皇太后薄氏死了，靠山塌了，顷刻间，薄氏家族的政治势力随着靠山的崩塌而瓦解。太皇太后的尸骨未寒之际，可怜的薄皇后因没能生下一个儿子向皇上讨价还价而被废黜，像一件穿脏了的破衣衫一样被皇上扔在后宫，成了宫廷斗争的遗弃物。又过了四年，忧愤成疾的薄氏病死后宫。

还在薄氏占据皇后位置的时候，后宫一个姓栗的佳丽，凭着自己的美貌，运用漂亮女人才能使出来的手腕，几乎全部占据了景帝刘启的欲望和激情，并幸运地生下一个儿子，取名刘荣。公元前一五三年，刘荣被景帝刘启立为太子。

太子，是法定的皇帝接班人，太子的母亲，是法定的皇后。但不知道什么原因，景帝刘启在册封刘荣为太子时，并没有同时册封栗姬为皇后。

尽管如此，栗姬因为儿子被册封为太子而备受王公大臣特别是后宫嫔妃的巴结。景帝刘启的姐姐馆陶公主刘嫖也在巴结的人群之列，且表演得大出其格。

刘嫖作为文帝刘恒的女儿，在女大当婚时嫁给了堂邑侯陈午。刘嫖虽为人妻，但妻子的事情做得不多，全部精力几乎都用在后宫，用在了为弟弟刘启选美上，把个后宫搞得乌七八糟。那个扎着小辫进宫的皇后薄氏，消弭不了对刘嫖热衷于后宫选美而使得她这个皇后日益被皇帝冷落的妒恨；那个美妙绝伦的栗姬，虽然是她几乎全部占据皇帝刘启的欲望和激情，但因为刘嫖一手操纵后宫的选美事宜，招来一批批年轻美女在后宫对她形成了威胁，也同样消弭不了对她的万分妒恨。栗姬早就想找碴收拾这个皇姑，只是苦于没有机会。如今儿子刘荣册封为太子了，自己册封为皇后的日子也指日可待，收拾这个大姑子的日子也就不会太远了。

恰在这时，刘嫖找上门来，找到正想找碴收拾她的栗姬，提出把自己的女儿陈娇献给刘荣为妻，企图让女儿先占领太子妃的位置，尔后再顺理成章地登上皇后的高位。

对于这种亲上加亲的政治交易，栗姬并非一味反对，但她早就对刘嫖怀恨在心。如今你刘嫖来到我的栗姬宫，把你的女儿许配给我的儿子，企图让你的女儿占领未来的皇后位置，好让你继续一手操纵后宫，哼！你想得太美了，没门儿！因而栗姬不容分说，一口拒之千里。

这一来，后宫的政治斗争变得更复杂了。

刘嫖在栗姬那里碰壁以后，返身出宫找到了另一个妃子王娡。

王娡连同她的母亲臧儿可称得上是西汉后宫政治斗争中的出奇女人，也是在后宫政治斗争中获益的集大成者，有必要多说几句。

秦汉时期群雄并立，其中一位赫赫有名的人物叫臧荼。秦王朝覆亡后，项羽主持天下分封，因臧荼功勋卓著而封为燕王。后来楚汉相争，臧荼倒戈向汉，为刘邦把项羽赶到垓下立过大功。刘邦在分封行赏时，保留了臧荼的封国和头衔，让他继续为王。公元前二〇二年，臧荼率军反叛汉朝，刘邦于是亲率大军剿灭，不到两个月就生擒臧荼，平息叛乱。历史在刘邦的子子孙孙手里延续了五十来年后，臧荼的后裔与刘邦的后裔又在后宫搅和到一起了。

臧荼的反叛被刘邦剿灭后，臧氏家族的王室尊位也被一并剿灭了。臧荼的孙女臧儿，以一介平民身份嫁给陕西兴平县一个名叫王仲的男子，生下一男两女，男儿叫王信，女儿叫王娡、王儿姁。王仲不久染病，一命呜呼。臧儿于是改嫁咸阳县的田家，生下田蚡、田胜两个儿子。女儿王娡嫁给金王孙，并为金家生下一女，取名金俗。

如果源于臧荼的这些晚辈女人就此作罢，也就没有什么奇怪的了。问题在于臧氏的这些女人并不安分，她们不肯作为平民平平淡淡地过一生，而是做出了许多怪异的事，搅乱了景帝刘启的后宫。一天，臧儿找人为女儿卜卦，卜卦大师对她说，你的两个女儿都贵不可言。得到卜卦大师这句吉言后，臧儿盘算开了，盘算来盘算去，得出的结论是除非攀上皇家，否则就不可能贵不可言。她知道她的爷爷臧荼，一方诸侯，但皇上刘邦说杀就杀，想灭就灭，不是贵不可言的份。只有攀上皇家，在皇帝身边得宠，才是贵不可言的份。想到此，臧儿做出了一个离奇的决定，叫女儿王娡与金王孙离婚。金王孙大惑不解，夫妻俩小日子过得好好的，哪有丈母娘来叫女儿离婚的？对于丈母娘的这种荒唐之举，金王孙感到惊骇羞怒，于是一口拒绝，坚决不离。

人家臧儿可是主意已定，不管你金王孙同意不同意，把女儿王娡拉上就走，直接送到皇帝刘启的后宫。

后宫可不是什么人想进就进的，况且王娡这种已为人妻并生过孩子的女人，想进后宫并非易事。虽然司马迁没有记述臧儿送女儿王娡进宫的详细经过，但可以想象，她如果不打通一手操纵后宫选美的刘嫖这一关，绝对不成。

王娡可能也是长得漂亮，加上她是生过一个孩子的少妇，与后宫那些年纪尚小，长得漂亮，但从没有接触过男人的宫女相比，别有一番风韵，因而被刘启看中，颇受宠爱。

从分析看，王娡之所以放下好好的小日子不过，之所以同意让母亲臧儿随意摆布，是因为母亲跟她说过卜卦大师的吉言，给了她对"贵不可言"的憧憬。正是这个原因，当刘启与王娡龙凤飞舞时，她借用我国自古以来就有的传统谎言，说梦见太阳投到她的怀里。这与刘启的奶奶薄氏在被爷爷刘邦肥胖的身子压住以后，无比激动地说梦见一条苍龙盘在肚子上如出一辙，并非新的花招。

王娡这句"太阳投怀"的话为她以后在后宫政治斗争中最终获胜，投下了一个分量极重的政治筹码。

王娡为刘启生下一个儿子，叫刘彻，即西汉赫赫有名的武帝。

刘荣被册封为太子时，刘彻被封为胶东王。

皇姑刘嫖把自己的女儿推销给栗姬的儿子遭到拒绝后，转身来找王娡，把女儿推销给王娡的儿子刘彻。史载，还没等刘嫖把话说完，王娡便迫不及待地一口应允。这"一口应允"奠定了后宫一系列政治阴谋的出笼。

刘嫖推销女儿的目的在于叫女儿占领未来皇后的位置，而不是甘心于叫女儿做个胶东王的王后。而王娡"一口应允"的根本原因，在于企图借皇姑刘嫖的势力，把儿子刘彻从胶东王的位置推到太子的位置上去，连同使自己由姬妾的位置攀上皇后的高位。因为相同的政治图谋，使得刘嫖与王娡联手，发起了帮助女儿由王后向皇后、帮助儿子由胶东王向皇太子迈进的猛烈冲击，且冲击的矛头直指栗姬。

先是刘嫖出击，在弟弟刘启面前诋毁栗姬。刘嫖利用自己是皇帝姐姐的身份，利用自己一手操纵后宫的便利，逮个机会就在景帝刘启面前告栗姬的状。在一大堆告栗姬的不是中，最使景帝刘启受震动的是那个惨无人道的"人彘"故事，出自刘嫖之口的"人彘"故事，自然是把栗姬比作吕雉，而把刘启正宠爱有加的王娡比作戚夫人。一想到自己心爱的王娡将被栗姬剃光头发、砍掉四肢、挖掉双眼、熏哑嗓子、扔到厕所旁的猪圈里，供人们当"人猪"参观，景帝刘启不禁打了一个寒战。

应该说，景帝刘启是个厚道人，他在皇帝的位置上更多的还是承袭父亲文帝刘恒的做派特色。他登上帝位以后，不仅减轻刑罚，而且继承了文帝刘恒艰苦、勤勉的优良传统。春天的时候亲率皇室宫妃到御苑耕作，秋天的时候又领着她们去采摘收获。劳作和俭朴强化了他善良的人格，因而他在姐姐刘嫖诋毁栗姬、动摇他更换太子的问题上，还是十分谨慎的。但刘嫖对他发出的"人彘"警告，使得他心里直犯嘀咕，于是他常常在后宫的御榻上劝告栗姬，叫她与人为善，并以吕雉创作的"人彘"故事作为劝告的史料。

但栗姬听不进去，没有表现出服服帖帖遵从的愿望。刘启一提到王娡，栗姬立即板起面孔，一句好听的话也没有，常常气得刘启跺脚而去。尤其糟糕的是，有一次刘启前脚还未踏出房门，后面传来了栗姬骂他"老狗"的恶语。刘启听到后停了一下，但还是走了。离开栗姬宫的景帝刘启肚里窝的火鼓鼓的。

在这种情况下，王娡开始反击。王娡这个先为人妻、生过孩子，后为姬妾、生过皇子的女人，心地显然比刘嫖更毒辣。她为皇帝刘启生下了儿子，但她对儿子戴着胶东王这顶帽子并不满足，她心里时刻装着卜卦大师那句"贵不可言"的憧憬，因而她必然要寻找把儿子那顶国王帽子换成太子帽子的机会。她同意皇帝姐姐的女儿与自己的儿子联姻是做这一切努力所迈出的第一步，仅有这一步是不够的，她还要走下去，直至"贵不可言"。

这以后的步子怎么走呢？

王娡的毒辣进一步显现出来了。她知道景帝刘启劝导栗姬不成，心里正窝着一团火，于是想出一个毒招，把这团火点起来。王娡秘密召见朝廷的大行令，叫他上奏皇上，奏请立栗姬为皇后。刘启本来心里窝着的那股火没有得到释解，这个奏折一递上去，把火点着了。刘启指着大行令的鼻子骂道："这是你该管的事吗？"骂了还不解气，下令把他杀了。

王娡这一招采用的是激将法，瞬间把景帝刘启的火点着了。刘启在怒杀大行令的同时，下诏罢黜太子刘荣，改封临江王；立刘彻为太子，王娡为皇后。

那个曾经在薄氏女子为皇后时，几乎全部占据景帝刘启的欲望和激情的漂亮栗姬，在儿子刘荣被罢黜太子后不久，便饮恨离开了人间。

被贬为临江王的刘荣，在临江王的位置上屁股还没坐热，就因扩建宫殿侵占了文帝刘恒祭庙墙外的空地护墙而被父亲刘启下令囚禁审讯，自度前途渺茫而自缢狱中。

一场以漂亮女人为主角的后宫政治斗争，虽然画上了一个血淋淋的分号，但永远没有句号。

皇后·太后·太皇太后

    皇后、太后、太皇太后是封建社会母仪天下三个重量级地位的标志。皇后是皇帝的大老婆，通常情况下，太后是皇帝的母亲，太皇太后是皇帝的奶奶。从皇后到太皇太后是个过程，也可能是一个女人变得越来越专权、越来越霸道的过程。

    文帝刘恒的大老婆窦氏，就诠释了这样一个过程。

    窦氏是今河北武邑县一带人，刘邦选美时，窦氏被选进后宫但未得到刘邦"御幸"。公元前一九五年，刘邦死了，皇后吕雉操纵朝政，将未被刘邦"御幸"过的后宫美女分赐给各封国的国王，也就是刘邦的儿子、侄子们，并规定每王分赐五名，窦氏被分到了代国。

    对于从父亲刘邦后宫送来的五个美女，代王刘恒对窦氏情有独钟。没过几年，窦氏便以为登上帝位的刘恒生过长子的特殊资格，在儿子刘启立为太子后登上了皇后的高位。窦氏在皇后的位置上为刘恒又生了一个儿子，取名刘武，窦皇后十分喜欢这个小儿子。又过了几年，窦皇后生了一场大病，病愈后双目失明。年长色衰，加上眼睛又瞎，还加上后宫有一大群年轻美丽的宫女在那里比着，窦皇后在文帝刘恒那里已经黯然失色了。虽然心里有说不尽的苦涩，但还是无可奈何地忍了。令窦皇后欣慰的是，她最宠爱的小儿子刘武在她的全力斡旋下，由代王改为淮阳王，又由淮阳王改为梁王。梁国在今河南开封一带，所辖山东曹县、嘉祥以南和安徽砀山、亳县一带，土地肥沃，经济发达，民风淳朴，且拥有四十多个城市，是各封国中最富庶的大国。

文帝刘恒在世的时候，窦皇后恪守妇道，不过问朝政，是很不错的老太太。刘恒死后，儿子刘启继承皇位，窦皇后成了窦太后，这以后她就不似当皇后时那么谨慎了。一方面，她由媳妇熬成了婆婆，有对儿子、儿媳妇指手画脚的资格了；另一方面，儿子刘启非常孝顺，生怕有什么事惹得老娘不高兴，因而事事谨慎，事事由她，唯命是从。这两方面因素加到一起，使得窦太后开始颐指气使，无所顾忌地干预起朝政来。

　　我国在历经春秋战国、楚汉争霸几乎延续数百年的战乱之后，人们用战乱的体验换来的企盼是休养生息，天下太平。以"无为而治"为主导思想的黄老学说适应了人们这一企盼，因而能够获得上至王公大臣，下至庶民百姓的普遍认同。但是，随着时代的发展，尤其是在人们所崇尚的道德民风随着社会物质文明的进步而发生裂变后，整个社会仅有"无为而治"的黄老思想就显得单调了，不够了。文帝刘恒已经感受到了单一的黄老思想的缺憾，就把儒家思想作为国家的统治思想进行过大胆的探索。景帝刘启也崇尚儒家思想，在他的实际支持下，儒家思想得到一定程度的恢复和发展。虽然儒家思想尚没有完全登上朝廷的大雅之堂，但已经开始与黄老思想抗争，已经开始与黄老思想争夺学术上、政治上的支配地位了。

　　皇太后窦氏于是站出来，旗帜鲜明地维护黄老思想的统治地位，毫不留情地打压儒学连同倡导儒学的人，把学术思想上的斗争变成了流血的政治。

　　有个儒学博士叫辕固生，他不惧窦太后的权威，当窦太后问他《老子》这本书怎么样时，他以极其轻蔑的口气说："《老子》所讲的，都是些娘们儿的话。"窦太后一听，顿时怒火万丈，下令把这个倔老头扔到放养野猪的圈里，叫他去与野猪搏斗。试想，一个成天把头埋在诗书里的学者，手无缚鸡之力，赤手空拳怎么去和凶猛的野猪搏斗，这不就是窦太后想置他于死地吗？景帝刘启仁慈，偷偷送给他一把利剑刺死野猪，方使他幸免于难。

到了武帝刘彻时期，这个窦老太太还活着，她的亲侄子窦婴为丞相，窦婴崇尚儒学，把当时以传《诗经》闻名的大学士申公的两个得意门生赵绾、王臧荐举为御史大夫、郎中令。窦婴打算在首都长安建一所"明堂"，专门培养儒学高级人才，并确定由申公来主持"明堂"。这事得到武帝刘彻的全力支持，他特地派人把申公接到了长安。这事让窦老太太知道了，她立即杀将出马，在把武帝刘彻训斥一番的同时，下令废除"明堂"的设计，罢免窦婴连同那些支持儒学的臣僚。如此觉得还不解恨，又迫令赵绾、王臧自杀。

在祖护纵容小儿子刘武上，窦老太太表现得大出其格。

景帝刘启即位的第四年，梁王刘武入朝，刘启摆出很大的场面，设宴款待他的弟弟刘武。当时景帝刘启还没有立太子，喝酒喝到高兴的时候，刘启对母亲窦太后说："朕千秋万岁之后，把帝位传给皇弟。"喝了点酒，脑子有点迷糊，又想在酒席桌上讨好母亲，刘启这么说说，本该大家笑笑就过去。可窦太后当真，万分高兴，恨不得立马把这事定下来。但皇位的传承是有规矩的，景帝刘启如果没有子嗣，传位给弟弟未尝不可。眼下景帝刘启儿子成群，皇位如果不传给儿子，就有违老祖宗的规矩了。于是，参与这次宴请的窦婴在给景帝刘启敬酒时直言相谏："天下，是高祖的天下。父子相传是汉室的制度，皇上怎么能传位给梁王呢？"窦婴这么一说，把窦太后气得差点儿晕过去。但人家窦婴言之有理，在酒宴上把他骂一顿又有失体统，窦太后于是把这口气暂且咽下。酒宴一散，窦太后就除去自己亲侄子窦婴的门籍，使其不得朝请。

平息七国叛乱中，太尉周亚夫以其杰出的军事天才，制定了让梁国全力顶住吴楚叛军的正面进攻、自己率中央军绕道切断吴楚叛军后路的军事部署，实践证明是完全正确的，仅三个月时间就将七国叛乱彻底平息。

梁国在七国叛乱中正面抗敌，立了大功，梁王刘武更是骄横不可一世。他一心想接替哥哥刘启的皇位，在这一目标没有实现之前，他不甘在梁王这顶帽子下窝着，而是按照皇帝的标准把自己的排场搞得与皇帝一样，出入宫殿都用一千辆战车、一万名扈从，并要清道禁止行人，言"警"称"跸"，摆出一副与皇帝平起平坐的架势。他还大兴土木，建造了一个方圆三百多里的东苑，修架空中通道，从宫殿到平台长达三十多里。除此之外，刘武还招揽四方豪杰，豢养打手，庇护从他国逃往梁国的罪犯，赐给他们金钱、官位。据史书记载，梁国铸造的兵器有数十万件，府库的金钱近万亿，珠玉、宝器比京师还多。

面对梁王刘武这样一个来头，朝廷的公卿大臣无不焦虑。恰在这种情况下，窦太后再次提出叫梁王刘武接替帝位。公卿大臣于是纷纷站出来，搬出古制、祖训，予以坚决反对。景帝刘启本不愿把皇位传给刘武，在酒桌上说的传位给皇弟的话也是多喝了几杯的酒话，见朝廷诸多大臣坚决反对，便以此为台阶，急匆匆立了栗姬所生的儿子刘荣为太子，用实际行动收回了那句传位给皇弟的酒话。

刘荣的太子地位不到一年便被宫廷斗争给更改了。

窦太后于是立即出马，为小儿子刘武接替皇位做最后的努力。在一次酒席宴上，窦太后撕下老脸皮，当着文武百官对景帝刘启说："你百岁之后，可以传位给弟弟。"景帝刘启慌忙跪地说是。在场的文武百官虽然大都反对窦太后这个提议，但都没有作声，因为他们知道当面顶撞窦太后是个什么下场。当时在家养病的袁盎力谏景帝刘启遵循《春秋》的主张，以大义为举，传皇位给儿子。袁盎的这一劝谏，不仅给梁王刘武增添了一笔新仇，而且勾起了他对袁盎的一笔旧恨。

梁王刘武曾上书景帝刘启，请求准许他修一条专供他使用的通道，以便他随时可以朝见太后。这条通道从河南商丘他的梁王府，直达长安窦太后住的长乐宫。商丘至长安，全程数百公里且有多处大山、大河阻隔，由此修一条通道，专供他看望母亲用，甭说当时政府的财力承受不起，即便承受得起，也不至于如此劳民伤财呀！对于梁王刘武的这一无理要求，还没等景帝刘启御批，袁盎等十余位大臣便联名上书，力陈利害，坚决反对，使得梁王刘武的这一请求搁浅。

新仇旧恨使得梁王刘武对袁盎等大臣恨之入骨。为报此仇，刘武经过一番密谋，派刺客刺杀袁盎等阻止他接替皇位的大臣。不长时间，与袁盎一同阻止梁王刘武接替皇位的十多位大臣相继被害。

十多位朝廷大臣同时被害，举国震惊。景帝刘启更是龙颜震怒，下令缉捕凶手。可一批一批朝廷大臣派出去，一批一批空手而返。景帝刘启心里清楚，这起谋杀案肯定与梁王刘武有关，于是直接下令到梁国调查缉捕凶手。这一查，梁王刘武的阴谋败露了。碍于皇太后窦氏的面子，景帝刘启不便直接找梁王刘武问罪，只好采取迂回的战术，拿参与这一阴谋的羊胜、公孙诡问罪，下令将这二人缉捕归案。梁王刘武很清楚，一旦这两个参与他谋杀朝廷大臣的高参被朝廷抓走，他自己离被抓的日子也就不远了。故而他悄悄把这二人藏到王宫里。缉捕人员不好硬闯梁王宫，梁王刘武又不肯交出他俩来。

缉捕凶手的行动僵住了以后，景帝刘启决心不改，穷追不舍。他不直接找梁王刘武要人，而是一道又一道诏书、一批又一批钦差大臣派往梁国，严厉谴责梁国部长级官员，以捉不到凶手摘掉他们官帽为要挟，通过他们去逼梁王刘武交出凶手。这一手果然奏效，梁国的部长级官员害怕朝廷摘掉自己的官帽，纷纷前去劝说梁王刘武，叫他把羊胜、公孙诡交出去。刘武一看这来头，知道不交出羊胜、公孙诡，这一关过不去，只好下令他俩自杀，以他俩的自杀求个自保。

谋杀朝廷大臣的案破了，参与谋划这一阴谋的两个干将也自杀了，但真正的主谋梁王刘武尚未得到法律应有的制裁。景帝刘启似乎还不肯罢休。这时窦太后又从台后走到台前，她担心景帝刘启继续追下去，查出刘武来，便拿出她惯用的那一手，日夜啼哭，不进饮食，大有你皇上不肯就此罢休，我老娘就给你哭死算了的劲头。景帝刘启很矛盾，也很烦闷。一方面，他不愿放弃对刘武的追究。刘武一直觊觎皇位，仗着有老娘支持，骄横跋扈，破坏朝廷的政令纲纪，给他这个做皇帝的哥哥无端捣乱。这回又谋杀朝廷阻止他接替皇位的十多位大臣，不严厉处置难解他心头之恨。但另一方面，母亲窦太后不吃不喝，日夜啼哭，一副如果不放过刘武就去死的架势，使得景帝刘启心里很矛盾，也难受。他景帝刘启可是个孝道仁慈之人，硬是坚持制裁刘武而把老娘气个好歹，他刘启不情愿，且会遭到天下人的耻笑。

不久，钦差大臣田叔等调查这一事件的人回来了。这伙政治上老谋深算的臣僚，在进入长安之前，将在梁国取到的口供笔录全部烧毁，空着两手来给景帝刘启禀报，把责任全部推到羊胜、公孙诡的头上。

窦太后听田叔等人这么一说，既不哭了，也不啼了，立即起床进食。

公元前一四四年，梁王刘武病死。窦太后闻讯，又是不吃不喝，日夜啼哭，并骂道："皇上果然杀了吾儿！"景帝刘启不得不把梁国一分为五，刘武的五个儿子全数封王，五个女儿都赐给汤沐邑。刘启把这个安排报告窦太后以后，她这才既不哭了，也不啼了，立即起床进食。

梁王刘武被分封为王的五个儿子，无一人具备延续香火的德行和能力。其中最小的两个儿子是因为没有子嗣而被撤销封国的。其余三个儿子，大儿子刘买，在位七年去世，王位传给儿子刘襄。结果因为刘买的老婆李太后与多名下人私通败露，刘襄的老婆任太后私自将刘武传下的宝物罍樽送人，违反朝廷的律令，被朝廷削去封国八城，剩下十城由他的孙子继为梁国。刘武的二儿子刘明，因擅杀朝廷命官被贬为平民，撤销封国。刘武的三儿子刘彭离，像个地痞似的经常与下人夜晚出宫打劫杀人，掠夺财富，死在刘彭离刀下的无辜平民竟达一百多人。因其作恶多端，被贬为平民，并移居边塞，封国也被撤销。

这真是报应啊！这个报应与窦太后有没有关系呢？

"金屋藏娇"的童话

用金子砌一座房子，把自己最心爱的娇美人放到屋里去，这是一种多么强烈的爱慕驱使才能创造出的美妙构建啊！

"金屋藏娇"本身，就是一个美丽的童话。

创造这个童话的是西汉赫赫有名的武帝刘彻。

娃娃时的刘彻，在后宫应该是众星捧月似的受人娇宠；景帝刘启的姐姐馆陶公主刘嫖，应该是后宫表现为最宠爱刘彻的角色。

刘嫖是景帝刘启后宫的大拿，是个地地道道的多事婆。她嫁给堂邑侯陈午，生了个女儿陈娇，算起来比刘彻要大点。刘嫖虽为人妻，但主要精力用在弟弟刘启的后宫。一次，她带着陈娇与刘彻玩耍，见两个孩子玩得正高兴，就逗刘彻说把陈娇嫁给他。刘彻当即表示要用金子砌一个屋子，把陈娇藏到里面，这就是"金屋藏娇"典故的出处。

从分析看，刘嫖说把女儿嫁给刘彻，并非完全无意。刘彻生下来就是皇子，就封为胶东王，即便刘彻那顶胶东王的帽子戴到死，那也是食邑千里、享不尽荣华富贵的一方诸侯。再说胶东王这顶帽子在刘彻头上不似孙悟空头上的金箍，取不下来，运作得好的话，胶东王的帽子换成太子的帽子并非没有可能。

还从分析看，刘彻说砌个金屋子的话，纯属娃娃戏语，绝不会像姑妈刘嫖那般联想得如此复杂。他一个尚处于尿尿玩泥巴年龄的娃娃，懂得什么男欢女爱，又哪里会产生如此美妙的情感联想呢？充其量是刘彻比较聪明，能说出一些逗人喜欢的话来而已。

就是这句戏语，真的变成了后宫的一个童话。

皇姑刘嫖一开始并没有把刘彻的"金屋藏娇"太当一回事，毕竟皇帝已经立了刘荣为太子，毕竟刘彻当时戴的是胶东王的帽子，要把他们哥儿俩的帽子掉个个儿，也不是一件容易的事。因而刘嫖在把"金屋藏娇"这句话藏到心底的同时，向当时的太子刘荣的母亲栗姬推销自己的女儿陈娇，还没等把话说完，这位早就恨透了刘嫖的栗姬便一口回绝。刘嫖咽不下这口气，转身找到王娡，把女儿推销给她的儿子刘彻。还没等刘嫖说完，王娡便满口应允。

也许是受刘彻"金屋藏娇"的鼓励，也许是为报栗姬一口回绝之仇，这之后的刘嫖与王娡联手，连连使出毒招，愣是把刘荣从太子的位置上拉下来，愣是把刘彻推上了太子的位置。刘彻为太子，陈娇顺理成章地成了太子妃。

至此，刘彻戏言为陈娇砌的那个"金屋"已经砌成了。

刘彻立为太子，是皇帝的当然接班人；陈娇封为太子妃，是皇后的当然接班人。刘嫖逗着刘彻小时候说的"金屋藏娇"，在刘嫖的一手操纵下，终于将童话变成了现实。

童话一旦变成现实，就可怕了。

刘嫖，武帝刘彻的姑妈，在景帝刘启时就不可一世，搅得刘启的后宫乱七八糟。如今刘彻当皇帝了，自己的女儿陈娇当皇后了，且刘彻能坐在皇帝的龙椅上有她出笼一系列阴谋的功劳。也可以说，如果没有她刘嫖使出一招又一招的毒计，刘彻只能戴着胶东王的帽子而不可能穿上龙袍。正是由于这个原因，刘嫖在朝廷上下横行霸道，事事插手，贪求夺取，没有止境，把武帝刘彻的头都搞大了。而皇后陈娇，更是骄蛮得不行，她看不得后宫嫔妃成群，看不得刘彻对某个嫔妃宠爱有加，可她自己又引不起武帝刘彻的兴趣。尤其使她痛苦万分的是，年轻轻的就是不能为刘彻生出一个儿子来。因而在骄蛮嫉妒的同时，陈娇到处求医求神，企求上苍赐给她一个儿子，以巩固其皇后的地位，以延伸她由皇后到皇太后的尊位。史载，皇后陈娇为求子嗣，一次赏给为她看病的医生九千万钱。可上苍不长眼，陈娇怎么折腾，也还是生不出个儿子来。

武帝刘彻对姑妈兼丈母娘的刘嫖，以及小时候戏言"金屋藏娇"的表姐兼皇后陈娇腻味透了，也受够了，不时表现出对她们娘俩的不满、厌恶，甚至愤怒。皇太后王娡知道这两个人的厉害，于是提醒他，叫他小心处事，叫他不妨说几句违心的漂亮话稳住他们。

至此，武帝刘彻为皇后陈娇砌的那个"金屋"已经开始裂缝了。

武帝刘彻虽然遵从母亲王娡的叮嘱，对姑妈刘嫖和皇后陈娇的态度有所缓和，但他的骨子里还是不喜欢陈娇的。公元前一三九年，武帝刘彻前往霸上举行除恶消灾祭祀，回宫途中顺道到姐姐平阳公主家看看。侍候姐姐的一个歌妓卫子夫伴着乐曲飘然而出，翩翩起舞，其美貌、其气质、其柔韧优美的舞蹈动作使武帝刘彻眼前一亮，顿时倾倒。平阳公主见武帝刘彻如此钟爱这个歌妓，随即做了个顺水人情，把卫子夫送到武帝刘彻的后宫。

这个卫子夫有必要多说几句。

卫子夫的母亲卫媪是平阳公主的食邑地山西临汾西南平阳侯府家的奴仆，同在平阳公主家供职的还有该县一名小吏，叫郑季。这个郑季也是能耐，他在平阳公主家与卫媪私通，一连生下三男三女。因是偷奸所生，故六个子女都不敢姓父亲的"郑"，全部跟母亲姓"卫"，其中幼子卫青，后来成了西汉王朝征伐匈奴而立下赫赫大功的战将；幼女卫子夫被武帝刘彻看中，一步步登上了皇后的宝座。卫子夫没有被武帝刘彻看中之前，被平阳公主看中，把她带到长安的公主府，教她歌舞，成了公主府的一名歌妓。

卫子夫送到后宫以后，一年多时间里被武帝刘彻忘掉了。后宫美貌绝伦的美女成群，加一个美女也显不出来。卫子夫感到无聊，适逢后宫遣散无用的宫女，卫子夫便申请遣送出宫。直到这时武帝刘彻才想起她来，召

从《史记》出发

她在身边，并日益得宠。

皇后陈娇受不了武帝刘彻对她的冷落，更看不得卫子夫的得宠，哭哭闹闹满宫廷折腾，几次自杀被救过来，把武帝刘彻的后宫折腾得乱七八糟。

刘嫖当然不会袖手旁观，她在指使女儿大闹后宫的同时，派人到平阳侯府，准备拿卫子夫家人开刀，结果逮住了当时还是马童的卫青。卫青在当地结识了一批好友，听说卫青被抓，好友们一合计发动奇袭，把卫青救了出来。

这事传到武帝刘彻耳朵以后，他的反应极其迅速，立即下诏，召卫青进京，把他由平阳公主家的马童提拔为建章监兼皇帝随从；没过几天，封卫子夫为夫人，并再次提拔卫青为太中大夫。

至此，武帝刘彻为皇后陈娇砌的那个"金屋"已经名存实亡了。

姑妈兼丈母娘的刘嫖不肯善罢甘休，表姐兼皇后的陈娇更是不肯由此作罢，经过一番密谋策划，娘俩推出了非常愚蠢的两招。

蠢招之一：请来一群女巫，由女巫头子楚服领着，专教皇后陈娇祭祀鬼神时用咒语诅咒卫子夫。世上本无鬼神，再烧香叩头也枉然。面对本来就子虚乌有的鬼神，嘴里念念有词，把最仇恨、最彻骨的语言骂给它听，把最恶毒的阴谋托付它去完成，更是荒唐至极。刘嫖和陈娇没有弄明白的一个问题是，果真有鬼神的话，它会听你的派遣吗？通常人们心中的鬼神是帮助善人的，是劝导人们行善的。你们娘俩如此不善，鬼神怎么会帮你们呢？恰恰当时的皇上刘彻，迷信鬼神达到如痴如醉的程度，你们娘俩竟动员鬼神来诅咒他的爱妃，叫她快快死去，岂不是犯了天条吗？

蠢招之二：请来一些不正经的女人教陈娇女人的媚术，说白了就是教她怎么勾引男人，使什么招数叫男人围着她转，以便叫武帝刘彻恢复对她的宠爱。刘嫖和陈娇在这个问题上的愚蠢集中表现在看不清事体上。陈娇并非天下最美丽的女子，即便年轻的时候是，事隔若干年后人老珠黄也已经不是了。一茬又一茬年轻美貌的女子，可供皇上任意选择。人老珠黄的陈娇，即便学得世界上最绝的勾引男人的媚术，也不是年轻美女的对手，因而其结果是可想而知的。

陈娇的阴谋暴露后，武帝刘彻龙颜震怒，大发雷霆。他决心抓住这个机会彻底摆脱姑妈刘嫖和表姐陈娇的纠缠，于是下令穷追，把和这两件事有牵连的三百余人打进监牢，将教唆陈娇诅咒卫子夫的巫婆首领楚服在街市上斩首。不仅如此，武帝刘彻还下诏收缴陈娇的皇后印信，罢黜皇后，囚禁长门宫。

至此，武帝刘彻为皇后陈娇砌的那个"金屋"彻底粉碎了。

长期仗着自己是文帝刘恒的长女、景帝刘启的姐姐、武帝刘彻的姑妈，且在朝廷上下横行霸道、贪得无厌的馆陶公主刘嫖，在一连串的阴谋被揭穿以后彻底输了，她不得不长跪在侄儿刘彻面前叩头请罪，请求宽恕。

曾经创造"金屋藏娇"童话的武帝刘彻没有被姑妈的长跪叩头而打动。

因为在他的后宫，那个不仅年轻美貌，而且能歌善舞的歌妓卫子夫，已经占据了那个世人眼中的"金屋"。

公孙弘的"为儒"之道

公孙弘穷人出身，年轻时做过几天薛县的狱卒，因犯法被免职在家。因为家穷，做个小狱卒又被免职了，只好在家乡的海边放猪。成天赶着一群猪到海边放养，与猪为伴，望着浩渺无垠的大海发呆，无聊之极，穷困之极，公孙弘很不甘心。年过四十岁之后，公孙弘抱起一本《春秋》，从中寻找做官的道路。

武帝刘彻登基那年，下令招募全国贤良之士，已经年满六十岁的公孙弘应征赶考，把读了二十年的《春秋》搬出来应对，一考过关，被朝廷任命为博士。博士不光享受朝廷食禄，也还是要做点事的。一次，武帝刘彻派公孙弘出使匈奴，结果肚里装满了《春秋》学说的公孙弘把事情办得一塌糊涂，回来后便被免官回家。

公元前一三〇年，朝廷再次组织全国招募人才的统一考试，又在家赋闲了几年的公孙弘，不甘心自己的仕途画上永远的句号，再次应诏参考。结果一百多人参加考试，公孙弘被排在最末一名。也是公孙弘时来运转，考试结果送到武帝刘彻手里以后，刘彻莫名其妙地御笔一勾，把最末一名勾到第一名，公孙弘再次被朝廷录为博士。

再度为博士，第一次傻乎乎地做不成事被免官回家，这次的机会无论如何不能错过了。于是公孙弘遵从儒术的做派，谨小慎微地遵从"为儒"之道。

公孙弘的"为儒"之道既体现在虚伪上，又体现在阴险上，是虚伪和阴险的杂合物。

例如，每次朝议，公孙弘不说则已，要说就是提出问题，摆事实，而后到此打住，至于怎么解决，拿什么对策，他一句不说，完全让给其他臣僚。人家说对了，皇上龙颜大悦，问题是他公孙弘提出来的，功劳占先；说错了，皇上龙颜震怒，他公孙弘只是提出问题，并没有拿什么对策，板子打不到他的屁股。

事情还远不止如此。公孙弘在朝议时说与不说，完全看皇上的眼色行事。好些次，公孙弘与汲黯等公卿商议好了的事情，到了朝议时，因为武帝刘彻不赞成，公孙弘便立即见风使舵，一屁股坐在皇上主张的板凳上，博得皇上的宠信。对此，公正无畏的汲黯曾当面指责他，说"公孙弘最初跟我们商议，主张如此如此，现在却忽然反对。这种人，不忠"。武帝刘彻于是问公孙弘，公孙弘狡辩说："了解我的人，认为我忠，不了解我的人，认为我不忠。"公孙弘这个回答，使的是偷梁换柱的把戏，把自己的见风使舵、拍马迎合说成是汲黯对他不了解。

再例如，公孙弘官至最高监察官以后，每顿饭吃一个荤菜，仍旧盖着盖了很长时间的旧被子。如果公孙弘不是那么虚伪、阴险，盖一床旧被子、每顿饭吃一个荤菜，艰苦奋斗，保持本色，无可厚非。但正是因为公孙弘的品质并不与勤俭的美德相配，所以他这样做作隐藏着更加令人发怵的阴险。对此，汲黯在朝议时当面揭露："公孙弘位居三公，薪俸够多的了，却每顿饭只吃一个荤菜，仍旧盖着旧被子，这正说明他心怀狡诈。"

汲黯的揭露引起了武帝刘彻的警觉，转而问公孙弘是不是这样。公孙弘赶忙道歉说："汲黯说得是。公卿中跟我友情最好的，没有人超过汲黯，他今天在御前指责我的话，正说中我的私心。身为三公，仍盖旧被，跟一个低级职员毫无差别，诚如汲黯所说，我确有沽名钓誉之心。不过，要不是汲黯这么忠心，陛下又怎么能够知道？"

面对如此难堪的当众揭露，公孙弘的态度如此谦恭、平和，简直令人难以置信。这之中不难看出公孙弘的虚伪加高明。他首先把汲黯对他的指责用充分肯定来定位，而定位的前提是，在满朝文武大臣中，跟他友情最好的是汲黯。也就是说，如果汲黯不是公孙弘最好的朋友，汲黯才不会这样帮公孙弘的。这么一来，汲黯对公孙弘的"揭露"，变成了好友的善意提醒。因为是善意提醒，所以言语重一点也就没有什么可计较的了，也就是他公孙弘必须诚恳接受的了。试想，如果公孙弘面对汲黯的揭露而怒发冲冠，跳将起来，一个劲为自己辩解的话，那么皇上会想，这小子没什么修养，干不成大事，不能再重用了；其他大臣会想，你要是没有这么做，你怕什么？你这么叫唤，正说明你心里有鬼！

但是，不管公孙弘怎么为自己狡辩，还是露出了破绽。上次汲黯说他不忠，他狡辩说不了解他的人，认为他不忠；这次却说满朝公卿中，汲黯与他的交情最好。与他交情最好的却对他不了解，这个逻辑当怎么解释？

应当承认，公孙弘的"为儒"之道使得他赢了，从此以后公孙弘官运亨通，爬上了汉朝丞相的高位。

我们不妨做个假设，假设公孙弘就此打住，抱着儒家的四书五经做丞相到死，后人也没有什么可指责的。因为即便反对罢黜百家，也并非反对他公孙弘崇尚儒术，这是没有什么好指责的。但公孙弘的所作所为恰恰给后人留下了可供指责的一串把柄。

公元前一二七年，武帝刘彻下诏，各郡和封国凡家产在三百万以上的土豪乡绅，全部迁移到茂陵。河南济源的郭解也在迁移之列。郭解是著名相术大师许负的外甥，年轻时性情暴戾，常常为朋友讲义气而杀人。但这家伙运气好，杀人以后总遇上皇帝大赦，也就没有受到追究。年纪大了以后，郭解收敛自己，以德报怨，帮了别人也不声张。郭解姐姐的儿子仗着自己有这么一个很有名气的舅舅，与人喝酒时常常强迫人家，人家不喝他就硬灌。一次他又灌人家，把人家灌火了，拔出刀来把他杀了。郭解的姐姐很张狂，说："以我弟弟的名气，把我儿子杀了，还捉不到凶手？"于是把儿子的尸首放在路旁，故意给郭解难堪。郭解打听到了凶手的下落，凶手也知道想躲也躲不过去，就主动找到郭解，把经过向郭解说了。郭解觉得错不在对方，而在自己外甥，就把凶手放了，自己动手把外甥的尸体埋掉。不仅如此，郭解还充当豪侠之间的调停人，化解了许多已经凸显的争端。迁移到茂陵的郭解，因为名气很大，颇受达官显贵敬重。一次，朝廷的查案委员到河南济源办案，酒食桌上，查案委员称赞郭解的侠义行为，而参与陪吃的一位儒生把郭解大骂了一顿。酒食散后，那个儒生被人杀死，舌头也被割了。县政府官员责成郭解交出凶手，郭解的确不知道是谁所为，县政府只好依法宣告郭解无罪。这时公孙弘站出来了，他的理由是"虽然郭解不知道是谁行凶杀人，但比他自己亲手杀人的罪行还重"。故上奏皇上，把郭解全族都杀了。

杀一个郭解连同他的全族，还不能完全显示公孙弘的毒辣，这之后，他还完全扭转武帝刘彻的主意，将罪不当诛的主父偃杀了（虽然贪得无厌的主父偃该死，但不该这么死）。公孙弘还数度用软刀子杀人，例如，他曾以汲黯拥有众望为由，把他从皇上身边调走，等等。

尤其值得一提的是，力主"罢黜百家，独尊儒术"的儒学泰斗董仲舒，因当面指责过公孙弘"专门拍马屁"而受到公孙弘的软刀子谋杀。可以说，没有董仲舒的"独尊儒术"，就没有公孙弘的高官厚禄。公孙弘因为董仲舒的"独尊儒术"一步步爬上了高位，享受着荣华富贵，因而他在这个过程中十分尊敬董仲舒，任何时候、任何场合都装出一副与董仲舒"亲密得如同生死之交"的样子。但他的骨子里就刻下了董仲舒骂他"专门拍马屁"的仇恨，任何时候、任何场合都没有放弃对董仲舒进行报复。公元前一二四年，公孙弘向皇上举荐董仲舒，叫他去任胶西国的丞相。胶西国王刘端是武帝刘彻的兄弟，因为这个，刘端骄横放纵、滥杀无辜，屡屡触犯国法，朝廷派往胶西国的丞相被刘端杀死的就有好几个。公孙弘举荐董仲舒去胶西国任丞相，无异于叫董仲舒去送死。董钟舒十分清楚这一点，以患病为由辞官回家。

　　使百家被"罢黜"，使儒术得到"独尊"的大功臣董仲舒万万没有想到，他不得不以患病为由辞官回家的根本原因，是他极力推举"独尊"的儒术，以及遵从"为儒"之道的儒学高手。

黄河决口，掘出了贪官的滔天罪恶

公元前一三二年，是中国历史上的灾年。

这年的春季，肆虐的黄河在河南清丰县的顿丘决口，裹着大量泥沙的河水向东南方向奔泻，所到之处生灵涂炭……

夏季，黄河流经的河南濮阳瓠子决口，裹着大量泥沙的黄泥汤，同时裹着数不清的砖瓦人畜，直扑泗水、淮水……

一泻千里的黄河水，淹没了山东南部、江苏和安徽北部，以及河南东部的十六个郡，其面积之大相当于如今的海南岛。

不仅如此，因水灾而带来的瘟疫，比泛滥的黄河水更凶残地吞噬着人民的健康和生命……

正在连武帝刘彻也为此焦虑不安的时候，西汉朝廷丞相田蚡向刘彻奏本说："无论是长江还是黄河，决口与不决口，都是上天的安排，因而不应用人力勉强把它堵住。如果堵住，就有违天意了。"

史载，一些以望气法术为职业的法术师也屡屡上书，说黄河决口乃属天意。

因为丞相呈奏的理由是上天不让堵口子，还因为一群望气法术师望出来黄河决口乃属天意，因而颇为迷信的武帝刘彻便做出了暂缓堵塞黄河决口的决定，任由凶猛的洪水日夜不休地流泻了二十三年。

到底是上天不让堵口子，还是田蚡不让堵口子？

司马光做了如此记载："是时，田蚡奉邑食鄃；鄃居河北，河决而南，则鄃无水灾，邑收多。"翻译成白话即是田蚡的食邑鄃县在黄河以北，而黄河在南岸决口，鄃县正好避免水灾，农田收获比以往增多。

从司马迁的这段记载中我们有理由做出这样的推论，田蚡提出的上天不让堵口子，其实是田蚡因食邑之利而不让堵口子；一些所谓的望气法术师望出的"黄河决口乃属天意"的说法，无非是位居丞相重位的田蚡收买他们或威逼他们胡说八道而已！

堂堂一国丞相的田蚡，为了个人的食邑之利，竟然不顾成千上万人的死活，编造谎言，蒙骗皇上，任由洪水肆虐二十余年，他怎么能忍心？他为什么要这么做？

那就让我们从历史的散页中来翻翻田蚡是个什么东西吧。

翻田蚡，得从当朝皇太后王娡翻起。

王娡被选送进宫，得宠于景帝刘启，生下刘彻，攀上了皇后的高位，王娡家族的"鸡犬"随之跟着升天。田蚡是王娡同母异父的弟弟，也在这群"鸡犬"之中。

田蚡在由一般官吏爬上丞相高位的过程中，历史的散页没有记述他由好人变为坏蛋的逐步演变，而是一开始就记述他心术不正，纯属坏蛋。

武帝刘彻登基那年，封田蚡"武安侯"。从此以后，田蚡的恶劣品质就像狐狸的尾巴夹不住了。武帝刘彻的叔叔淮南王刘安每次入朝，田蚡都要到霸上去迎接，而且私下里讨好刘安说："皇上还没有儿子，大王是高皇帝的孙子，又以仁义闻名于世，皇上一旦驾崩，除了你，谁还有资格继承？"这样的话刘安当然非常爱听，因而把田蚡视作知己，把成堆成箱的金银财宝送给田蚡。

田蚡明明知道这是无论如何也不可能的事情，可他为什么要对刘安这么说呢？

这里有一段历史渊源。刘安的父亲刘长仗着自己是刘邦的儿子，在哥哥刘恒为帝时，擅杀朝廷命官，网罗囚犯党羽，密谋反叛朝廷，事情败露后绝食而亡。文帝刘恒将刘长的儿子全数授封，刘安封淮南王。景帝刘启时期，七国同时叛乱，淮南王刘安打算响应，刘安的丞相急中生智，骗得兵权，拒不发兵，救了他一回。但刘安反叛朝廷之心不死，他表面上装作仁义孝悌，实际上从未放弃谋反的打算。作为武安侯田蚡，他虽然不完全清楚淮南王刘安是否在做谋反的准备，但他清楚刘安比武帝刘彻辈分高，武帝刘彻对刘安很尊敬，加之武帝刘彻当时尚无儿子，因而用这种他自己也清楚根本不可能实现的"甜话"讨好刘安，以达到刘安给他送大把金银财宝的目的。后来刘安真的反叛朝廷，武帝刘彻得知田蚡的这个做法后，恨不得把已经死了的田蚡从棺材里挖出来鞭打一番。田蚡这种骗取钱财的做法从一个侧面暴露了他人性品质的恶劣。

还不止如此，田蚡利用自己是皇帝舅舅的身份大肆敛财。史载，田蚡修建的住宅极其华丽壮伟，超过所有贵族的府第；他的田地庄园都非常肥沃，他派到各郡县去收买名贵器物的人在道路上络绎不绝；他住宅的前堂摆上钟鼓，树立曲旃，后院的美女多至数百，诸侯奉送给他的珍宝、狗马及古玩陈设等，数都数不清。身居丞相要职，却几乎将全部心思用来追逐个人敛财聚富，其道德品质是无论如何也高尚不起来的。

田蚡在置窦婴于死地的做法上也充分显示了他品质的低劣和人性的狠毒。窦婴是文帝刘恒大老婆窦皇后的侄子，为人正直，不似田蚡那般贪婪。史载，皇帝赐给窦婴的金银财宝，他从不往自家的府库搬，而是放在走廊的穿堂屋中，每逢属下的军吏来谒见，他就叫他们酌量取去花用。窦婴在平定七国之乱时任大将军，为稳固汉室江山立过大功，被封为魏其侯。那时的田蚡还是个郎官，田蚡当然清楚窦婴这个当朝皇太后家的窦姓将军的权势和分量，因而经常往他家跑，陪窦婴喝酒，做出一副摇头摆尾的样子，见面告辞都跪拜起立，表现出的对窦婴之尊重，与窦婴关系之亲密，无以复加。

窦皇太后死后，窦婴的权势随之消退。

王娡登上皇太后的位置后，田蚡的权势迅速膨胀起来。

曾经似窦婴家仆般的田蚡，再也不去窦婴家了。不仅如此，田蚡看中了窦婴的一块田宅，叫人去做窦婴的工作，因遭拒绝而对窦婴衔恨至深，找碴将窦婴往死里整。

机会来了，身居丞相高位的田蚡还嫌自家后院数百名美女太少，又把燕王的女儿娶来充实后院。皇太后王娡下令：朝廷各列侯及皇室宗亲都要前去田府道贺。实际上，是皇太后下令叫各列侯宗亲前去给她这个同母异父的弟弟送礼。窦婴邀好友灌夫同去，以缓和灌夫与田蚡已经积怨很深的矛盾。酒席桌上，灌夫给田蚡敬酒，田蚡连屁股都不抬，惹得这位曾经单枪匹马杀入反叛营垒、全身负伤几十处仍不下战场的战将怒火中烧。他在强压着怒火给其他宾客敬酒时，田蚡的同党竟也似田蚡一般，连屁股都不抬。灌夫再也压抑不住了，不管什么结婚宴会不宴会的，当场把田蚡及其同党骂将起来，把个结婚宴变成了一场闹剧。田蚡哪能容得下灌夫这般撒野，立即以丞相的身份下令将灌夫关押起来。窦婴于是奋不顾身，拼死营救。他对夫人如是说："我这个侯爵是我自己挣来的，现在由我把它丢掉，根本没有什么遗憾的。况且我总不能看着灌夫去死，而我继续活着吧？"窦婴出面营救灌夫，正中田蚡下怀。抓个灌夫远不解他田蚡的心头之恨，他最想抓的还是窦婴。于是他亲自网罗党羽，一并搜罗窦婴和灌夫的罪行，奏报皇上刘彻批准，将他们两个在大街上斩首示众。

田蚡谋杀窦婴的阴谋变成官样程式得到武帝刘彻批准时，已是公元前一三一年冬末了。按照当时的规定，执行死刑只能是冬季，转年到了春季，朝廷通常要搞大赦，且允许死囚犯拿出一定的赎金而免予死刑。武帝刘彻批准斩杀窦婴的时间已是冬末，再过几天就不能杀了。心狠毒辣的田蚡唯恐窦婴挨过这几天，急急忙忙下令赶在冬季的最后一天，把窦婴的脑袋砍了下来。

没过多久，田蚡得到报应，得了一种莫名其妙的病，病状是不停地大喊大叫，并在喊叫中承认自己有罪，在喊叫中谢罪不止。据司马迁记载，田蚡得了这个怪病以后，请了能看见鬼的巫师来诊视他的病。巫师号称看见窦婴和灌夫的鬼魂守在田蚡的身旁，要把他杀掉，最终将他杀死了。司马先生编出这样一段故事来表达自己对田蚡的憎恨是完全可以理解的！

在河南顿丘和瓠子决口的黄河水，因为田蚡的食邑之利，裹着泥沙，裹着成千上万庶民百姓的灵魂，裹着人民群众的无比愤怒，无休止地日夜流淌……

流淌的，是对贪官的恨！

"等不及了"说

主父偃是个贪官，且有一套"贪理"。他如是说："我自从束发游学以来四十余年，一直不得志，以致父母不把我当儿子，兄弟不收容我，朋友也遗弃我，我穷困的日子已太久了。一个男人活着的时候如不能做大夫备五鼎、烹佳肴，死的时候也要备五鼎、烹佳肴来祭祀。我现在就好像路途遥远而太阳已经下了山一样，等不及了，所以我要倒行逆施，急暴从事。"

主父偃的"贪理"赤裸裸，一丝不挂——年纪大了，能贪的时间也有限了，再不贪就来不及了，因此要高效率、高强度地利用手中的权力，为自己敛财暴富。

主父偃"贪理"的核心是"等不及了"。他年轻的时候耽误时间太长了，游荡了四十余年，始终不得志，弄得自己人不像人，鬼不像鬼。因为主父偃没出息，不能给家里挣来钱、挣来荣誉，因而父母不把他当儿子看，兄弟不收容他，朋友也嫌弃他，他积攒了四十余年的怨恨就等着有朝一日爆发。结果他还真的把这一天等来了。

公元前一二八年，游荡了四十余年而未找到升官门槛的主父偃，西入函谷关，到皇宫上书。主父偃毕竟游荡了四十余年，毕竟在苦心钻营的四十余年中长了一些见识，因而在上书言事中能讲出一些道道。如他在谏伐匈奴的奏章中说道："国家虽然广大，好战一定灭亡；天下虽然太平，忘战一定危险。"虽然这话是从《司马法》上搬来的，但他毕竟能搬来，且能用得恰到好处。因而主父偃一连上书九件，八件得到武帝刘彻认可。这下主父偃终于找到升官发财的机会了，一年之内连升了四次官，由一个游荡无着的儒生升至谒者，主管朝廷的礼宾事宜。

登上谒者宝座的主父偃，这时年纪一大把了。算他十八岁开始游荡，游荡四十余年，也近六十岁了。这么一把年纪，着实令他头痛。年轻的时候浑身有的是劲却没金钱去使，如今老了老了有金钱去使又使不了几天。于是乎，主父偃在谒者的宝座上浓缩人生，利用有限的时间无限地贪婪，大肆敛财，毫无顾忌。由此他生出了对亲戚朋友的怨恨，找到他们，一人发五百金，恶狠狠地说："当初我穷的时候你们不许我进门，如今我跟你们绝交，不许你们进我的门。"

主父偃这个贪婪的家伙，为了实现更大的贪欲，企图以女儿作筹码，做更大更长远的捞取。当时齐国有个宦官叫徐甲，入宫侍候景帝刘启的母亲。皇太后有个外甥女叫娥，很受宠爱。出于对外甥女长远富贵的考虑，皇太后一天到晚想给她找个诸侯婆家，于是派徐甲做说客，到齐国游说齐王刘次昌，叫齐王娶娥为妻。主父偃打探到这个消息后，做徐甲的工作，叫徐甲把他的女儿搭上，荐给齐王做个嫔妃。齐王本有王后，也忤皇太后宠爱的娥，他为了拒绝这门亲事，摆出一副正人君子的样子，大闹起来。结果闹得朝廷上下议论纷纷，皇太后也只好打消这个念头。主父偃一看事情败露，怕牵连到自己，赶紧到武帝刘彻那里进谗言，说齐王对朝廷不忠，有意疏远皇上；说齐王与他的姐姐乱伦，在朝廷上下造成极坏的影响；等等。武帝刘彻也是经不起主父偃的花言巧语，派主父偃到齐国任丞相，专门调查齐王的问题。主父偃到任后，一头扎进齐王的后宫审问嫔妃，命令他们必须把犯罪的供词、证据都牵连齐王。齐王刘次昌一看主父偃这个来头，只好自杀。世上没有不透风的墙。主父偃因女儿做不成齐王的嫔妃而陷害齐王的做法被人告发后，武帝刘彻下令把主父偃处死。

也许刽子手把他的脑袋砍下来时，主父偃的眼睛还不肯闭上，因为他不理解上天为什么不容他再贪婪几天呢？

时间对于每个人都是公平的，但对于贪官则是致命的。

"有权不用，过期作废"源于"等不及了"说。历朝历代，做官的都不是一辈子做官，有权的都不是一辈子有权。即使做官掌权，也有个是否受宠于主子的问题，不受宠的，通常保乌纱的心思更重，不敢轻易出手去捞；受宠的，受宠的时间也不会是连贯的，也是有限的，都有个"来不及了"的问题。因而抓住做官的有限时间，高效率动用手中的权力，去做权钱交易、权色交易、权名交易等等，也就是顺理成章的了。

但做官有做官的法则，你登上官位，为民掌权，要的是你以公仆的身份为民服务。你不这样，而是搜刮民脂民膏，盘剥百姓，法理不容，天理不容！因而或早或晚都有个"来不及贪"的问题。

追求正义终无悔

公元前一三五年，雄心勃勃的武帝刘彻把儒学正式搬上了思想统治的主殿堂，他自己则常常在朝议国家大事的时候摆出一副满腹儒学经纶的样子，以儒学大家的口气谈政论道。虽然"独尊儒术"并没有获得朝廷上下的一致认同，但参加朝议的文武大臣还是在武帝刘彻侃侃而谈的时候以十分赞赏的样子频频点头。

但有一个人不予苟同，他就是位列九卿的汲黯。

一次朝议，武帝刘彻又以儒学领袖的口气谈东论西，正在满朝文武大臣频频点头的时候，汲黯说话了，他对正在兴致头上的皇上说："你内心充满了私欲，表面上却假装仁义，怎么能效法尧舜的伟大业绩呢！"汲黯这话一说，满朝文武大臣吓了一跳，武帝刘彻也愣住了。沉默了好一会儿，刘彻愤然退朝，把参加朝议的臣僚晾在那里。

刘彻一走，臣僚们把矛头对准了汲黯，有的批评他，有的劝导他，有的则当面骂他"太过分了""简直是个傻瓜"。面对臣僚的围攻谩骂，汲黯反击："天子设三公九卿，是要大家做正直的辅佐之臣。难道是要你们察言观色、阿谀奉承，陷主上于不义吗？"

武帝刘彻虽然气得够呛，但最终还是没有整治汲黯。刘彻不治汲黯，自有不治的道理。

汲黯为人刚直，决不屈服，从不阿谀奉承，拍马迎合，加之他不苟言笑，倔傲少礼，因而还在他做小官小吏的时候，官场上的人就都怕他。汲黯的这种做人风格，体现在工作中也极有个性。景帝刘启时，汲黯做谒者，专管奉诏出使的事情。一次河内郡失火，皇上派他前去视察。汲黯到那里一看，原来是一个意外事件，汲黯与当地官员料理了一番便返回了。在路过河南郡的时候，看到那里因连年遭受水灾、旱灾，百姓穷困潦倒，有的人家不得不把孩子杀了煮着吃。并不负有视察河南郡使命的汲黯到那里视察了一番后，自作主张，打开河南郡的粮库救济灾民。小小一个谒者，在没有报经皇上诏准的情况下，擅自做主，开仓济民，其胆魄是何其之大，其爱民之心是何其之深！对此，景帝刘启没有降罪于他，反而嘉勉了他。

但是汲黯当众顶撞皇上的做法使得皇上极其难堪，景帝刘启受不了汲黯的顶撞，把他从身边调走，调到离长安很远的荥阳任职；武帝刘彻受不了汲黯的顶撞，把他调到离长安更远的东海郡任职。东海郡地广人稀，盗贼横行，社会秩序混乱，庶民百姓苦不堪言。汲黯体弱多病，上任后实行"无为而治"，只注重大的重要事情，一般小事从不过问，他的大部分时间是躺在家里养病。也是怪了，一年以后，东海郡被治理得井井有条，远近闻名。武帝刘彻听说后十分欣赏，把他调回朝廷，主管人事工作。

当时主管朝廷司法工作的张汤，专门看皇上的眼色行事，且用法苛刻，行刑严酷。张汤执法有一个特点，即完全不以事实为依据，而只以皇上对人的好恶为依据，皇上看谁不顺眼，没犯法也会得到张汤惩治。因为这个，武帝刘彻很宠信他，朝廷上下的官吏也纷纷巴结他。已经回到皇上身边的汲黯无视张汤在皇上面前的得宠，不惧张汤的权势，常常针锋相对，揭露张汤借皇上之威而胡作非为。在一次朝议时，汲黯当着皇上，当着满朝文武大臣，指着张汤的鼻子骂道："你是堂堂的国家大臣，对上，你不能发扬光大先帝的伟大事业功德；对下，你又不能遏制消除滋生的歪心邪念。如今你既未能扬上抑下，又未能安国富民，却严酷苛刻，任意胡来，只图成就你个人的事功，你何忍拿高皇帝的法令来乱改乱行，你这样做将会断子绝孙的！"还有一次，汲黯在朝议时如此大骂张汤："人说见识短浅、不识大体的小文书不能作为国家定大疑、决大难、独当一面的大臣，这话真不错。今天让张汤这种人来担当大任，天下人为避免误蹈法网，只好啥事也不做，立正站好。"

汲黯如此桀骜不驯，张汤等佞臣怕他，就连武帝刘彻都有几分怕他。史载，大将军卫青去见武帝刘彻，他曾坐在床边接见；丞相公孙弘去见武帝刘彻，他有时连帽子都不戴；而汲黯去见武帝刘彻，他则要穿好黄袍，正正规规地接见。一次汲黯求见，武帝刘彻因没戴帽子赶忙躲到帐子后面，让别人替他接下奏折。

惹得皇上害怕，不是好事。

不久，张汤、公孙弘等佞臣给武帝刘彻出主意，说长安界内住的都是些皇亲国戚和达官显贵，最难管理，如果不是威望很高的朝臣去当右内史，是管理不好的，故而建议叫汲黯去任职。武帝刘彻也巴不得把这个经常当朝数落自己的老倔头从身边调走，张汤等一提出，便立即准奏。

也是怪了，信奉"无为而治"并在右内史的位置上继续推行"无为而治"的汲黯，被张汤等推进火坑后，竟然把长安治理得很好。史载，长安市内"百政并举"。

公元前一二一年，匈奴汗国浑邪王带领四万余人投降汉朝，朝廷计划派出两万辆车前去迎接。因武帝刘彻连年发动战争，国库亏空，无力迅速组织起这样一个庞大的迎接车队，于是下诏向百姓赊租马匹。诏令一下，很多百姓便把马匹藏匿起来，不肯献出。武帝刘彻火了，杀鸡给猴看，下令砍掉离朝廷最近的长安令的脑袋。诏令一下，汲黯便站出来了，他对刘彻如是说："长安令无罪，不可杀，要杀就杀我汲黯好了。"汲黯陈述不能杀长安令的理由是匈奴背叛他的主子来投降我大汉，我朝却通知各县出车出马，依次迎接，你何至于因此而骚动天下、劳苦百姓而奉承胡人呢？气得武帝刘彻脸色极其难看。浑邪王所带的几万人马到达长安后，长安的商人一拥而上，用汉朝精美的手工制品、丝织品换取匈奴人囊中的金钱、珍宝，违反了汉朝"妄出财货"的律令。张汤等佞臣便向武帝刘彻进言，诛杀这些商人，得到诏准。听到这个消息后，汲黯一再请求面见皇上，在高门殿对武帝刘彻反复作不能因为迎接匈奴人而再给庶民百姓增添苦难，尤其不能滥杀平民的长篇陈述，他说："无知的平民怎么知道出卖长安市场上的东西给来降的匈奴人是犯法呢？法官又怎么能如此轻率地来治他们的罪呢？陛下你不能得到匈奴的财物来酬谢天下，却受法官蒙骗要杀无知百姓五百人。这样做，是顾树叶而伤枝干，万万不可！"

武帝刘彻听不进汲黯的劝谏，以汲黯"胡言乱语，大放厥词"而加以拒绝。

公元前一二〇年，有人在甘肃省瓜州县境内捉到一匹野马，随即编出一套鬼话，说这马是从水里冒出来的，当作宝贝贡献给武帝刘彻。武帝刘彻一高兴，命名为神马，并叫一批知识分子作辞作赋，配以乐曲演唱。汲黯又一次站出来抗议，说："圣明君王制作乐章，对上要尊敬祖先，对下要教化人民。而今陛下得了一匹马，却去作辞作歌，在祭庙中演奏，先帝跟人民能知道唱的是什么呀！"又一次气得武帝刘彻够呛。

不仅如此，汲黯还公开抨击过武帝刘彻滥杀人才的做法，说："陛下征求贤才，不遗余力。可还没等到人才完全施展才干，便因为一点过失而把人才了。天下高级知识分子的数量有限，如像你这样无限诛杀，我担心高级知识分子要被你杀绝，谁还帮助你治理国家！"史载，汲黯越说越激动，越说越愤怒，怒形于色。武帝刘彻看到他这个样子不禁大笑，笑过之后骂他愚笨。

公元前一一九年，汲黯犯了点小法，免罪罢官，隐居田园。当时因朝廷进行币制改革，民间纷纷盗铸，河南淮阳等地尤其严重。为了遏制这种盗铸现象，也为了治理淮阳郡，武帝刘彻再次诏请汲黯出山，赴淮阳郡任太守。诏书送到汲黯家时，汲黯躲起来不接，武帝刘彻一再强迫，汲黯才不得不把诏书接下。汲黯对武帝刘彻说，我身体有病，无力处理郡政府的繁重工作，如果陛下一定叫我干点事的话，我愿意做一名禁卫官，希望能留在陛下身边，以进言补救陛下的过失，或对陛下做点提醒。武帝刘彻则对汲黯说，淮阳郡的官吏不称职，才借重你的威望，你到那里去做太守，不一定要办公，躺在床上治理就行。

汲黯不得不前去赴任，但他在启程之前特地找到大行令李息，郑重其事地对他说，我是个地方官，不能参与政府的高级会议了，御史大夫张汤，其智谋足以拒绝规劝，其狡诈足以颠倒是非，专门迎合主子，陷害忠良，不肯为天下正义说一句话，你位居九卿，一定要当面揭发，否则你的灾祸也就难免。

不幸言中，公元前一一五年，张汤玩弄法律、权术，妄杀对自己有意见的御史中丞，事情败露，张汤无法为自己洗刷清白，自杀身亡。李息则因明哲保身，不肯当面揭露张汤的阴谋，受到牵连，免去职务。

很少过问郡政府事务，因身体多病常躺在床上治理的淮阳郡太守汲黯，不久便把淮阳郡治理得井井有条，百业兴达。

在淮阳郡太守的位置上干了近十年的汲黯，最终在他经常躺着的病床上告别了人间。汲黯，在一生为官的道路上跌跌宕宕，起起落落。作为他本人，不无在皇上身边做臣僚的追求，他甚至在武帝刘彻任命他为淮阳郡守而食禄两千石的时候，提出就留在皇上身边，做个食禄六百石的禁卫官。他之所以做这样的追求，既不是为了自己的面子，也不是为了在皇上身边仗势，而是为了劝谏皇上别上那些奸臣的当，劝谏皇上不要做侵害和伤害庶民百姓的事。他的方式方法和他那正直的品格是一致的，敢于当面直陈，敢于驳皇上面子，敢于当众数落皇上，以阻止皇上的错误决策。仅凭这一点，就值得后世为官做吏的人景仰。跌跌宕宕的做官生涯，汲黯不可能看不清顶撞皇上的严重后果，但他置之度外，一如既往，终生追求正义，终生追求正直！

追求正义终无悔，这就是汲黯！

风流才子司马相如

司马相如成都人，小名犬子，好读书，天赋极高。因崇拜赵国丞相蔺相如顾国家大局而舍个人恩怨的博大胸襟，他将名字改为司马相如。

景帝刘启时期，司马相如的父亲以向朝廷奉献家财而使司马相如谋得郎官职位。司马相如原想以自己出众的文学天赋博得景帝刘启的欣赏，不承想，他的这一想法因为景帝刘启不太喜欢文学而化为泡影。司马相如因此日渐消沉起来，他在与齐地的邹阳、淮阴的枚乘、吴地的严忌夫结识后，便以有病为由，辞去郎官，直奔梁国，做起了无拘无束的游客，成天与一帮文学闲雅之士谈天说地，作诗写词，使得司马相如的文学天赋进一步发掘。就是在这段日子里，司马相如写出了令武帝刘彻赞叹不已的《子虚赋》，也写出了他在文学史上的地位，写出了他在当时社会上的名气。

梁王刘武暗杀朝廷命官、企图谋反朝廷的阴谋败露后，司马相如不能在梁国再游荡了，只好游回老家。此时家里已经家徒四壁，没有足够的财富支撑他不事劳作、只写诗作赋地悠闲了。没有办法，只好应临邛县令王吉之邀，到王吉安排的临邛一个都亭住下。但是，县令王吉的恭维使得满肚子文才的司马相如非常反感，王吉每天登门问候，司马相如竟托病不与相见。

临邛县富裕人家很多，家仆多达八百余人的卓王孙可能也是为了巴结县令王吉，以宴请县令的贵客为由，摆下盛大宴席，请司马相如和王吉做客。那天中午，卓王孙请的好几百名当地有头有脸的客人都到了，县令王吉也到了，偏偏宴请的主角司马相如以有病为由不到。县令王吉不好下台，只好亲自上门去请。这回司马相如给了县令王吉面子，勉勉强强地来了。也可能是司马相如谱大，非县令亲自去请不肯出来的原因，司马相如一到宴会大厅，满厅宾客顿时对雍容闲雅、极具名士风度的司马相如倾慕起来。席间，县令王吉为了向宾客显示自己交结朋友的不同凡响，特地献琴请司马相如演奏一曲，司马相如不好给王吉难堪，就应付着弹了两个引曲。

就这应付着一弹，引出了历史上一段男欢女爱的千古佳话。

卓王孙有个女儿叫卓文君，人长得十分出众不说，还特别爱好音乐。司马相如到卓王孙家赴宴前不久，卓文君的夫君死了。她一个女儿家不能出席父亲为司马相如摆下的盛大宴会，但司马相如席间演奏的两个优美的引曲从宴会大厅传出去以后，便深深地打动了她。加之见过司马相如的人议论他如何雍容闲雅，如何具有名士风度，还因为司马相如的诗词歌赋早就为他张扬了名气，因而死了丈夫的卓文君恨不能马上见到司马相如。

而司马相如呢，虽然去卓王孙家赴宴并非出于情愿，但在酒席宴上听人谈到卓王孙那漂亮且喜爱音乐的女儿刚刚死了夫君之后，禁不住怦然心动。从此以后，不用卓王孙邀请，司马相如不请自去，天天去拜会卓王孙，且每次去都主动要求弹琴，以琴声寄托自己对卓文君的爱慕之情。

卓文君则每当司马相如弹琴时，便从门缝里偷偷观看。当她反复用眼睛证实了司马相如的雍容闲雅，以及他那多才多艺的名士风度之后，更是对司马相如爱慕不已。唯独令卓文君焦心的是，这么个可人心意的如意郎君，如何才能相见并相抱相拥呢？

也是心有灵犀，司马相如在反复出入卓府，并用心灵证实自己的风度，对躲在门后面偷看的卓文君有极大的吸引力后，用金钱收买卓文君身边的侍从，通过侍从向卓文君表达了自己迫不及待的心愿。

卓文君也是了得女子，在得到司马相如发出的求爱信号后，义无反顾，当天夜里就悄悄跑出卓府，跑到司马相如的都亭，紧紧拉着司马相如的手，连夜跑出临邛，跑到了成都。

成都可没有供司马相如和卓文君享受美好爱情的生活条件，两人孤身私奔，家财空空，靠浪漫的爱情支撑着艰苦的日子。但是，没有必备的物质基础，爱情的浪漫是无论如何也难以保持经久不衰的。一段时间后，司马相如与卓文君又勇敢地回到临邛，他们卖掉所有值钱的东西，买了一个酒家，在离卓府不远的地方干起了经营酒家的生意。卓文君负责卖酒，司马相如则扎着围裙洗碗打杂。

卓王孙对女儿与司马相如私奔恼羞成怒，断绝了女儿的一切供给。待女儿和女婿就在自己的眼皮底下干起酒家的生意后，卓王孙更是感到羞辱难当，从此他闭门谢客，自己把自己圈在屋子里生闷气。但毕竟是骨肉之亲，在亲朋好友的反复劝说下，卓王孙只好认同这门亲事，并拿出一部分钱财在成都买地置房，叫他俩过着与卓家的富庶相匹配的日子。

这之后，武帝刘彻在上林苑读到了《子虚赋》，特地把司马相如请到了上林苑。应武帝刘彻之邀，也是为了显示自己的文学天赋，司马相如以原写的《子虚赋》品位不高为由，仍以《子虚赋》为题，重写了一篇诸侯与天子游猎的《子虚赋》。

在重写的《子虚赋》中，司马相如虚构了三个人，一个叫子虚，一个叫乌有先生，一个叫亡是公。子虚作为楚国使者到齐国，对乌有先生、亡是公夸耀楚国山河的秀丽，以及楚国诸侯会猎的宏大场景。而乌有先生作为齐国的辩护人，用反诘来贬低楚国，以说明齐国的山河比楚国更秀丽，齐国诸侯游猎的场景比楚国更宏大奢侈。说白了，就是两个人比着吹牛。亡是公作为这二人吹牛的仲裁者，左一板子打子虚，右一板子打乌有先生，打完之后接着吹。他不是吹诸侯游猎，而是吹天子游猎，自然吹的水平、吹的高度比子虚和乌有先生吹的要更玄乎、更宏大、更奢侈。但亡是公比他二人聪明，他没有仅仅在吹天子游猎的奢侈宏大场景上打住，而是从做天子的理义上挖掘了一个更深的层次。

亡是公说天子与臣僚、嫔妃在山清水秀的丛林里饮酒，酒喝得兴起、歌舞正盛的时候，天子怅然有所思悟，感叹着说："哎，这样做太奢侈了，在我临朝听政处理公务的业余时间里，没有事干而虚度光阴。我顺应天意在秋天外出游猎，时常在上林苑中休息，担心给后人起不好的作用，担心后人也学我这样追求奢华，在崇尚奢靡的路途上越走越远而不知回归正道。我这样做是不能继承王业来传给后代的。"于是，天子下令撤掉酒宴，停止游猎；诏令把游猎的地方开垦成农田，给周围农民耕种；派人推倒游猎场的围墙，填平场中的沟壑，在池塘中放鱼养蟹，等等。这以后的天子，游猎在《诗》《书》《礼》《乐》《易》《春秋》的园囿中，奔驰在仁义的道路上，借鉴《春秋》的礼义观念，学习虞舜的仁乐思想。这样游猎，获得的是天下百姓称心如意，获得的是社会振兴归于正道，人们的道德水准大大提高，社会上没有犯罪，政府里没有贪官……

风流才子司马相如用文学虚构的故事，把天子奢侈的游猎场景推向极致之后，仍不放过往前推进，最终把天子的游猎推到了勤政节俭、释心爱民的境界，显示了司马相如的智慧，以及他心中根深蒂固的平民情结。

武帝刘彻读了司马相如重写的《子虚赋》后，更是赞叹不已。看得出来，司马相如给予武帝刘彻的影响不只是文学的，还有思想的、政治的……

卜式，无私的典范

卜式是河南人，以耕田放牧为生，没有多少文化，但在他的身上集中体现了中华民族的传统美德和儒家思想约束的自我造化。卜式父母双亡，有一个小弟弟是卜式既当爹又当妈一手拉扯长大的。弟弟长大成人后，卜式要进山放牧，便把田地、房产和部分牲畜留给弟弟，自己则赶着百十头羊进山了。十多年后，卜式放牧的羊群发展到一千多头，自己又置了田地、房子。而弟弟呢，牲畜、家产全部折腾光了。卜式又把家产、牲畜分出一半给弟弟，因此卜式在当地的名声很好。

武帝刘彻开始大规模反击匈奴时，羊倌卜式上书皇上，愿意拿出一半家产支援边疆战事。这在当时是件稀罕事。在一般人包括皇上看来，这个羊倌之所以贡献出这么多家产，一定是另有所图，比如谋个一官半职什么的，于是武帝刘彻特地派使者当面询问卜式。

使者："你贡献这么多财产，是不是想做官呀？"

卜式："我从小牧羊，不知官怎么当，我不愿做官。"

使者："你家里是不是有冤屈？"

卜式："我一生没有与人发生争执，乡亲中家里困难的，我就借钱给他们，有的人行为不端，我就教育他们，大家相处融洽，我从未被人冤枉过。"

使者："那你捐出这么多家产，图什么呢？"

卜式："皇上讨伐匈奴，在这种情况下，贤德的人应该为节而死，有财产的人应该输送财产，这样就可以打败匈奴。"

没有半点个人私欲，就是为了替国家分忧。使者在将与卜式对话得出的这个结论报告武帝刘彻后，丞相公孙弘认为"这不是人之常情"，阻拦了武帝刘彻嘉勉卜式的打算，仍叫卜式上山放牧。

公元前一二一年，匈奴浑邪王率部投降，朝廷耗巨资欢迎安置，一度造成政府财政空虚。为安置浑邪王及其随行人员，政府迁徙大批平民，让浑邪王及随行人员居住。被迁徙的平民得不到政府的救助，引起民怨沸腾。在这种情况下，朝廷号召各地富裕人家给政府捐助。卜式又一次拿出二十万钱交给河南太守。河南太守把当地出资救助的名单和款项报给朝廷后，武帝刘彻一眼看到了卜式的名字，说："这是从前输送他家一半财产支援边疆战事的人。"于是下诏，除免除卜式的徭役之外，还免除卜式邻居四百人的赋税。卜式一激动，干脆把全部家产捐给政府，自己则打算再次进山去放牧。武帝刘彻很受感动，下诏嘉勉卜式，号召全国人民向卜式学习，同时授予卜式中郎官职，赐给他左庶长爵位。

而卜式呢，他捐家产原本就不是图当官，因而当皇上授予他中郎官职后，他不愿接受，提出还是要去放他的羊。武帝刘彻于是对他说："我有羊在上林苑，就派你去那里放牧吧。"中郎官卜式没有穿官服，还是穿着布衣草鞋，到上林苑放牧。上林苑草木丰饶，加之卜式本来就是牧羊的行家里手，一年后，羊放养得膘肥体壮，且生出一群小羊，壮大了羊群队伍。一次，武帝刘彻路过上林苑，看到卜式放牧的羊，夸奖他羊放得好。卜式则对皇上说："不是唯独牧羊如此，治理百姓也是这样，按时劳作休息，邪恶的除掉，不使它败坏群体。"武帝刘彻觉得这个羊倌讲得有道理，一纸诏书把他提升为缑氏县令。没想到，卜式真的把缑氏县治理得很好。武帝刘彻又一纸诏书，把卜式调任成皋县令，并兼任漕运统领。卜式在这个位置上又干得很出色，后来竟被武帝刘彻提升为朝廷的御史大夫。

但卜式毕竟是放牧出身的，他凭着中国人素有的勤劳、纯朴、正直的本色，响应朝廷号召，积极为国出力。他这么做没有私心，没有己利，完

从《史记》出发

全是一种受优良品质驱使的自觉行动。因为卜式的所作所为符合中华民族的传统美德，因而武帝刘彻必然把他作为一个典范，给予褒奖。可是，卜式有丰富的牧羊经验，不等于有丰富的政治经验。他作为县令，虽然文化水平不高，但他以自己的模范行动，以自己的勤劳本色，以自己与庶民百姓一样的思想感情，以自己的人格力量，在所管辖的一个县的范围里，是能够把他这些良好的品质变成领导能力付诸实施的，也就是说，他个人良好的人格吸引力是可以通过勤劳、勤政、廉洁、爱民等身体力行的途径辐射到一个县的范围的。但叫他做国家的御史大夫，就难以胜任了，也是有些难为他了。没多长时间，卜式就被免官，改为太子太傅，并在这个位置上寿终正寝。

寿终正寝，是一种善终。

武帝刘彻肃贪除弊

刘氏皇权的延续，不仅延续的是一个太阳照耀中国，而且延续了皇权弊端的瘀结。早在文帝刘恒、景帝刘启时代，西汉王朝就有一个太阳照耀下的国中之国，甚至还有不是皇帝的皇帝。那些凭借皇族血统封侯授爵逞威一方的诸侯势力，以自己控制的大片土地为资本，明里暗里与中央政府抗衡，使得皇帝颁布的政令常常在这些封国形成梗阻。武帝刘彻的雄心勃勃容不得在他这个皇帝之外还有不是皇帝的皇帝，于是他下手肃贪除弊。

公元前一二七年，武帝刘彻颁布"推恩令"以瓦解分封制。所谓"推恩令"，即是把皇帝的恩德扩而广之，使普天之下都享受皇恩浩大。其核心则是各诸侯王除由长子继承王位外，还要"推恩"将其余的诸王子在由原长子控制的封地内切割一块食邑地封侯。说白了，就是一块蛋糕，原来是由诸侯王的长子一个人独吞，现在则由诸侯王的所有儿子来分割。这种做法虽然在武帝刘彻的爷爷刘恒、父亲刘启为帝的时候就实行过，洛阳才子贾谊还特地为这一做法创造了"众建诸侯而少其力"的理论，但由于这种做法触及的是皇亲国戚的利益，触及的是历史发展弊端的瘀结，因而遇到了顽强的抵制。有的诸侯国虽然被皇帝的一纸诏书切割开了，但其兄弟之间的政治联盟并没有被皇帝的诏书所瓦解，新封的侯国国王仍受长兄的管辖，皇权在这些新封的侯国里仍然是针插不进、水泼不进。而一发生变故，或者长兄举起反叛朝廷的旗帜，兄弟几个便迅速结成统一的政治联盟，七国同时叛乱就是一个典型。"推恩令"所不同的是，从一块蛋糕切割出来分封的侯国，不再受封国国王的管辖，也就是不再受长兄的制约，而直接由各郡县管理。这样一来，不仅极大地缩小了各诸侯王的地盘，而且极大地削弱了各诸侯国的政治和军事势力，使他们难以形成与朝廷抗衡的能力。"推恩令"实行以后，"大国不过十余城，小侯不过数十里"。一些小侯国的国王只能享受"衣食租税"，不仅再也奢侈不起来了，而且政治上的特权也被一并剥夺。武帝刘彻的叔叔淮南王刘安，就是因为武帝刘彻实行"推恩令"而密谋反叛朝廷的。而武帝刘彻的坚决镇压，使得本来很可能在皇亲国戚中形成梗阻的"推恩令"，很快在全国各地得以顺利实施。

在把各诸侯国的皇亲国戚收拾妥帖以后，武帝刘彻反过手来收拾各地的土豪劣绅。

在武帝刘彻登基时已经发育成熟的土豪劣绅是社会发展弊端的另一个瘀结，这个瘀结经历了一个过程。

文帝刘恒和景帝刘启，人性敦厚，心地宽容，他们虽然在建立国家管理机制方面做过很多努力和探索，但他们更注重的是教化，是自己的人格影响力。应该说他们取得了成功，在他们的统治下民风淳朴，法网疏松，社会禁忌很少，人民群众得到充分的休养生息。但随之而来的一个严重社会问题，即是各诸侯国在大肆掠夺、扩充实力的同时，一批下级官吏和在当地有些能耐的人，包括一些地痞流氓滚刀肉，也跟着膨胀起来。像司马相如的岳父卓王孙，并非皇族血统，但在武帝刘彻登基时，已是家财万贯的富裕大户了，仅他家使唤的家仆就达八百人之多。这些在刘恒、刘启时期发展起来的地方豪强势力，其发展的一个共同特点就是跟各地的官府，特别是诸侯王相互勾结，狼狈为奸。是他们充当诸侯王巧取豪夺的打手，反过来，又是各诸侯王怂恿这些打手巧取豪夺。形成这种恶性循环后，不仅各诸侯王作奸犯科无所顾忌，而且各地的豪强势力掠夺人民更加疯狂。有些地方豪强目无法纪政纲，蔑视朝廷，为所欲为，以强凌弱，以众暴寡，巧取豪夺，称霸一方，给社会管理造成了极大的混乱，也给朝廷的政令下达造成了极大的梗塞。

对此，武帝刘彻采取了非常果断、强硬的两手。

一手是，"内实京师，外销奸猾"。武帝刘彻下诏，把全国各地的土豪劣绅、富裕大户全部迁徙到关中，把他们置于中央政府和他皇上的眼皮底下，叫中央政府盯着他们，稍有不轨行为，立即给予惩罚。这些人不是平民百姓，有的是财富，迁徙也迁徙得起，迁徙到一个新的地方以后，生存也生存得起。在对豪强势力"不诛而害除"的同时，对其中罪恶昭彰的劣绅依法给予严厉制裁。"大者至族，小者乃死"，家财全部没收，上交朝廷。武帝刘彻采取的这手，剔除了一些阻碍社会统一管理的毒瘤，整治了社会治安秩序，强化了对社会的控制和管理。这对于庶民百姓来说，无疑是一种福音。

另一手是，严厉整顿吏治。武帝刘彻把全国划分为十三个州（也叫郡），朝廷给每州派刺史一人，负责到各地巡视督查。刺史不处理行政事务，而是专门查询、暗访各地官吏的为官履职情况。经考察认为优秀的，可以直接向朝廷推荐提升使用，有的甚至一步提升为三公九卿；经考察证实品行恶劣、作奸犯科的，轻者奏请罢免，重者奏请严惩。派出去巡查的刺史，虽然官职不高，但权力很大，是皇上监督地方官员的特使。他们或身着朝服公开巡视，或身着便装进行暗访，或通知下去例行检查，或不打招呼突然袭击。如此这般，使得各地官员整天提心吊胆，不知刺史什么时候出现，不知刺史会查出什么问题，因而都变得谨慎起来，勤政起来。过去不曾过问的事，如今要去过问，过去不曾走到的地方，如今都得去走走，过去叫别人管的事，如今自己要去管，促进了中央政府各项政策法令的贯彻落实。与此同时，武帝刘彻颁布了一系列制约官吏的法律条文，任用了一批酷吏执行法律，严惩作奸犯科的官吏。

御史大夫张汤就是酷吏的典型代表。

张汤小的时候，父亲在长安为官。一天，父亲外出办公，叫张汤看家，父亲回家后，发现家里的肉被老鼠偷走了，认为张汤没有把家看好，用鞭子抽打了他一顿。张汤被打以后，把这股怨气发泄到老鼠身上。他找来柴草，用烟熏老鼠洞，把老鼠抓住了。于是，小小年纪的张汤，自己设置审判堂，自任判官，把老鼠押上来过堂。老鼠不能回答张汤的讯问，张汤便写成文书代替。如此这般一来二去，穷尽拷问，最后老鼠认罪伏法，被判处车裂之刑。父亲回来看到张汤审判老鼠的文书后，非常吃惊，于是让他去学习法律。后来张汤在法学上学有所成，被皇上任命为御史大夫。张汤掌握朝廷的法律，其最大特点就是严酷。武帝刘彻非常器重他，委他以重任，令他制定了一系列制约各级官员的法律条文，以便对违法乱纪的官员进行严惩时做到有法可依。

公元前一二〇年，武帝刘彻下诏开挖昆明池，从全国各地征召受过惩罚、被贬官位的人从事挖掘劳动。一时间，竟征召"谪吏"十万人之多，实属历史之罕见。这说明，朝廷的法令严苛，尤其是经过张汤等酷吏之手，扩大了法律的打击面，使一些本来经过教育便可得到挽救的人受到不该受到的严处。但同时也说明，全国各地的官吏中，作奸犯科的实在太多，几乎遍地皆是。能征召来昆明池从事强体力劳动的"谪吏"达十万人之多，而那些身体有病或年老体弱不能来的"谪吏"又有多少呢？如此众多的"谪吏"，加上如此众多占据各封国的皇亲国戚和他们的"鸡犬"，加上各地横行乡里的土豪劣绅，还加上武帝刘彻父系血统、母系血统的势力对皇权的掣肘，这些历史发展弊端所形成的瘀结，几乎完全捆住武帝刘彻的手脚，扼制他的思维连同智慧，窒息他的生命和灵魂。试想，一国之君尚且受到数不清的掣肘，广大庶民百姓的生存又将会是如何呢？真不敢想象！

武帝刘彻不愧为一代杰出的帝王，他硬是冲破种种藩篱，打破种种桎梏，击溃各种频频发起进攻的政治势力，杀出一条又一条血路，使整个国家走上了在他的意志轨迹上发展的道路。

李广，一座耸立的高峰

司马迁在《李将军列传》的结尾段做出这样的结论："其身正，不令而行，其身不正，虽令不从。"

李广，这位西汉时期的名将，以自己精湛的骑射箭术、高超的军事谋略、简捷的带兵艺术，为后人，尤其是在他之后的所有军人，树立了无可挑剔的楷模。

李广一生从军，文帝刘恒时期，李广做皇上的武骑常侍，常常以冲锋陷阵、勇猛无比而博得刘恒的赞许。景帝刘启时期，李广跟随周亚夫平定吴楚七国之乱，在昌邑城下勇夺叛军军旗，威名大振。武帝刘彻时期，李广因与匈奴作战屡建奇功而转任陇西、北地、雁门、代郡、云中的边郡太守。史载，李广在哪里镇守，匈奴就不敢在那里进攻。

大史学家司马迁对李广怀着深深的敬意，特地为李广单独作传。司马先生是这样描述李广的：他身材高大，手臂像猿猴那样又长又灵活；他口才迟钝，平常很少说话，和人闲居时就在地上画军阵；他一生酷爱射箭，一直到死都是这样……司马先生之所以为李广单独作传，完全是出于对李广的敬重，以及对他一生奋斗而没有封侯授爵的同情和遗憾。

其实不该对李广似对一个弱者那样同情，更不该为李广遗憾。因为李广的一生是战斗的一生，是传奇的一生，是值得自豪的一生，而不是令人遗憾和同情的一生。

公元前一四四年，匈奴军队攻下雁门关，其前锋直指陕西绥德县的上郡。当时驻守上郡的就是李广，朝廷在此之前派了一个宦官跟李广学如何训练军队。一天，这个宦官带几十名骑兵出塞探巡，碰到三个匈奴射雕手，打起来了，结果几十个骑马的没打过三个步行的，宦官带出去的几十个骑兵几乎被全射死，宦官也身负重伤，逃回军营。李广随即带百余名骑兵前去追赶，出塞几十里后追上了那三个射雕手。于是李广亲自挽弓，射杀了其中两人，活捉一人。恰在这时，数千名匈奴骑兵奔驰过来，在山上山下摆开阵势。一看这来头，李广的骑兵吓坏了，有的想跑，有的吓得连跑都想不起来。李广则十分镇定，他对大家说："我们已经离开军营几十里路了，如果往回走，匈奴追上来用箭射我们，那我们一个也跑不掉。现在大家听我指挥，继续迎着匈奴的布阵前进。"士兵们把心都提到嗓子眼儿，硬着头皮往前走，在匈奴布好的阵地不远处，李广下令停止前进，全部下马，且下令把马鞍都卸下来。士兵们不理解，生怕匈奴追过来，迟迟不肯动手卸马鞍。李广对他们说："匈奴原以为我们会撤退，现在我们卸下马鞍，表示不走，他们就会以为我们是诱敌的骑兵，反而匈奴要害怕了。"士兵听令，卸下马鞍。这时，匈奴一个骑白马的将领出列巡视，李广则追过去放箭，将那个骑白马的将领射杀。返回后李广又卸下马鞍，百十号人若无其事地在草地上躺下了。这一来匈奴更是疑心骤增，戒备骤增，以为汉军的大部队埋伏在不远处，随时都可能包抄过来，于是趁黑夜迅速撤离，远远逃遁。李广带着他的百余名骑兵一觉醒来，已是第二天天亮了，这才大摇大摆地返回营地。

李广何以有这么大的威力稳住士兵？又何以有这么大的威力震慑敌人呢？

简单说，就是李广多年率兵驻防，以其作战之骁勇、战术之高超而威名大振，被匈奴誉为"飞将军"，不仅汉朝官兵敬重他，而且匈奴官兵也敬重他。

李广统兵，从不用严苛的戒律约束军队，驻扎宿营也不构筑阵地，夜里不设岗哨，不击刁斗，文书工作极其简单，但派出去侦察敌情的人员却

"侦骑遥远"。当时与李广齐名的另一位将领程不识这样评价李广："李广兵团，一切简单明了。然而，敌人如果发动突击，就很难应战。但他的战士却安逸快乐，都愿意为李广而死。"程不识不得不承认，李广带的兵都不怕死。

史学泰斗司马迁对李广统兵的做法，从另一个角度进行了赞扬，他说以李广这样的英雄人才，他那样做可以，然而不足效法。司马迁先生把李广定位在一个特殊的英雄人才上，特地说明李广做得到的事，其他将领包括后人都做不到。

为什么？

因为李广带领的军队，走到水源缺乏、粮食断绝的地方，找到水了，如果士兵不全喝到，李广就滴水不沾；找到粮食了，如果士兵不全吃过了，李广就一口不尝。李广不是一两次偶尔如此，而是一生如此……

还因为李广统兵为将，极其清廉，凡得到朝廷的赏赐，都全部分赏给跟他拼命作战的官兵。李广不是一两次偶尔如此，而是一生如此……

仅这两点，与李广同时期的将军做不到，司马迁则大胆断言，李广之后的将军也都做不到。李广以其高尚的人格而构建起的令人折服的军事指挥权威，已经达到了后人所难以攀上的高峰。

作为李广本人，也许并没有意识到这一点。他一生从军的不懈追求使得他把用爱心带兵、率先垂范变成了习惯，变成了秉性。

公元前一二九年，李广与卫青、公孙敖、公孙贺各统一万人马，择路出击匈奴，结果四路人马都没有给武帝刘彻带回欣喜。除卫青率军斩杀和俘虏匈奴七百余人外，公孙贺一无所获，公孙敖被匈奴击败，损失人马七千，李广率部遇匈奴主力，因兵力对比悬殊，损失惨重。战斗中，李广负伤，匈奴单于命令部队一定要活捉李广，他要亲眼看一看李广到底是一个什么样的人物。李广负伤被俘，匈奴将他放在两匹马中间架设的网上，往单于的虎帐送。恰逢一个匈奴少年骑着一匹好马路过，李广于是突然跃起，把那个少年推下马去，自己骑着这匹快马，收拢残部回到了长安。按当时的法律，朝廷判处李广斩首，李广用钱赎了死罪，贬为平民，回乡隐居，常在蓝田南山中打猎。黑夜中，把箭射进一块酷似老虎的巨石中拔不出来，就是李广这个时期的力作。

公元前一二八年，李广奉诏复出，任右北平郡太守。史载，李广驻防右北平，匈奴军队远远躲避，数年之间，未攻击右北平境界。

为将四十八年，跟匈奴大小七十余战的李广，终生追求的是与匈奴主力决战，与匈奴首领单于在战场的兵戈刀刃中见面。几十年几十战的经验告诉这位杰出的将军，匈奴的首领单于才是他所要与之交锋的对手，也只有与单于交手，才不枉他从军为将一生。

公元前一一九年，机会终于来了。

那年，武帝刘彻在一次军事会议上再次拍板，向匈奴汗国发起攻击。此时已年逾六十的李广多次向武帝刘彻请缨，多次被武帝刘彻以他老了为由而不予批准。李广口钝，不善表达，但认准的事一个劲儿往前走，决不改变。终于感动武帝刘彻，批准他受全国最高军事统帅卫青指挥，担任整个伐匈队伍的前锋。正在李广踌躇满志决心与匈奴单于正面交锋的兴奋劲儿还没有过去的时候，总指挥卫青给他泼了一盆凉水，把李广率领的部队由前锋调为右翼护卫，也就是把李广与匈奴主力的正面交锋调为侧翼迂回。

这一重大军事部署的调整，按史料记载，是出发前武帝刘彻的交代。武帝刘彻说李广老了，运气又不好，不要让李广面对单于，怕劳而无功，使单于逃遁，达不到擒获的目的。武帝刘彻颇为迷信，做这样的交代也未可知。但卫青是否出于私心，也很难确定。

卫青调开李广所部，换上公孙敖所部做前锋，就是一个值得怀疑的问题。公孙敖是卫青在平阳侯府当马童时的好友，馆陶公主刘嫖因为卫青的姐姐卫子夫深得武帝刘彻宠爱而冷落了自己的女儿陈娇，派人到平阳侯府去杀卫青的家人，结果逮住了卫青。关键时刻，是公孙敖率一帮朋友把卫青救出来的。公元前一二九年，也就是李广、卫青、公孙敖、公孙贺四路大军讨伐匈奴那次，因损兵折将，李广判死罪交赎金免死，公孙敖与李广的命运一样，也是交赎金免死的。卫青倒也义气，总忘不了公孙敖曾救自己之恩，千方百计创造条件让公孙敖在战场上立功封侯，所以把最有可能立功的机会，由李广换上了公孙敖。

李广死争不下，只好服从。

李广率军前进，没有向导，在沙漠中迷失道路，既定时日已过，只好班师返回。已经大胜而返的卫青派人诘问李广失期的原因，并下令让李广的幕僚全部到指挥部听候审讯。李广说："我的部下没罪，是我自己迷失了道路，我亲自到指挥部去接受审讯。"

李广没有去指挥部接受审讯。他的秉性决定了他无法面对那些舞文弄墨的军法官之类小吏的呵斥，因而他用自己的军刀给自己的军旅生涯、自己的性命和一生的品评，做了军人式的最终了断。

史载，李广的死讯传出，全军痛哭，庶民百姓也都痛哭流涕。

司马迁是知识分子，他写道：李广以其忠诚和信誉，获得知识分子的信任。

还是在《李将军列传》的结尾段，司马迁写道：李广诚恳谨厚，就像个乡下人，嘴巴不善于说话。可他死的那天，天下无论认识和不认识他的，都为他哀悼。这正所谓"桃李不言，下自成蹊"。

是啊！桃树、李树不会说话，更不会自我吹嘘，可是因为它的花朵好看、果实好吃，人们自然会来的，日子久了，树下就被人踩出路来。

战神卫青

从汉高祖刘邦以来，西汉王朝与匈奴汗国的关系就一直处于打打停停的状态。打，即是匈奴汗国主动出拳；停，则是匈奴汗国不想打了，要求西汉王朝送给他们美女、丝绸、财物等，以换取匈奴汗国同意以后才能换取的"和亲"。可以说，这种关系的主动权始终掌握在匈奴单于手里。处于停战状态时，双方虽有摩擦，但能控制在"和亲"所允许的范畴；而开打就不同了，大都是匈奴打破"和亲"局面，攻击西汉王朝的边境，屠杀和掳掠边境军民、财物。虽然西汉王朝为巩固边防、抗击匈奴军队的入侵煞费苦心，想了不少办法，耗费巨大财力，但结果多数是匈奴汗国得胜而返。

武帝刘彻起用卫青以后，西汉王朝与匈奴汗国作战的胜败记录才开始改写。

公元前一二九年，武帝刘彻下诏对匈奴进行反击。这是刘彻登上帝位后对匈奴的第一次反击。按照武帝刘彻的部署，车骑将军卫青从上谷出击，骑将军公孙敖从代郡出击，轻骑将军公孙贺从云中出击，骁骑将军李广从雁门出击。各路将军各率上万人马，对匈奴军队发起攻击。结果，公孙贺兵团一无所获；公孙敖兵团被匈奴军队一举击溃，损兵折将达七千人之多；李广兵团也被打得落花流水，李广还在战斗中被俘，后侥幸逃脱。唯独卫青兵团抵达龙城，即今柴达木湖附近，击溃匈奴骑兵，斩杀并俘获匈奴官兵七百多人，为武帝刘彻挽回了一点面子。

两年后的公元前一二七年，西汉王朝发起对匈奴军队的又一次反击。

这一役，卫青率军在上千公里的边界线上攻击位于河套一带匈奴汗国的臣属部落楼烦王和白羊王，斩杀俘获数千人，缴获牛羊百万头。楼烦王和白羊王率部向北逃遁，从此河套地区并入西汉版图。

公元前一二四年，西汉王朝再次发起对匈奴军队的攻击。这一役，卫青一改自汉朝建立以来不敢进军沙漠的作战部署，率军向浩瀚的沙漠挺进七百余里，直逼匈奴主力。凭老经验率军布阵的匈奴右贤王，以为广阔的沙漠就是他防御攻击的天然屏障，毫无戒备，佳丽美酒的尽情享受。不承想，卫青兵团似神兵天降，把右贤王所部团团围住。从美梦中惊醒的右贤王，把被美酒浸泡成的酩酊大醉，瞬间变成一身冷汗。他一把推开躺在怀里的美女，跳将起来，率数百人拼死搏斗，杀出重围，落荒而逃。被右贤王丢下的官兵和百姓一万五千余人，连同右贤王手下挂着各种头衔的十多个小王，以及近百万头牛马羊，全部成了卫青兵团的战利品。这是自秦始皇统一六国以来，历经高祖刘邦、文帝刘恒、景帝刘启近百年来与匈奴汗国作战所取得的最大胜利。

这个巨大胜利不仅给匈奴军队以重创，而且使得卫青披上了西汉王朝"大将军"的战袍。

公元前一一九年，卫青与霍去病联手上演了一幕战争神话。卫青率军向北挺进一千余里，穿过大片沙漠后，发现匈奴单于挛鞮伊稚斜亲率匈奴主力，正严阵以待地在等着他。在这种始料不及的情况下，身经百战的战将卫青不慌不忙，下令将铁甲车环绕成一个坚固阵地，随即派出五千骑兵向严阵以待的匈奴军队发起攻击。匈奴则出动一万骑兵迎战。正当双方杀得天昏地暗时，卫青指挥留守铁甲阵地的大军分左右两路展开，用大迂回的战术攻击匈奴兵团的后卫，很快将匈奴主力全部包围起来。挛鞮伊稚斜万万没有料到卫青会使出这么一手，觉得大势不妙，自顾乘着一辆六匹骡子拉的车，在数百名精锐骑兵的护卫下，突破包围，向西北逃命。始终盯着挛鞮伊稚斜的大将军卫青留下大部队继续作战，自率部分骑兵尾随追击，直追到寘颜山才返回。被挛鞮伊稚斜丢下的匈奴官兵发现单于已经逃跑，军心大乱，霎时瓦解，四散逃命。卫青兵团斩杀俘获匈奴一万余人，大胜而返。

卫青出身贫寒，靠姐姐卫子夫在平阳侯府当歌妓的关系，在平阳侯府混了个马童的差事。因为地位卑微，卫青接触的哥儿们都是一些穷苦人家的孩子，其中公孙敖就是卫青小时候最要好的朋友。卫青做了朝廷的将军后，在带兵打仗、与人交往上释放出来的品质，不仅是质朴的，而且总带有一种平民情结。

公元前一二四年，卫青在西汉王朝反击匈奴的作战中立下赫赫战功，武帝刘彻为了嘉奖他，任命他为军队的最高统帅，增加卫青的食邑八千七百户，同时对他三个尚未成年的儿子卫伉、卫不疑、卫登全数封侯。对于这种封侯授爵、惠及子孙的大好事，卫青看得比较淡，他诚恳地对武帝刘彻说："我有幸待罪军中，全仰仗陛下的神灵得以获得胜利。其实这都是我的将领们奋战的结果。对于我，陛下已经增加了我的食邑，可我的儿子还在奶妈的怀里吃奶，毫无功劳，陛下却分割土地，封他们为侯。我以为，这不利于鼓励官兵，激励部队。"从史料分析看，卫青这番话并非虚情假意，他是在"坚决推辞"的情况下说这番话的。他这么做，是要为跟随自己出生入死的官兵争取朝廷对他们的奖赏。武帝刘彻听明白了卫青这番话的意思，下诏封公孙敖合骑侯，公孙贺南窌侯，跟随卫青作战的有功将领在卫青得到赏赐的同时，也一并得到赏赐。

尤其值得一书的还是卫青关照公孙敖而引出的一连串历史故事。公元前一一九年，卫青率军反击匈奴。一心想寻找匈奴主力作战的李广被任命为前锋，可在部队正式出发时，李广的前锋位置被公孙敖替代，调为右翼护军。这一仗，李广所部因迷失道路而丧失了合围匈奴主力的良机，李广因此自杀。李广的小儿子李敢对此事耿耿于怀，把父亲李广的死归结给卫青，因而总找机会报复。李敢是霍去病手下的一个校尉，跟随霍去病攻击匈奴左贤王时奋勇搏杀，夺得左贤王的战鼓战旗，立下大功，接替李广任郎中令。但他对大将军卫青的怨恨一直未消，终于有一次寻机把卫青揍了一顿。身为全军最高统帅的卫青，对被手下一个郎中令揍了并被打伤之事，一直缄口不言。他卫青当时可是红得发紫，没有任何理由惧怕自己手下的一个郎中令。这事只要声张出去，李敢的小命就难保了，不用卫青动手，皇上都可能出面收拾他。可卫青不这么做，他在挨了李敢一顿揍后，没有声张，也没有寻机报复。这说明，卫青不愧为西汉王朝赫赫有名的大将军，他心胸非常开阔，待人非常宽厚，对于这种平民式解决恩怨的做法，他能以平民的态度去接受。想想也是啊！毕竟是他卫青把李广从前锋的指挥位置上调换下来的，如果不换他，李广也就不会陷入窘境而自杀，说不定还会立下战功呢！如今李广死了，虽然不是他卫青害的，但毕竟和他更换前锋将领有很大的关系。在这种情况下，挨李广的儿子一顿揍，与已经作古的李广相比，又算得了什么呢？

卫青在处理这样一些小事上的宽容，强化了他作为西汉王朝军队最高统帅的人格力量，使得他这个古代军事奇才在中国战争史上的形象永远鲜亮。

站在卫青羽翼下的战神霍去病

在卫青的羽翼下站起来的另一位战将，是霍去病。

霍去病的母亲叫卫少儿，是当朝皇后卫子夫的亲姐姐。卫少儿与一个名叫霍仲孺的私通，生下霍去病。姨妈是当朝皇后，舅舅是当朝大将军，霍去病从小就被耀眼的光环照耀着，生活富裕自不待说，仕途也是一帆风顺。霍去病十八岁就做侍中，两次跟舅舅卫青出征。卫青当然对他格外关照，每次都特地挑选一些能征善战的官兵交霍去病指挥，因而每次出击，霍去病所率的部队大大小小总有收获，而部队的伤亡损失很小。

从小生活优裕，且十八岁就做侍中的霍去病，出征打仗也不忘奢侈取乐。他每次出征，皇上都派几十辆拉厨具和各种食品的车，满载着美酒佳肴和美女随军保障。不管战争多么艰苦残酷，只要宿营，霍去病不管官兵是否露宿荒野，有吃没吃，他都得叫官兵为他掘地筑房，修踢毽子的体育场，供他享受作乐。史载，霍去病每次作战回来，保障他的好米好菜剩下很多丢弃……

李广的小儿子李敢揍了卫青一顿后，卫青把这事瞒了下来，不对外声张，可霍去病听说后不干，在一次陪武帝刘彻到甘泉宫游猎时，霍去病寻找机会，亲自挽弓，故意把李敢射死。

即便如此我们也不得不承认，霍去病是西汉王朝在反击匈奴的战争中高高站立起来的一位军事天才，是一位古代军事战争的幸运儿。战争对霍去病格外垂青，在反击匈奴军队的屡次战斗中，霍去病屡次都打大胜仗，连与对手打成平手的仗都未曾有过。

公元前一二三年，霍去病随卫青初次出征，他仗着有舅舅卫青的大部队殿后，率八百多骑兵远离大部队数百里，深入匈奴汗国腹地，寻找匈奴主力作战。结果，八百多人的骑兵斩杀俘虏匈奴官兵两千余人，包括匈奴的相国、当户，击斩与第五任匈奴单于祖父的同辈兄弟籍若产，活捉单于的叔叔籍若罗姑比。一仗下来霍去病就被武帝刘彻封为冠军侯。

公元前一二一年，已经任命为骠骑将军的霍去病率一万余骑兵，从陇西出击，穿过臣属于匈奴的五个小国，越过焉支山一千余里，寻找匈奴主力作战。霍去病这次出击又是大获全胜：斩杀匈奴汗国的折兰王、卢胡王，俘虏浑邪王的王子、相国、都尉，夺得休屠王用来祭祀上天的金人神像，共斩杀俘获匈奴八千余人。

同年夏季，霍去病与各路将领率军从不同方向出塞。这次出击，其他各路将领均无战果，有的兵团还遭匈奴重创，唯独霍去病兵团深入匈奴汗国两千余里，孤军在浩瀚的沙漠中挺进，越过居延海，穿过小月氏部落，在祁连山脚下与匈奴的主力部队决战。在兵戈血刃的搏杀中，霍去病兵团共斩杀俘获匈奴三万多人，生擒匈奴汗国的单桓王、酋涂王、相国、都尉及副王、小王达七十多人，给匈奴汗国以致命的打击。

同年秋，匈奴汗国浑邪王率四万多人向西汉王朝投降。浑邪王的率部投降，是卫青、霍去病率军在与匈奴军队作战中屡屡获胜的必然结果。

浑邪王率部投降西汉王朝，对匈奴汗国是致命的打击，河西走廊十五万平方公里的狭长地带从此成为西汉王朝向西域扩张的前进基地。匈奴人哀歌：

　　　亡我祁连山，
　　　使我六畜不蕃息；
　　　失我焉支山，
　　　使我妇女无颜色。

公元前一一九年，卫青与霍去病联手进攻匈奴。霍去病率军从河北蔚县出塞，越过瀚海沙漠，向北挺进两千余里，与匈奴东部兵团遭遇。面对突然遭遇的匈奴东部兵团，霍去病兵团虽经长途奔袭，但还是以多变灵活的战术和凌厉的攻势打得匈奴东部兵团溃不成军。这一仗，霍去病兵团俘获匈奴三位亲王，以及达官显贵八十三人，斩杀俘获匈奴官兵及随众达七万余人。大获全胜的骠骑将军霍去病回顾瀚海沙漠，面对巨大的战果豪情万丈，特地在狼居胥山祭祀天神，在姑衍山祭祀地神，用战争的神奇史话添注了历史上"封狼居胥山，禅于姑衍"的光彩一笔。

至此，匈奴远遁。

至此，匈奴汗国的三部（中部由单于直接统领，东部由左贤王统领，西部由右贤王统领）全部被击溃。

至此，瀚海以南的广阔土地上，再无匈奴的立足之地。

至此，西汉王朝的屯垦官员、小吏，以及士兵群众五六万人，在瀚海以南的广阔土地上屯垦放牧，建立家园。

这之后，西汉王朝军事指挥官陈汤宣告天下："明犯强汉者，虽远必诛。"

西南的分久必合

在我国西南的广大土地上居住着许多语言风格、文化习俗各异的少数民族，在历史上统称"西南夷"。其中生活在今贵州遵义、桐梓一带的夜郎部落，在西汉时期就已经建立了国家。成语"夜郎自大"指的就是西汉政府派使节到夜郎国说服其臣服时，夜郎王问汉朝使节，夜郎与中国谁大的典故。在今云南，当时生活着几十个少数民族部落，东部以滇部落最为发达；北部连同四川的凉山一带，以西昌附近的邛都部落最为发达；再往西即今大理一带，有比较发达的昆明部落。四川莋都、茂县、汶川一带，有比较发达的冉駹部落。据史书记载，各部落的开化程度和国力有很大的差别，比较发达的称为国家，部落首领即为国王。这些丰富多彩的少数民族部落早在春秋战国时期就与中原各国有着广泛交往，其中楚国派往黔中地区和昆明一带征略的大将庄蹻，在秦国攻占楚国的巴、黔地区后，率军回国的道路被秦国军队阻隔，便就地在滇称王。

秦始皇统一六国后，派军队向"西南夷"进行过征讨，并修通了通往这些地区的五尺道，还在一些主要地区建立了秦政府管辖的行政机构，从内地选派一些官员主持政务。如在文帝刘恒时期戴上"南越武帝"帽子的赵佗，就是秦朝政府选派到南越任县令的今河北正定人。

西汉建立初期，因自身治理的需要，关闭了通往"西南夷"的部分关卡，尤其是吕雉当政时期，几乎关闭了与西南各少数民族交往的大门，她不想通过交往而使得西南各少数民族发展壮大。吕雉的这一做法引起西南各少数民族极大的愤慨，有的因此以武力侵扰的方式对西汉政府的这一做法进行过报复。文帝刘恒打破了吕雉制造的这种僵局，开放了与西南各少数民族的经济文化交往，尤其是他那情真意切的一纸诏书摘掉赵佗"南越武皇帝"帽子的做法，可称做汉族与少数民族永结兄弟之好的历史杰作。

但是，因为山重水阔、道路遥远且路途险峻，还因为秦朝政府、西汉政府的控制能力受历史的局限，西南各少数民族与秦朝和西汉政府始终没有建立起真正稳固的臣属关系，今天称臣、明天反目的现象在历史上频频发生，且常常以战争的方式表现出来。

公元前一三五年，地处今福建的闽越王国派出大批军队，攻击南越王国。早就与西汉政府建立臣属关系的南越国国王赵胡紧急上书西汉朝廷，请求派兵救援。武帝刘彻不顾一帮儒生的反对，命藩属事务部长王恢率军从豫章（今南昌）出发，命农业部长韩安国率军从会稽（今苏州）出发，合击闽越王国。闽越国王骆郢得到情报后，派兵把守与福建、浙江、江西交界的仙霞岭，企图把西汉军队阻拦于国门之外。一看这阵势，骆郢的弟弟骆余善紧急召集丞相及王族大臣商议，骆余善认为，西汉军队多且强，闽越军队是无论如何阻拦不住的，闽越王国灭亡在即。而这一严峻的局面是国王骆郢擅自出兵南越引起的，因而骆余善提议，杀掉国王骆郢，从南越撤兵，向西汉求和，以保存闽越王国。在得到王族大臣一致赞同后，骆余善亲自执刀杀死哥哥骆郢，把他的人头献给西汉王恢，以表达闽越王国甘愿对西汉王朝臣服的愿望。

远征的目的既已达到，西汉军队便停止进攻。但王恢随即做出一个决策，他上书朝廷，提请骆郢的孙子骆丑继位闽越国王。骆余善之所以提议杀掉国王骆郢，摆到桌面上的理由是西汉军队大兵压境，不杀掉骆郢就不能救闽越王国，但根本目的还是为了自己登上国王的宝座。如今王恢提议骆丑继位，而把骆余善当王的企图用一纸奏请破灭，心中自是愤愤不平。于是，他凭着自己杀死国王老兄的余威，欺负骆丑不能控制局势，频频向各部落施加压力，使得各部落首领纷纷向他靠拢，刚刚平息的一场战争风波眼看又要因为选择国王不慎而再次爆发。武帝刘彻于是果断下诏，骆丑为闽越王的任命不变，同时任命骆余善为东越王，让他们俩同在国王的位置上君临闽越。一国二王，这虽是治国大忌，但暂时化解了闽越国一触即发的战争。且二王同国执政，不排先后位置，不论大小，也是个相互牵制，对于西汉政府来说并非无益。

闽越王国的问题平息之后，武帝刘彻没有忘记叫南越王国表示对西汉政府的感激。公元前一三五年，武帝刘彻派庄助"慰问"南越，叫国王赵胡跪拜叩头致谢，大表一番对西汉王朝甘愿为臣之心。同时派番阳县令唐蒙作为朝廷命官，坐镇南越，参与南越王国的治理。唐蒙在频频出入各级官吏的招待宴会上，吃到一种胡椒科的植物叫蒟酱，吃得多了，蒟酱的来路也就吃清楚了。

蒟酱产于蜀郡（今成都），但只在夜郎国（今贵州桐梓县）的集市上交易。五年后，唐蒙回朝复命，上书武帝刘彻，以蒟酱如何好吃为由头，大谈了一番征服夜郎国的伟大战略意义。

唐蒙的奏请正合武帝刘彻之意。于是，擢升唐蒙为宫廷禁卫官副司令，令他率一千余人的军队，带一万余人的补给，从巴郡（今重庆）进入，深入蛮荒之地，翻山越岭，抵达夜郎国，给夜郎国国王多同献上厚重的礼物，换取多同的礼遇。唐蒙到达夜郎国后，几乎利用所有场合和机会，给这个自以为老子天下第一的夜郎国的官吏们宣传西汉王朝地域的广阔及兵力的强大，毫不掩饰地要求夜郎国接受西汉政府派遣的官员，并答应给国王多同的儿子一个县令做做。结果，不仅使得国王多同表示臣服，而且使得当地的土著首领纷纷仿效多同，表示甘愿臣服于西汉王朝。唐蒙于是上书并经武帝刘彻诏准，在夜郎国设牂为郡。武帝刘彻同时命唐蒙征发巴蜀两郡民夫，修筑从夜郎国至牂牁江的交通要道。牂牁江发源于贵州，上游称北盘江，汇合南盘江后称赤水河，再下来称黔江，再下来称浔江，再下来称西江，与北江、东江汇合后称珠江，在广州注入南海。修通自夜郎国至牂牁江的道路，其目的在于制约南越王国。单就修这条路而言，在今天看来都是一项巨大而艰难的工程，在公元前一三〇年，其艰其难更是可想而知。唐蒙征发巴蜀两地劳工数万名，采用军事管制的方式，强制他们到崇山峻岭中修路。在唐蒙的高压和强制下，不少劳工中暑累死，大批劳工逃亡。唐蒙下令诛杀了一些挑头事的劳工领袖，使得庞大的劳工队伍惊恐畏惧，也使得巴蜀两郡人心动荡。

武帝刘彻迅速做出反应，派司马相如前去斥责唐蒙，同时在巴蜀两郡广泛宣称，强迫劳工修路并非皇上的旨意，而是唐蒙个人所为，故皇上特派司马相如前来纠正，以此安抚已经人心浮动的当地群众。

司马相如是成都人，对邛都、莋都一带的情况比较熟悉。秦朝统一中国后，曾在邛都、冉駹等地设立郡县，西汉建立后才撤销。司马相如既了解这一带的地形和风土人情，又了解武帝刘彻开疆拓土的宏大抱负，因而他在受命安抚巴蜀劳工、稳定局势返回朝廷后，向武帝刘彻建议，把邛都、莋都、茂县等地再次收归西汉王朝版图，在这些地方设立郡县，以进一步成就武帝刘彻的宏大抱负。史载，还没等司马相如说完，武帝刘彻便欣然应允，并张口给了司马相如一个中郎将的高官，命他速速持诏前往邛都、茂县等地，授权他就地动用巴蜀两都财产作为鼓励各部落酋长归顺西汉王朝的奖赏。

司马相如不辱使命，他不仅借皇上之口进一步安抚了巴蜀两郡的劳工，而且扬西汉之威收归了邛都、莋都、冉駹，以及远达今云南大理的斯榆，使西汉的疆界向西扩展到青衣江、雅砻江，向南扩展到今贵州的黄平县。风流才子司马相如不只是文章写得漂亮，事也办得漂亮，他在奉命收归邛都、茂县等地后，动员并组织巴蜀两郡的民工开凿灵关山，在孙水架桥，修通了从牂牁江至四川西昌的道路，使蜀郡管辖的范围在原有的基础上扩大了十几个县。接着，武帝刘彻下诏，派一名都尉率军到蜀郡镇守，并从内地选派若干官吏到蜀郡所属县政府任职，使得西汉政府对西南各少数民族的统治变得生动而又扎实起来了。

南越的恩怨情仇

　　南越国是正定人赵佗的后裔赵胡掌管的王国，是南面的一个大国，也是一个强国，都城在番禺。但它与西汉朝廷若即若离，反复无常。公元一三五年，武帝刘彻命庄助以朝廷慰问的方式暗示赵胡：你赵胡只有甘愿称臣，才能保住你的国王位置，否则那严重的后果将随时降临到你的头上。赵胡听懂了朝廷的"慰问"，当即叩头拜谢，并决定先派太子赵婴齐到长安充当皇上的侍卫官，实际是派自己的儿子去当人质，以表示自己甘愿称臣的一种诚意。

　　因为儿子赵婴齐在长安做侍卫官，赵胡虽不去长安朝觐，但也不敢放肆。这以后，他对西汉朝廷保持了一份尊重，也保持了一份谨慎，因而双方倒也相安无事。

　　但是，儿子赵婴齐在长安的一段风流姻缘，把本已维持的相安无事搞得有些麻烦了。正当青春年华的赵婴齐到达繁华得眼花缭乱的长安后，大开眼界，故而决定找一个内地美女成家。邯郸一姓樛的美女被赵婴齐看上，二人结为夫妻，生下一个儿子，取名赵兴。赵胡在南越王的位置上去世后，赵婴齐携妻小返回南越，继承王位。在长安做侍卫寄人篱下的感觉，与在南越做国王的感觉，实在是天壤之别。赵婴齐在南越王的位置上体会到这巨大反差后，把爷爷赵佗刻制的"南越武帝"的玉玺找出来，反复端详品咂后，上书朝廷，请求封樛氏为皇后。本来赵婴齐戴的是南越王的帽子，却请求封王后为皇后，这一性质的改变，武帝刘彻能不引起警觉吗？于是下诏命赵婴齐速到长安朝觐。

这时候的赵婴齐已不是在长安做侍卫官的赵婴齐了，他把武帝刘彻的诏书扔到一边，用一句"身体不适"便把皇上的诏命打发了。在赵婴齐看来，朝廷封还是不封樛氏为皇后，已经不重要了，在南越王国，他赵婴齐是一国之君，已把"南越武帝"的帽子戴上了，樛氏的头上能不戴上皇后的桂冠吗？

但是，赵婴齐这顶皇帝帽子戴的时间很短。公元前一一三年，赵婴齐去世，太子赵兴继位，子承父业，仍然戴着"南越武帝"这顶由父亲交下来的帽子，尊母亲樛氏为皇太后。

武帝刘彻再也不能容忍了，立马派出霸陵的安国少季前去南越做说客，同时派口才敏捷的谏大夫终军做帮手，派武士魏臣等随同。还觉得不够，又派皇城警卫司令率大军推进到广东连县驻扎。武帝刘彻的用意很明确，派安国少季和能说会道的终军做说客，是企图说服赵兴，使其对西汉王朝俯首称臣；派魏臣等武士随同，是叫他们见机行事，必要时叫武士就地下手，解决问题；派大军驻扎到广东连县，则是向南越扬威，迫使赵兴就范。

但是，派出的这个安国少季不是合适人选。

赵婴齐在长安娶的那个邯郸美女樛氏在做赵婴齐的妻子之前，与安国少季有过一段恋情。派安国少季前去南越做说客，也许是武帝刘彻觉得好说话。但武帝刘彻这一招失算了。他万万没有想到，这对老情人一见面就旧情复发，难以控制。虽然史书没有记载他俩如何毫不顾忌地风流，但史书记述了南越很多官员都知道他俩偷情，在当地造成不良影响。本来武帝刘彻是想利用他俩的这种特殊关系把事办好，不承想弄巧成拙，把本来就麻烦的局面搞得更麻烦了。樛氏一看局面更难控制了，便趁朝廷使节返回之机上书，提出取消帝位，将南越王国比照朝廷的其他封国，每三年国王到朝廷朝觐一次。

武帝刘彻接受樛氏的请求，将南越王国的"王"字去掉，改为南越国，依照封国惯例，给南越国的国王、丞相、内使、中尉和太傅发给朝廷印信，诏令南越国废除黥刑,改用汉朝法律。朝廷派去的使节就留在那里,作为朝廷对南越安抚镇守的力量。

公元前一一二年,南越国王赵兴、王太后樛氏等准备礼物,打算前往长安朝觐,但遇到丞相吕嘉的极力阻拦。

吕嘉历任三代国王的丞相,在南越享有很高的威望。他三朝为相,提拔吕姓族人做高官的竟达七十多人,几乎在南越国的各个重要岗位都有他吕嘉的族人把持。由于这个原因,吕姓家族的男人都娶王室的公主为妻,女人都嫁给王公贵族子弟。吕嘉不仅协助赵胡扯起了"南越武帝"的旗帜,而且屡屡阻止赵兴请求归附的上书。吕嘉很牛,自恃在南越势力强大,常以身体不适为由把西汉朝廷使节的求见拒之门外。

樛氏虽是女流之辈,但她对南越国的局势还是看清楚了,经过一番策划,赵兴摆下一个盛大的宴会,宴请西汉朝廷使节。王宫的高级官员全部出席,丞相吕嘉当然也不例外,作为宴请的主陪高官到场。吕嘉老谋深算,政治经验远在赵兴和樛氏之上,甭说搞阴谋诡计,就论明枪明刀的对打,赵兴母子也绝非对手。吕嘉在应邀出席这次盛大宴会时,命他的弟弟率军在宴会大厅外待命。

对于吕嘉的这个部署,国王赵兴和王太后樛氏都蒙在鼓里。酒席宴上,樛太后当着文武大臣和朝廷使节说:"南越归附汉朝,是我们南越的大幸,可丞相你总是阻挠,为什么?"樛太后的用意非常明确,就是把南越归附受阻的主要人物搬出来,让朝廷使节在酒席宴上下手,支持她和国王就地铲除吕嘉这个障碍。

可在场的朝廷使节一个个都是怂包,当樛太后把问题这么明确地提出来以后,使节们却傻了,你看看我,我看看你,端着酒杯不知如何是好。吕嘉倒是在朝廷使节的傻乎乎中找到了机会,他急忙扔掉酒杯,快步退场。樛太后急了,夺过卫士手中的铁矛要投刺吕嘉,被儿子赵兴拦住了。

这一来,南越的形势变得更复杂了。丞相吕嘉把弟弟的士兵分来一部分，安排在住处周围，并不再觐见国王赵兴了。而樛氏与赵兴也是惶惶不可终日，不知道手握南越重权特别是军队指挥权的丞相吕嘉，什么时候把他们母子从王宫赶出来，或把他们的脑袋割下来。如此僵持了数月，形势扑朔迷离，不可预料。

武帝刘彻对南越这一僵持局面背后的严峻形势看得过于乐观，他打算派两千军队前往南越，平息那里一触即发的暴乱。开始他把这个任务交给庄参，庄参认为派兵太少，不予受命。曾担任过济北国丞相的韩千秋主动请缨，认为小小南越，有国王、太后可以利用，仅一个丞相吕嘉捣乱，用不着两千人，有三百人就足以把他吕嘉的脑袋取回来。武帝刘彻没有被韩千秋的必胜信心而左右，还是派两千人马随韩千秋同赴南越。

吕嘉一看这来头，不再忍了，立即发动政变，把国王赵兴、太后樛氏，以及朝廷派去的使节，全部斩杀，拥立赵婴齐的另一个儿子赵建德继承王位。本来就盲目轻敌的韩千秋率军急进，一脚踏进吕嘉布下的埋伏，全军覆没，两千人无一生还。

武帝刘彻这才感到南越局势的严峻，下诏对南越发动全面进攻，并亲自调动军队，亲自部署进攻路线。公元前一一一年冬季，两路大军会师番禺城下，只一夜工夫番禺就被攻克。刚刚戴上王冠的南越王赵建德、丞相吕嘉等王族大臣，看到大势已去，利用暗夜弃城向南海逃亡，被全部生擒。

武帝刘彻大喜，诏令取消"南越国"，在南越故地设直属西汉政府管辖的南海、苍梧等九个郡，郡守全部由政府派员担任。同时诏令从当地挑选一些在围剿南越中立下功劳的人担任县令。

这次出征南越，不仅彻底解决了南越国与西汉政府的若即若离问题，而且把西南百越，乃至闽越等地的若即若离问题，一并纳入了武帝刘彻的解决视野。

东边的是是非非

早在春秋战国时期，燕国曾发兵占领真番、朝鲜，并将两地并入燕国版图，在那里设置官吏，修筑城堡。秦始皇统一六国后，把燕国的全部领土，连同真番、朝鲜等一并收归版图。刘邦登上帝位后，重新修整了那里的边塞城堡，并将清川江以西划归燕国。公元前一九六年，燕王卢绾反叛朝廷，被刘邦率军打败，卢绾逃往匈奴。另一个燕国人卫满在卢绾被打败后，聚集卫氏亲族一千余人，东奔出塞，渡过清川江，居住燕国当年在真番、朝鲜一带修筑的城堡中。逃到那里的卫满带去了汉族的先进文化，带去了汉朝先进的兵器，加之他的族人凭着宗族势力抱团成势，很快在那片城堡中站住了脚，并时常掳掠真番、朝鲜部族，以及从原燕、齐两国逃亡到那里的百姓。卫满羽翼丰满后，自己称王，建都王险（平壤）。由于历史的渊源形成了惯性，因而真番、朝鲜等地的土著首领忘不了要到西汉王朝进贡朝觐。史载，公元前一二八年，远在朝鲜半岛北部的濊貊部落酋长南闾，率全族二十八万人归附西汉。武帝刘彻下诏，设沧海郡。这以后，西汉王朝耗巨资修通了到达濊貊的交通道路……

但是，已经称霸王险的卫满是被刘邦率军赶过去的，自不会到西汉王朝朝觐。而对于当地土著首领的朝觐，卫满也是横加阻拦，要么不让过，要么把进贡西汉王朝的礼品留下放行。吕雉当权时期，辽东郡郡守奏请朝廷诏准，与卫满达成约定：卫满作为西汉王朝的藩臣，不得阻拦各蛮夷部族的首领到长安朝拜天子，同时要负责阻止各蛮夷部族对汉王朝边境的侵扰。卫满应允这个约定后，西汉政府供给了他一批武器。从此以后，西汉王朝管理真番、朝鲜各部族的权力落在了卫满手里。卫满利用西汉政府的授权，同时扩大这一授权，降服当地各少数民族部落，成了纵横数千里的实际领袖。卫满死后，他的儿子、孙子继位效法，进一步封锁了真番、朝鲜等部族与西汉王朝的联系。

已经平定南方各部族的武帝刘彻，其开疆拓土的雄心壮志是容不得任何人阻拦的。公元前一〇九年，武帝刘彻派涉何前往朝鲜，谴责已经执掌王位的卫右渠。卫右渠是卫满的孙子，他从父辈身上尝够了称王称霸的甜头，因而根本就不吃西汉使者这一套，使得涉何无功而返。

这个涉何，实在是不怎么地道，他因为出使朝鲜无功而返，胡闹了一把，并因此自己把自己打扮成了"英雄"。

涉何从朝鲜返回时，卫右渠出于礼节，派了手下一个小王护送。到达西汉王朝边境时，涉何拔出刀来，把这个小王杀了。见到武帝刘彻后，涉何胡吹乱侃，说卫右渠如何不肯归附，说他在逃离卫右渠的追击中，如何机智勇敢，斩杀卫右渠手下一员名将，才如何逃出虎口，得以生还。涉何也是贼大胆，知道自己所做的事无人知晓，竟口无遮拦地把自己吹成了一个在无数敌人的追击中斩将而返的大英雄，并因此在朝廷上下赢得了不少钦佩和赞扬。武帝刘彻一高兴，任命涉何为辽东郡都尉，统领辽东郡的军队。

涉何走马上任没几天，便被卫右渠派人把他的脑袋割下提走了。

武帝刘彻不知是出于气愤，还是出于对涉何的重新认识，下诏招募已判决死刑的囚犯从军，由楼船将军杨仆率领他们从山东半岛出发，渡过渤海对朝鲜发起进攻。命左将军荀彘率军从辽阳出发，从陆上对朝鲜发起进攻，形成陆海夹击之势。

公元前一〇八年，杨仆从海上进发的七千余人率先抵达王险城。因为荀彘兵团尚未到达，卫右渠一看西汉王朝军队不多，因而抢先发起进攻，把杨仆率领的七千余人打得四处逃散。受到这当头一棒的杨仆，费了好大的劲儿才把溃散的兵勇集中起来，但已经丧失了战斗力，无法与卫右渠的军队抗争了。荀彘兵团抵达清川江时，也遭重创，损兵折将，丧失了发起攻击的能力。

面对军队进攻的失利，武帝刘彻不肯放下大国君主的架子，诏令卫山出使朝鲜，以居高临下的姿态斥责卫右渠，晓以利害，施加压力。面对中国使者的咄咄逼人，已经打了胜仗的卫右渠端不起获胜者的架子，只好行礼道歉，表示愿意臣服，恪守君臣之道。为了表示诚意，卫右渠派太子前去长安朝觐皇上，同时派出一万军队护送卫山和太子出去。走在万人护送行列的卫山没有见过如此盛大的欢送场面，心里不仅没有生出荣耀和得意，而是生出一阵一阵的惧怕，且越走越怕，如芒在背。卫右渠的太子大概是想起了涉何杀小王的事，也是越走越怕。他倒不怕护送大军，而是害怕一脚踏进西汉的土地，卫山即把刀搁在他的脖子上，因而到达清川江时，怎么也不肯上船，随护送大军返回了。

武帝刘彻于是下令对朝鲜王国发起全面进攻。已经增兵的荀彘兵团大破朝鲜军队，强渡清川江，抵达王险城下，从西北两面对王险城形成了包围。已经过整训的杨仆兵团反扑过去，从南面对王险城形成了包围。卫右渠率军死战，双方形成了僵局。本来这个僵局是完全可以打破的，问题就出在楼船将军杨仆身上。荀彘兵团连续发起强攻，而杨仆兵团却按兵不动，使得荀彘兵团战而无获。不仅如此，杨仆还悄悄派出使者与卫右渠商讨停战事宜。卫右渠深感战场压力太大，惧怕西汉军队源源不断地前来增援，也秘密派出使节与杨仆磋商投降条件。围攻王险城西北面的荀彘多次与杨仆约定发起总攻的时日，杨仆每次都答应得很痛快，可到了约定发起总攻的日子，荀彘兵团在西北打响了，杨仆兵团却在南面按兵不动，致使总攻一次次流产。在这种情况下，荀彘只好派使者到王险城对卫右渠招降。

卫右渠已经看出杨仆与荀彘的矛盾，就加以利用，明确表示愿意投降杨仆，而不愿投降荀彘。荀彘因此认为，杨仆之所以在约定的日子不发起

从《史记》出发

进攻，可能与卫右渠勾搭好了，准备背叛朝廷。于是荀彘把进攻的节奏放慢，自留一手，以备应对。

武帝刘彻对他俩在战场的表现也已经掌握，诏令济南郡郡守公孙遂火速赶往战场，调查处理。武帝刘彻给公孙遂授权，遇有紧急情况可以独断处置。公孙遂赶到战场后，先见的是荀彘，进一步了解情况后用皇帝符节征召杨仆开会，趁机把杨仆扣押，同时宣布杨仆兵团与荀彘兵团合并，向王险城发起猛攻。在西汉军队强大的进攻面前，王险城再也支撑不住了。朝鲜王国的一些王族大臣出于自保，秘密商议后，杀死国王卫右渠，举城投降。

于是，西汉政府在朝鲜王国故地设乐浪郡、临屯郡、玄菟郡、真番郡。

史载，四郡从此治理得很好，被史学家誉为"风俗之美，史不绝书"之地。班固赞曰：四郡制定的法律，只有八条，其主要内容是，杀人，现行犯当场偿命；伤人，罚缴粮食；偷窃强夺，男人罚到失主家当奴隶，女人罚到失主家做婢女。故当地居民终生不偷不盗，夜不闭户，女子没有淫乱行为。乡下饮食时，都用竹子或木头装食物，城里人才偶尔使用杯盘碗筷……

血染的丝绸之路

北方匈奴的侵扰一直是西汉政府的心头之患。虽然战神卫青和霍去病率军痛击了匈奴主力，打得匈奴已经无力在西汉边境滋生事端了，但并没有从根本上解决边患问题，匈奴军队喘口气再来，始终是武帝刘彻放不下的一块心病。为了彻底解决边患问题，武帝刘彻决心趁击溃匈奴主力之威，发兵逼迫西北各国出手，向已经远远逃逸的匈奴发起最后的打击。

担当这一任务的军事指挥官，武帝刘彻选择的是贰师将军李广利。

这个李广利，有必要多说几句。

当时后宫一位姓李的美女，被武帝刘彻宠爱到了极点。可是这位美女貌美命薄，年轻轻的一病不起，告别人世。就在她生命垂危之际，拥有整个美女如云的后宫的武帝刘彻还亲自前去探望，并强烈要求再见她一面，可见她的美貌对武帝刘彻有多么大的吸引力。就在这位李夫人的美貌勾引得武帝刘彻神魂颠倒时，武帝刘彻想对她的家人封侯授爵，以博得李夫人的欢心。因为封授侯爵的条件是对国家有重大贡献的人，而李夫人的家人又没有什么贡献，所以武帝刘彻就任命她的哥哥李广利为将军，令他统兵作战，以立下战功而封侯。因为听说大宛王国的贰师城有汗血马，李广利便被任命为贰师将军。这个李广利本不是统兵作战的料，第一次率数万人马出击大宛王国，结果攻城攻不下，作战无战果，所带的部队战死、饿死的达数万人之多。史载，贰师兵团撤回西汉境内时，出境时的数万人马只剩下几百名残兵败将。

这样的结果是武帝刘彻无法接受的。恰在这时，李广利请求班师回

从 《 史 记 》 出 发

京，他陈述的理由是道路太远，供给太少，大宛王国的军队太厉害，而不是自己指挥无方。武帝刘彻不容分说，下令"敢进来一步者，斩"，吓得李广利魂飞魄散，从此再不提回京的事，小心谨慎地带着几百名官兵留屯敦煌。

李广利损兵折将的公元前一○三年，是西汉王朝，更是武帝刘彻在军事斗争上走背字的一年。匈奴东部兵团投降西汉的事情败露，西汉王朝因此损失了两万人马。

事情是这样的。

匈奴单于奉鞮乌师卢性情十分暴戾，动不动就下令杀人，杀得全国震恐，也杀得匈奴汗国的一些高级官员私下寻求自保。匈奴东部兵团总司令派密使到西汉王朝，说打算杀掉单于，率军来降，请西汉政府派大军在边界接应。对于这么一个可能从此彻底改写匈奴汗国历史的重大契机，史书记载的西汉王朝，包括武帝刘彻，没有引起足够的重视，或者说，谋划得不够周密。武帝刘彻采取的做法是在居延海的蒙古境内修筑"受降城"，派大军进驻，以备接应。虽然当时的通讯十分原始，但在匈奴经常出没的居延海修筑"受降城"这样的大事，不可能不传到匈奴。再说，东部兵团司令能否杀掉单于是八字还没有一撇的事，大张旗鼓地搞个"受降城"干什么？可武帝刘彻不这么看，他不仅认为必须这么做，而且认为"受降城"距匈奴汗国单于的王庭太远，于是派浚稽将军赵破奴率两万余骑兵，前出朔方西北两千余里，打算到浚稽山与匈奴东部兵团会合后一并班师。不料事情败露，东部兵团总司令被杀，挺进到浚稽山的赵破奴兵团被匈奴军队包围。赵破奴率军杀出一条血路，向南且战且退，在距"受降城"约四百里处，匈奴紧急调动八万大军，把赵破奴兵团围了个水泄不通。

连续苦战，损兵折将，加之本来就匮乏的供给保障又在激战中丢弃了，官兵们又饥又渴，严重丧失战斗力。为解决吃的问题，赵破奴利用夜暗，亲自出营寻找水源。也是巧了，赵破奴刚一出营，碰上匈奴派出的侦察部队，逃之不及，束手被擒。接着，匈奴军队发起强攻，在严重丧失战斗力之后又丧失主帅的赵破奴兵团，在匈奴军队的强大进攻面前，没有人再拼死苦斗了，赵破奴兵团出塞时的两万人马，除战死饿死的外，活着的全部投降。

面对这一连串的重挫，武帝刘彻头脑冷静起来，他力排众议，坚持对大宛王国发起进攻。

应当说，武帝刘彻这个决心是对的。虽然西汉王朝的军队遭到匈奴重挫，但比较来看，匈奴早已大伤元气，不可能对西汉构成大的威胁。如果派出大批军队深入匈奴腹地追击，一方面，政府将耗费巨大的财力，而战果还不一定理想。另一方面，匈奴在连遭西汉军队的重创后，开始转向对西北的新疆一带少数民族进行攻击。在这种情况下，暂时放弃对匈奴的追击，直接把大兵团投向大西北，把可能被匈奴降服的西北各国率先降服，从战略的谋划上看，虽不是与匈奴直接作战，但却是切断匈奴从西北各国获得支持的间接作战。这对于匈奴汗国来说是釜底抽薪之打击，比直接交战的打击更难受。

按照武帝刘彻的决心，在公元前一〇二年，展开了在中国古代史上开通丝绸之路的伟大进军。

军队总指挥，还是贰师将军李广利。

为了保证兵力上的绝对优势，武帝刘彻除下诏征调边塞骑兵部队外，还下诏赦免监狱中的囚犯，征调各封国有这样那样劣迹而又不够法律制裁的人员，以及全国敢于冒险犯难的志愿从军者，统统到敦煌贰师兵团报到。史载，一年时间，前往敦煌报到的各路人马达六万多人，而自带粮食、自愿从军的还不包括在内。敦煌周围除汇集数万人之外，还汇集牛十万头，马三万匹，驴和骆驼数万头，粮秣、武器、补给品十分充足。武帝刘彻还嫌人马不够，又下诏征召全国犯过罪的小吏、逃亡的罪犯、当上门女婿的、做买卖的商人，全部充军。还嫌人马不够，又下诏征召曾经做过上门女婿、

从《史记》出发

商人，而今不做了的人充军。还嫌人马不够，武帝刘彻再次下诏，将父母、祖父母曾做过上门女婿或商人的子孙，一律强迫入营，并规定他们自带粮食，编入李广利兵团。这一次武帝刘彻的准备工作比较充分，他听说大宛王国的首都贵山城没有水井，人畜吃喝用水全靠城外的一条河引进去。于是下诏加派水利工程师随军行动，打算在大部队攻打贵山城时，先把城外的河流改道，断其水源。此外，听说大宛王国的汗血马藏在贰师城，武帝刘彻特地派两名驯马专家，分别任命为捕马指挥官和护马指挥官，以备在夺得汗血马后，平安运回……

一切准备停当，贰师将军李广利率军出发。

一路上，沿途西域各小国十分恐慌，谁也不敢扯出抗击的旗帜，统统大开城门，远道欢迎，并倾国倾城地供应西汉军队饮食，有什么给什么，毫无保留。但也有例外，位于新疆的轮台国，紧闭城门，进行抵抗。李广利不能因一个小小的轮台而失自己这个数万大军总指挥的面子，部署军队，发起急攻，攻陷后血洗轮台。血洗轮台的消息一传开，西域各小国更为恐慌，贰师兵团向大宛王国挺进的道路也就更加一帆风顺，很快便抵达大宛王国的郁成城。郁成城是大宛王国抗御外来侵略的一线重城，多年按战备的要求修建，城墙很坚固，军队配置的武器装备在大宛国也是最好的。贰师兵团攻了两个回合攻不下来，于是改变策略，采取跳蛙战术，暂时放弃攻打不下的郁成城，把全部兵力调到贵山城，把大宛王国的首都围了个水泄不通。

随军进发的水利工程师带人把流入贵山城的河水截住改道，之后贰师兵团发起总攻，将大宛王国的城防司令抓获。眼看贵山城陷落在即，大宛王族紧急商议对策，认为面对灭国之灾，唯一的办法是献出国王毋寡的人头，交出汗血马。贰师将军李广利虽军事指挥上不成大器，但处理大宛王国的投降问题还是恰当的。他接受大宛王族投降的条件，没有派兵进城屠杀掠夺，在指定大宛王国一位亲近西汉的贵族继任大宛国王并签订和平盟约后，挑选数十匹汗血马，以及三千余匹良马，率军回撤。大宛王国的重镇郁成城，随着国王毋寡的人头落地而陷落，誓死抵抗的郁成王逃往康居国后，被康居国作为讨好西汉王朝的礼物，送回了贰师兵团。

就在贰师兵团西征途中，匈奴汗国派使节联络楼兰国，商定袭击西征兵团的殿后部队和西汉使节团。楼兰是一个小国，地处西汉与匈奴汗国之间，它左不敢冒犯西汉王朝，右不敢得罪匈奴，为求自保，长期处于一种左右逢迎的状态。这次匈奴汗国邀它袭击西汉西征的殿后部队，它不敢不从，只好听命。武帝刘彻得知这一情报后，以极其快速的反应诏令西征兵团逮捕楼兰王。楼兰王见到武帝刘彻后，如实陈述自己的苦衷。武帝刘彻认为他说的是实情，没有对他处罚，而是把他送回楼兰国，继续让他坐着国王的交椅。但交给了他一个任务，即负责帮助西汉政府监视并报告匈奴的动向。一贯对楼兰国深信不疑的匈奴汗国只好取消这次袭击行动，从此对楼兰国也不再信任了。

这次西征，彻底打通了连接欧亚的丝绸之路。从此，西域各国无论是出于真心诚意还是迫不得已，不再对西汉使节团进行抵制和刁难了。为了便利和保护西汉使节及应时而生的商旅，武帝刘彻下诏，从敦煌到罗布泊漫长的西域途中，设立西汉政府的驿站。而靠北面的新疆仑头和渠犁，则设置武装屯垦部队，既作为西汉使节和商贾通行在丝绸之路上的驻足之所，又作为西汉派出的震慑力量，对使节和商人给予保护，对西北各国进行监视。

千古赞颂的丝绸之路从此商贾往返络绎不绝，清脆悦耳的驼铃声从长安一直叮叮当当地传到欧亚。

在这条千古赞颂的丝绸之路上，有一个人像丝绸之路那样值得千古赞颂，他便是张骞。

从《史记》出发

291

张骞出使

张骞是今陕西城固东人,官至郎官。刘彻登上帝位后,多方打探匈奴汗国的情况,以及匈奴汗国与周边各少数民族的关系。当得知远在西北的大月氏王国,原居住在河西走廊一带,是被匈奴汗国打跑的以后,武帝刘彻即萌生了一个庞大的战略构思:派使节与月氏王国联络,从北面夹击匈奴。公元前一三九年,武帝刘彻下诏,从全国征召自愿出使西域的人,作为朝廷的使节出使月氏王国。

极具冒险精神及冒险素质的郎官张骞报名加入了出使的行列。

张骞这次出使,架起了西汉王朝与西域各国直接交往的友好桥梁。

与张骞同时踏上西域之路的共一百余人,他们从长安出发,从陇西郡边塞进入匈奴汗国领土。没走多远,连同张骞在内的一百余人全部成了匈奴汗国的俘虏。就这顶俘虏的帽子,让张骞一戴就是十余年。

被扣在匈奴汗国的张骞,虽然戴的是俘虏的帽子,但很快便进入友好使节的角色,获得匈奴人的欣赏。张骞身材高大,相貌堂堂,为人很豪气,也很豁达。他虽被扣在匈奴汗国的俘虏营里,但不急不躁,不卑不亢,不改一身正气和傲骨,平时该吃吃,该喝喝,该说的话从不掖着藏着,并常常抓住允许他说话的机会宣扬汉民族的先进科学文化,汉民族与各少数民族和睦相处的优良传统,以及汉民族各地不同的风土人情,因而颇得匈奴人欣赏。为了留住这么一个人才,匈奴单于特地挑选一名匈奴女子嫁给张骞,并允许他在不逃避监视的情况下居家过日子。张骞与这个匈奴女子成家后,活得很好,生了一群孩子。

随着时间的推移，匈奴对张骞的监视逐渐松懈。看似已经塌下心来居家过日子的张骞始终不忘西汉王朝赋予他的使命，经过周密而持久的准备，张骞抓住机会，逃将出来。但他没有逃回西汉，而是继续迈开双腿，向西域前进。因为他的使命尚未完成，他的使命就是向前进。这次张骞带着一同逃出的匈奴人堂邑父，硬是用双腿在浩瀚的戈壁和沙漠走了几十天，缺吃断顿是经常事，全靠堂邑父挽弓射杀禽兽充饥，夜里常常蜷缩在戈壁或沙丘上露宿。张骞与堂邑父凭着自己惊人的毅力和顽强的意志，用双腿穿过戈壁，迈过沙海，到达大宛王国，又到达康居国，最终按照朝廷确定的目标，到达大月氏王国。他俩到底走了多远的路、遇到多少麻烦和险情、克服多少困难等等，本文无法说清了，但他们二人这次行走要经过九次不同语言的翻译交流，才能到达大月氏王国，是不争的史实。

当时的大月氏王国位于阿富汗北部地区，那里土地肥沃，田园丰泽，几乎不受任何外部威胁，人民群众生活安定富足。已经生活无忧的大月氏族人早已忘掉了匈奴把他们从河西走廊赶走的历史往事，也早已忘掉了匈奴单于用他们月氏国王的头盖骨盛酒喝的事了。因而，无论张骞如何游说，月氏王也不为所动。他告知张骞的理由是，月氏离西汉太远了，与西汉南北夹击匈奴因为距离遥远而难以联起手来。张骞苦口婆心地在大月氏王国游说了一年多，没有任何结果，只好打道回国。这回他不想再到别的地方去了，一心想回到阔别多年的祖国。为了躲避匈奴的缉捕，也为了实地探索西汉通往西域的其他道路，他与堂邑父没有从原路返回，而是绕道南行，翻越终年积雪的葱岭，顺着昆仑山北麓向东，打算穿过青海的羌中地区返回。不料途中又被匈奴俘获，又被送回俘房营。好在这次被俘得以与家人团聚。在俘房营又待了一年多以后，匈奴汗国因为单于死后的继位问题引起内乱，张骞与堂邑父才得以趁乱逃脱。

史载，公元前一三八年，西汉王朝出使西域的一百余人，十三年后回国复命的，只有张骞和堂邑父二人。

张骞返回祖国后，以其亲身经历，以及他的所见所闻，向武帝刘彻详细报告了地处西域的大宛王国、大月氏王国、大夏及康居等国的政治倾向、军队构成、农田耕作、城郭家居、风土人情等，并欣喜若狂地报告了他在大夏市场见到的四川邛崃生产的竹杖、成都生产的布匹等商品被当地居民抢购的情况。

公元前一一九年，西汉王朝与匈奴汗国漠北大决战后，河西走廊纳入西汉版图，通往西域的道路被战争打通。这一年，张骞再次主动请缨，率三百人、几万只牛羊和数以万计的财物，又一次踏上了通往西域之路。到达乌孙国后，正赶上乌孙国王的子孙因抢夺王位而把乌孙国一分为三。西汉王朝打算联合乌孙国夹击匈奴的计划，因为乌孙国发生的王位之争而落空。但张骞并没有因此罢休，他把随行的副将分成若干组，由每个副将带一组人员，分别派往大宛王国、康居国、大月氏王国，以及大夏、安息、身毒（今印度）、于阗（古西域国名）等国，代表西汉王朝与这些国家加强联系，沟通情况，建立友谊。乌孙国特地派数十人护送张骞回国，并当面向西汉政府报谢。

一年后，张骞在长安与世长辞。

又一年后，张骞在乌孙国派往西域各国的副将，先后返回长安。

从此以后，西汉与大西北各国开始建立友好往来……

从此以后，各国使节带着各自的商品，带着各自的先进技术和独具特色的思想文化，来往于丝绸之路……

从此以后，西汉派往大西北各国的使节，无一例外都打着博望侯张骞的旗帜……

因为张骞这面旗帜，是友好的旗帜，是交流的旗帜，是开放的旗帜，更是值得信赖的旗帜！

苏武牧羊

　　苏武从军，官至中郎将。公元前一〇一年，武帝刘彻乘战胜大宛王国的余威向匈奴汗国发动心战，表明高祖刘邦被匈奴马邑包围之仇，高太后吕雉被单于冒顿来信侮辱之仇，在他武帝刘彻手里，统统都要报。那时，匈奴第九任单于挛鞮且鞮侯刚刚继位，政局不稳，担心西汉王朝突然发兵攻击，就致信武帝刘彻说："我是儿子辈，怎敢冒犯天子。中国皇帝是我的家长呀。"为了表示诚意，匈奴汗国释放囚禁的中国使节，并派使节到西汉王朝致送礼物。

　　武帝刘彻被匈奴的诚意打动，也下令释放囚禁的匈奴使节，并派中郎将苏武为使节团团长，携带厚重礼物答谢匈奴汗国的善意。与苏武同行的副团长是中郎将张胜，秘书长是常惠。

　　苏武等一行到达匈奴汗国王庭后，发觉挛鞮且鞮侯写给武帝刘彻的信全是漂亮的假话。挛鞮且鞮侯以极其傲慢的态度对待中国使节，对中国使节带来的厚重礼物似接受进贡一样接受。恰在这时，曾随浑邪王投降西汉，后又归附匈奴的緱王、虞常等匈奴将领，打算劫持挛鞮且鞮侯的母亲，再次归附西汉。虞常悄悄找到张胜，把他们的打算跟张胜说了，张胜当即表示支持。一个月后，乘挛鞮且鞮侯外出打猎之机，虞常等七十多人开始下手。不承想，消息走漏，挛鞮且鞮侯火速赶回，将緱王等全部斩杀，生擒虞常，进行审判。张胜害怕了，他担心虞常把他供出来，就找苏武商量。苏武虽未参与这次谋划，但他是使节团团长，副团长张胜参与了，匈奴能不追究他这个团长吗？他担心受辱对不起国家，于是准备自杀，被张胜、常惠等阻止。

事情正如苏武所料，虞常供出张胜，牵连到整个使节团。于是，挛鞮且鞮侯召开高官会议，决定叫西汉使节团全部投降，以此羞辱西汉王朝。

苏武决不投降，他认为：使皇帝的符节受到屈辱，即令活着又有什么脸面回到西汉。于是他拔出佩剑，自杀了断。一剑抹脖，苏武流了很多的血，但没有毙命，过了半天又醒过来了。

挛鞮且鞮侯敬佩苏武的忠烈，早晚派人侍候，待苏武痊愈后，挛鞮且鞮侯派卫律专做苏武的劝降工作。卫律见工作无效，当着苏武的面，拔剑直指张胜的咽喉，张胜害怕，跪地投降。接着，卫律用对付张胜这一手对付苏武，苏武面不改色，也不躲避。挛鞮且鞮侯于是更加敬重苏武，打算施加压力，迫使他归附。他们把苏武扔进一个大地窖里，不给食物和水，企图让难耐的饥渴迫使他举起双手。时值寒冬，飞雪漫天，千里冰封。扔在地窖中的苏武，饥饿难熬时吞食皮衣上的羊毛，焦渴难挨时吞吃冰雪。挛鞮且鞮侯以为苏武这回该对他跪地称臣了，不承想，尚未饿死的苏武忠烈依然。这一来苏武的名气传播开了，匈奴人认为在天寒地冻的地窖里几天不死，必有神灵暗中相助。于是乎，不仅单于挛鞮且鞮侯，就连普通的匈奴百姓，都对苏武敬重起来。

挛鞮且鞮侯仍不肯放过，把苏武放逐到渺无人烟的北海，即西伯利亚贝加尔湖，同时赶去一群公羊让他放牧，告诉他："等到公羊生出小羊那天，你才可以回去。"

浩大的北海，除了苏武之外，就是一群公羊。苏武怀揣出使时带来的皇帝签发的符节，放牧着一群找不到配偶的公羊，经受着渺无人烟的煎熬。饿了，掘地鼠充饥，渴了，捧积水消渴，困了，躺在羊群中睡觉，日复一日，年复一年，硬是苦熬了六个春秋。在被匈奴俘虏、全族人被杀、不敢回国的李陵够意思，两次去看他，给他送去羊和日用品，并用发泄自己苦恼的方式，倾诉内心的苦衷，作为对苏武的陪伴。李陵给他捎信，说武帝刘彻驾崩了，苏武于是手握符节，面南号哭，哭得苍天垂泪，哭得贝加尔湖翻腾，哭得他自己吐了一夜的血。

公元前八一年，匈奴与西汉和亲，西汉王朝提出归还苏武，匈奴谎称苏武已死。西汉使节于是对匈奴单于说："中国皇帝在上林苑打猎，射下一只飞雁，雁脚上绑着一份苏武在绸缎上写的求救信，说他仍活着，在北海。"匈奴看瞒不过去了，便把苏武放回。

苏武被匈奴汗国羁留十九年，出使时他青春鼎盛，归来时他头发全白已成老翁。这十九年中，苏武的母亲去世了，妻子改嫁了，他的两个兄弟，被朝廷指控有罪，先后自杀。苏武通过李陵得知家里的这些情况后，他没有因此而动摇；匈奴用巨大的利禄引诱他，许诺他做高官，享荣华，他没有因此而动心；匈奴把他扔到天寒地冻的地窖，连续数天不给吃喝，他没有因此而举手投降；匈奴把他放逐到渺无人烟的北海，让他放牧一群公羊，想以此叫他回心转意，他没有因此而感到后悔。苏武之所以忠烈如初，誓死不改，是因为他始终没有忘记他是中国派出的使节。

史载，羁留匈奴汗国十九个春秋的苏武，一直保存着那个临出发时皇帝签发的符节，随身不离，坐卧都带着，以至符节上的毛缨全部脱落……

江充挑起的皇室血拼

公元前一二八年，武帝刘彻与皇后卫子夫喜得贵子，取名刘据。刘据生性仁慈敦厚，温顺谨慎，很受刘彻宠爱。虽然随着岁月的流逝，原先花容月貌而如今人老珠黄的皇后卫子夫已引不起武帝刘彻多少兴趣了，但他并没有因此而生出更换太子的念头。公元前九四年，武帝刘彻的另一个新欢赵夫人为刘彻生下一个儿子，取名刘弗陵。赵夫人住钩弋宫，怀孕十四个月才生下儿子刘弗陵。武帝刘彻也是高兴，说："伊祁放勋（尧帝），也是怀孕十四个月才生。"为了卖弄他的学识，也是老来得子比较高兴，武帝刘彻把赵夫人住的钩弋宫的宫殿门命名为"尧母门"。即便如此，武帝刘彻还是没有更换太子的打算。但是，处于太子地位的刘据，以及刘据的母亲卫子夫，却因为"尧母门"，因为武帝刘彻没有跟他娘俩交底，而惊恐得惶惶不可终日。

武帝刘彻看出了卫子夫和刘据的恐慌，他对卫子夫的弟弟大将军卫青说："汉王朝建立政府，一切都是草创。加上四面外族侵略不已，如果我们不改变传统制度，后世便没有准则。如果不出动部队反击，国家就不能获得平安。为了这些原因，不得不耗费国力，使天下人民受苦受穷。但是，假定我之后的皇帝也像我这么做，那可要走上秦王朝亡国的老路。太子刘据稳重安详，必然能使天下安定，不教我忧虑。如果要找一个守成的人主，有谁能比刘据更贤明？听说他们母子心情不安，认为我不再爱他们了，其实哪有这回事？你把我的意思转告他们母子。"

武帝刘彻说的这番话是真心诚意的，史载，刘据每次劝父亲刘彻不要发兵征讨四方外族，刘彻就笑着说："由我来承当艰苦，由你来享福，难道不好吗？"武帝刘彻每次出游，总把身后的事托付给太子刘据，把宫廷的事托付给皇后卫子夫。每次出游回来，刘据和卫子夫都要把重要的事情向他禀报，武帝刘彻对他娘俩的禀报从未提过不同意见，有些已经过卫子夫或刘据裁决的重要奏请，武帝刘彻连看都不看，好坏全按他母子的裁决执行……

但是，因为"尧母门"，还因为武帝刘彻不更换太子的本意没有在适当的场合公布，因而被一帮小人、一帮政治投机分子人为地制造事端，无根无由地挑起了武帝刘彻与太子刘据之间的一场生死血拼。

挑起这场血拼并在这场血拼中演主角的，是江充。

江充当初在赵王刘彭祖的王府当门客，因冒犯赵国太子刘丹，逃到长安，向武帝刘彻告发刘丹的隐私，使刘丹的太子帽子被摘掉。对于这么一个靠打小报告营生的卑鄙小人，武帝刘彻对他的人性、品德缺乏应有的挑剔和权衡，而对他的长相和嘴巴的能说会道又盲目欣赏，任命他当绣衣直指，专门负责督察皇亲国戚与亲近臣僚的言行举止。

得到武帝刘彻宠信的江充，本来就有搜寻他人隐私的爱好，并从对他人隐私的告发中尝到过甜头，获得过巨大私利。穿上绣衣直指这身官服以后，更是无所顾忌，任意胡来，吓得皇亲国戚和达官显贵们成天盯着江充过日子。

公元前九四年，太子刘据派往皇宫的信差违反在御用大道上不得纵马奔驰的法令，被江充抓起来审判。刘据赶忙派人向江充道歉，说我并不是包庇我的部下，而是不想让皇上知道这事，认为我平素对部下管教不严，因此请江先生从宽处理。江充则为了显示自己谁都不怕，毫不客气地拒绝了刘据的求情。这事在朝廷上下引起强烈震动，进一步强化了江充督察皇亲国戚的特殊权威。

但江充清楚，从此他与太子刘据和卫氏家族结下了怨恨。太子是皇帝的法定接班人，已经近七十岁且成天疑神疑鬼、身体总有病的武帝刘彻，一旦两腿一蹬，太子刘据就得坐上武帝刘彻现在坐的这把交椅，而只要刘据一屁股坐上去，第一个倒霉的就是他江充。怎么办？经过一番思索，江充着手借用"巫蛊"事件的查处来完成他的阴谋。

所谓"巫"，即用祭祀或咒语驱使鬼神降临的女巫；"蛊"，即一种神秘的毒虫，这种毒虫看不见，摸不着，无声无色无形；"巫蛊"，即女巫用祭祀或咒语，驱使鬼神将一种神秘的毒虫降临于某个人，使其百药无效，痛苦而死。比起刻个木偶，往木偶上扎针，并用咒语诅咒某人心绞痛而死来，"巫蛊"虽同出一辙，但更令人毛骨悚然。

江充采取的第一个步骤是制造恐怖气氛，吓唬武帝刘彻。他对武帝刘彻说："陛下的病，恐怕仍是'巫蛊'作祟。"武帝刘彻最怕巫蛊，听江充这么一说，立即派江充当钦差大臣，负责处理"巫蛊"。江充领到这个圣旨后，召集一帮女巫，由她们先到一些人家把木偶悄悄埋下，并洒上家禽的血。当然是江充看谁不对眼，便给谁家庭院埋木偶。尔后把埋木偶的女巫派出去，教这些号称能见到鬼魂的女巫神秘兮兮地去寻找木偶。结果一找一个准，女巫们把自己埋的木偶，装神弄鬼表演一番挖出来。江充则随后跟上，从谁家庭院挖出木偶，就把谁家男女老幼全抓起来，用烧红的铁钳，或钳肉，或烫灼皮肤，愣是用严刑拷打把根本不知情的人统统折磨得"如实交代"。史载，恶棍江充阴谋出台的这一手，谋杀首都长安到各封国所谓"放蛊"谋害皇上的人，达数万之多。

杀的人越多，武帝刘彻越信。

制造恐怖气氛的第一个步骤完成后，江充开始实施其阴谋核心的第二个步骤。他看准了，武帝刘彻虽嘴上没说，心里却总疑心他的左右亲近用"巫蛊"诅咒他；而被江充以"放蛊"之名杀害的人，虽然全是冤枉的，但没有一个人敢向武帝刘彻陈述。看准这两点后，江充于是教女巫们放风，说皇宫中有"蛊"的妖气，如不铲除，皇上身体不可能康复。这个消息传到武帝刘彻的耳朵后，他立即诏准江充入宫去查找。

江充奉旨进入皇宫，拆墙掘地，连武帝刘彻的御座也不放过。江充没有见过后宫这么多这么美的女人，他虽然一表人才，也享受不到这么多美女中的任何一个。于是，出于一种卑琐的心态，他亲率捕"蛊"队从后宫最漂亮的女人居住的房间搜起，他要从这些漂亮女人睡觉的房间寻找他的好奇，寻找他的遗憾，用得不到她们才折腾她们的方式，填补他内心的卑琐。当然，如果仅此而已，江充在后宫美女睡觉的房间折腾一番打住，刘彻父子那场生死斗争也许可以幸免。可他江充的目的不是为了折腾后宫的美女，而是要扳倒刘据的太子地位。正是因为这个，江充才不肯住手，而是按照既定的阴谋，亲率捕"蛊"大军在太子刘据、皇后卫子夫的宫殿全面挖掘，一寸土一根草也不放过。是不是真的在太子、皇后的宫殿挖出小木偶，史无记载。史有记载的是，江充宣称，在太子刘据的宫殿挖到木偶一堆，每个木偶都裹着绸缎，绸缎上还写着字。

江充的这一宣称使得太子刘据在劫难逃了。

危急关头，太子刘据想到他的老师石德，急忙到老师那里请教对策。

于是石德也在劫难逃了。

石德非常清楚，太子一旦犯事，当老师的必定被诛。面对这突然摆到面前且一定会把自己牵扯进去的重大问题，石德思谋一番后给太子刘据出主意：假传圣旨，逮捕江充囚禁，追究其阴谋。

应当说，石德这个建议是个上策。

但太子刘据老实厚道，他不敢做假传圣旨这种事，打算前去甘泉宫觐见老父刘彻，陈述原委，企望侥幸脱难。可是，当刘据正要动身前往甘泉宫时，江充抢先一步，快马加鞭赶赴甘泉宫，向武帝刘彻报告完了。

已经没有退路了，太子刘据只好采纳石德的建议。

公元前九一年七月七日，太子刘据派人伪装皇帝的使节，逮捕江充等一伙恶棍。愤怒至极的刘据亲自执刀，按住江充的脑袋说："你这个赵国流氓，害赵国父子难道还不够，还要来害我父子？"说罢手起刀落，把江充这个恶棍的脑袋砍了下来。接着，太子刘据下令将那些跟着江充为非作歹、装神弄鬼的女巫，统统拖到御花园活活烧死。

从史料看，太子刘据如果就此打住，并亲自去甘泉宫向父亲刘彻陈述，也许事情还有挽回的可能。而这时的刘据已经无法保持这份冷静与清醒了，他下令征发皇家骑士和长乐宫警备部队，打开军械库，给大家分发武器，并对文武官员说："皇上病卧甘泉宫，病情可能变化，奸臣将乘机作乱。"那言外之意即是皇上可能不行了，大家要跟着我刘据，以防奸臣贼子乘机作乱。

最初武帝刘彻听说太子刘据诛杀江充后，认为是江充那么一折腾，搞得太子害怕，一时激怒才这么干的，并派使节到长安召唤刘据。可使节到长安一看，刘据已经分发武器，叫大家准备战斗了。使节不敢进城，而是跑回去向武帝刘彻报告。直到这时，武帝刘彻才勃然大怒，并迅速返回长安，亲自指挥平暴。

太子刘据不是父亲刘彻的对手，无论是指挥调遣军队的能力，还是对朝廷文武百官的号召力，太子刘据都无法与武帝刘彻相提并论。只十天工夫，太子刘据的军队便全线瓦解。刘据逃到河南灵宝一个偏僻的农庄，被当地官员发觉后，他自缢而死。皇后卫子夫在武帝刘彻派人收缴其皇后印信时自杀……

一场源于武帝刘彻的巨大疑心，被奸佞小人钻空子而挑起的一场父与子的生死之斗，在一片腥风血雨中，沉重地落下了帷幕……

晚了的感叹

汉武帝刘彻抱负宏大，在开疆拓土上取得了巨大的成功，因而追求长生不死，企望延续他更大的成功和享受，便成了他的不懈追求。

其实一个人生命的里程到底有无尽头，到底能不能脱掉凡胎换成仙骨而永远不死，武帝刘彻应该清楚。他的曾祖父刘邦、祖父刘恒、父亲刘启都是历史上杰出的帝王，如果他们真是上天派下来主宰天下苍生的真龙天子，上天又何不让他们长生不死、永为天下苍生的主宰呢？对于这样浅显的道理，武帝刘彻不是不懂，可他在获得巨大的成功后，就是舍不下自己生命的终结，而孜孜不倦地做生命永恒的追求。

公元前一三三年，一个以侍奉灶王庙而混饭吃的李少君，对人们供奉灶王爷那点香火钱作为他的收入而感到不满足了，到处投机钻营，寻找发财之道。当他揣摸到武帝刘彻企望不死的心思后，粉墨登场，号称自己拥有长生不老的法术。一次，李少君参加武安侯田蚡的宴会，在座的有一位九十多岁的老翁，李少君见到这个老翁后，张口就说，某年某月某日，他与这位老翁的祖父在某地打猎，见过这位那时还是娃娃的老翁。听李少君这么一说，老翁不禁大为惊骇，因为那年那月那天，他确是跟他的祖父在那个地方打猎。老翁这么一惊不要紧，整个参加宴会的男女老幼无不惊骇。李少君的这一手完全达到了他所企望达到的目的。他号称拥有长生不老之术，怎么来证明？这位老翁印证某年某月某日跟祖父在某地打猎的事就是活生生的证明。老翁时年九十多岁，他尚是娃娃时跟祖父打猎，他祖父当时少说也五十来岁。而李少君与他祖父一同打猎，即便与他祖父同岁，李少君至今也是一百三四十岁的人了。而这个一百三四十岁的人却像个小伙子似的活着，这要不是拥有长生不老之术，又怎么可能呢？

由此，武帝刘彻信了。

其实，武帝刘彻完全可以不信。李少君是已故深泽侯赵脩的随从，赵脩在公元前一五〇年犯法被撤销侯爵。时隔近二十年，李少君这个昔日赵脩随从的出生、身世、经历等，完全可以搞得清楚。可武帝刘彻不去搞清楚，他愿意相信李少君拥有长生不老之术，愿意听李少君胡侃那套祭祀灶王爷可以得到丹砂，丹砂可以烧成黄金食用，吃了能增加年寿，以及到蓬莱见到安期生，吃像西瓜那么大的红枣等等鬼话。

号称拥有长生不老之术，并因此把武帝刘彻骗得五迷三倒的李少君，不久便死了。面对这一铁的事实，武帝刘彻仍执迷不悟，认为李少君不是死了，而是"化去"成仙了。

皇上喜欢什么，社会上就兴什么，皇上追求什么，社会上就有什么。

因为武帝刘彻痴迷于对长生不老之术的追求，因而全国各地特别是河北、山东的沿海地区，几乎一夜之间便冒出一批道行极高的方士，他们纷纷涌向长安，谈鬼神，论不死，神秘兮兮，弄得长安城一片乌烟瘴气。

公元前一一九年粉墨登场的少翁着实把武帝刘彻愚弄了一番。少翁的骗术是招死人的亡魂再现。他玩的这一套与我国南方一些偏远山区玩"斗鸡"类似，由一个巫婆或神汉主持，口里念念有词，指挥两个壮汉，抓住一个树丫子乱舞，舞到高潮处，两个汉子用树丫子在一个事先预备的沙盘里写字，写的什么几乎没有人能看清，全由巫婆或神汉"解释"。这"解释"的内容就是已故亡魂要说的话，以此骗人家钱财。武帝刘彻对少翁这套把戏深信不疑。但只一年多点，少翁的马脚便露出来了。他先是在一块绸缎上写上字，当然是预测皇上能长生不老之类的鬼话，尔后拌到饲料中，让牛吃进肚里。这一切准备停当之后，少翁装神弄鬼地对武帝刘彻说，这牛肚子里有奇怪的东西。把牛杀掉，从牛肚子里把那块写着字的绸缎取出来以后，武帝刘彻一看这绸缎上的字，与少翁写的字一模一样，便全明白了。他亲自审问少翁，少翁抵赖不过，只好老实招供。少翁这次行骗败露的结果是被砍掉脑袋。

虽然武帝刘彻被一些骗子反复欺骗、愚弄，但他求长生不老之心仍然不死。

公元前一一八年，武帝刘彻在鼎湖宫病倒，他不相信御医，而只相信巫师。可把在整个长安城混得有些名气的巫师请了一个遍，病情仍不见好转。后经人推荐，从陕西绥德县请来一个巫师。这个巫师的经历，与今天一些仍在社会上行骗的巫婆、神汉等"高人"的经历、手法完全一样。都是在生了一场大病以后，号称神灵附体，嘴里念念有词：你家祖坟在什么地方，祖坟旁边有一棵或几棵树，你家宅子在什么地方，是坐北朝南还是坐西朝东，等等，他能打发小鬼去实地弄清楚再给他报告。当然仅仅弄清这些是不够的，他还得打发小鬼帮你化险消灾，祈求上天给你延年增寿。在帮你做了这一整套化险消灾、延年增寿等你所企盼的事以后，你当面给他钱或礼品，他不收。因为他是替鬼神做事，若是收了人家的礼，以后就不灵验了。但是，在他做"好事"的旁边，专设了一间存放钱物的小房，你要是把钱或礼品放到这间小屋里，他也不制止。武帝刘彻请来这么一个巫师后，先是摆下他所带来的一套行头，再进行他设计的一套仪式，尔后把鬼神招来附到他的体上，由鬼神把武帝刘彻想听的话，通过他的嘴说出来。武帝刘彻病愈后，特地宴请这个巫师，同时请来很多文武官员作陪。席间，这个巫师又进行了一番装神弄鬼的表演。史载，参加这次酒宴的文武官员，谁也没有见到神灵是个什么样子，倒是听到有人说话，但说的与常人所说无异，毫无特别之处。这段历史记载说明，当时参加酒宴的人，除武帝刘彻外，没有人相信巫师这套鬼把戏。

公元前一一三年，一个自称与少翁同出一个师门的栾大，又把武帝刘彻骗得不轻。栾大显然是做了一番准备以后登场的，他从少翁被砍掉脑袋的悲惨结局上谋划自己的后路，一开始便对武帝刘彻说，自己并非没有长生不老之术，而是怕别人不理解，产生误会，使自己步少翁的后尘，被砍掉脑袋。在为自己铺垫好后路后，栾大吓唬武帝刘彻说："少翁被处死后，天下的方士都把嘴掩住了，不敢再谈什么长生秘方了。"武帝刘彻求长生之术已经到了痴迷的程度，他虽然反复被所谓的方士骗得丢人现眼，但骨子里还是相信人世间有长生不老之术的。因而当栾大这么一吓唬，他果真害怕，在栾大表演了几招类似魔术的把戏后，当即任命栾大为五利将军。为了让栾大解除后顾之忧，武帝刘彻还特地把长女卫长公主嫁给他。仅几个月时间，栾大就由一个骗子当上了朝廷的五利将军，成了皇上的乘龙快婿。

但是，骗子就是骗子，骗得了今天，骗不了明天。

公元前一一二年，五利将军栾大因为拿不出令人信服的招数，自感在长安难以再骗人了，便以为皇上寻求长生不老之术为由，宣称去东海寻找他的神仙老师。几个月后，当栾大兴高采烈地回到长安向武帝刘彻报告他的巨大成果时，刘彻没有听他从神仙那里讨教的长生不老之术，而是下令把他关起来审讯。

骗子栾大这次彻底失算了，他万万没有想到，他从长安出来，偷偷跑到泰山而没有去东海的行踪，被武帝刘彻派人盯梢了。栾大的骗术败露，他没有似少翁那般被悄悄砍掉脑袋，而是被处闹市腰斩。连同当初推荐栾大的乐成侯丁义，也被绑到街市砍掉了脑袋。

公开对栾大的处理，而不是封锁消息，这本身就是一种勇气。骗了又被骗，同一种错误在武帝刘彻这个英武盖世的大帝身上反复出现，使得他像个傻瓜一样在世人面前丢尽了脸面。在付出沉痛的代价之后，武帝刘彻彻底清醒过来，他下诏遣散所有的法术师、方士、巫婆、神汉，以及分布在各名山古寺等候神仙降临的全部使节，并常常反省般地叹息："从前我像个傻瓜一样，被法术师欺骗。天下哪有神仙？都是胡说八道。节制饮食、服用药品，顶多病痛少一点而已。"

这是彻骨的感悟啊！只是这个感悟对于武帝刘彻来说，来得有些晚。

昂立于历史的正义舞台

公元前九九年，中国历史巨典《史记》的作者司马迁，被武帝刘彻，更被刘彻身边的一帮佞臣，戴上一顶"诬蔑主上"的帽子，极其残忍地被处以腐刑。

在四周被高墙把罪与非罪隔开的一间特殊囚室里，一盆炭火把密不透风的屋子烘出明显高于室外的温度，司马迁被扔在这间屋子里，手脚被捆，裸露全身，瞪着一双茫然得不知天地人生的双眼，等待着对他残忍的宰割。一帮专门从事割男人生殖器的专业人员，按住已经毫无反抗之力，甚至已经被羞辱得不知何为羞辱的司马迁，又捶又揉，用锋利无比的专门刀具，硬是对喘着粗气的司马迁进行了腐刑。

当时在西汉王朝从事历史和天文工作的司马迁，何以会受到如此残忍的迫害？

原因很简单，是因为他为李陵说了几句公道话。

李广的孙子李陵，继承了祖辈的血统，骑马射箭，无不精通。他还有一个与爷爷李广一样的品质，就是厚爱部属，他所带领的官兵无不乐意为他而死。李陵不愧为名将之后，血管里奔涌着在战场上展示人生志向的强烈欲望，奔涌着在兵戈刀刃的大战中展示能力才华的忠勇。正因为这个，武帝刘彻派他率五千名楚地官兵驻守在酒泉、张掖一带抗拒匈奴入侵。恰逢贰师将军李广利出击匈奴，李陵请战，率不足五千名空手可以掐死老虎、射箭百发百中的楚地勇士，徒步进发，孤军挺进浚稽山，配合作战。

李陵率他的步兵从甘肃居延县出发，向北挺进，三十日后到达蒙古肯特山，遇到了匈奴主力，展开了一场堪称中外战争史上绝无仅有的以寡敌众的殊死战斗，谱写了一曲悲惨壮伟的战歌。

匈奴九任单于挛鞮且鞮侯亲率三万人的强大兵团，把李陵的近五千名步兵团团围住。李陵不慌不惧，指挥官兵在两山之间用粮秣车四周布阵，并亲率精兵在车阵外构筑工事。他把车阵外的精兵分为两个梯队，第一梯队官兵手持盾牌利剑，在工事前迎战，第二梯队官兵全是弓箭手，靠后埋伏。匈奴兵团看到李陵兵团人少，发起强攻，直逼阵地。李陵命第一梯队官兵迎战肉搏，杀得天昏地暗之际，迅速撤回堑壕。匈奴官兵群起追击，快要到达堑壕时，第二梯队官兵突然跃起，万箭齐发，匈奴官兵应弦倒地，死伤一片，抱头逃命。这时，撤至堑壕的官兵冲出堑壕，尾随追击。

这一次交锋，匈奴官兵被斩杀数千人。

挛鞮且鞮侯大为震惊，迅速调动西部、东部兵团共八万余人，大举增援，仗着近二十倍于李陵步兵的优势，大肆发起进攻。李陵兵团抵挡不过，且战且退。匈奴兵团分左右两翼，紧追夹击。就是在这样一种巨大兵力反差中，李陵兵团顶住强敌进攻，且战且退坚持了几天。待李陵兵团退到一个山谷时，官兵已经死伤惨重。于是，李陵下令"士兵负伤三次以上的，可以坐车；负伤两次的，充当驾驶；负伤一次的，继续战斗"！按照李陵的这个部署，向围困他们的匈奴再次发起反攻。

这一仗，已经伤亡惨重的李陵兵团，斩杀匈奴官兵三千余人。

杀出一条血路后，李陵带着他的残部改道向东南，沿着前往龙城的旧道，且战且退，又坚持了数日，到达一片苇草茂盛的畜牧地带。紧追不舍的挛鞮且鞮侯大军，顺风点火，企图将李陵残部全部烧死。李陵率兵先纵火自救，烧出一块苇草地，然后冲出火海，又从原来的路上回撤，到达一片山丘落下脚来。

此时的李陵兵团残部，在匈奴官兵特别是单于挛鞮且鞮侯眼里，无异于不可战胜的天兵天将。率领八万大军的挛鞮且鞮侯，面对伤痕累累的李陵兵团残部，不敢轻易靠近，而是登山眺望。在真真切切地看到李陵所部官兵寥寥，且大部分负伤的情况后，下令太子率精悍的骑兵袭击。李陵率军迅速退入一片树林，以树木为羁绊，与匈奴骑兵展开了近乎肉搏的厮杀苦战。李陵远远看到挛鞮且鞮侯在山上指挥，下令弓箭手用一弦发数箭的"连弩"遥射，吓得挛鞮且鞮侯慌忙急奔下山。

史载，这一仗，又击杀匈奴数千人。

仗打到这时候，匈奴首领挛鞮且鞮侯开始犹豫了。他说："如此顽强的中国精兵，日夜引诱我们向南接近边塞，莫非前面有埋伏？"但是，他的这种犹豫被他的将领阻止了。理由是单于亲率全国主力围剿中国几千名步兵，如果不能取胜，将来怎么号令将领？挛鞮且鞮侯出于维护自己面子和权威的考虑，硬着头皮和李陵所率的残部苦战。

史载，李陵兵团处境越发险恶，匈奴兵团人多，每天都要接战数十回合，但仍击杀匈奴二千余人。

挛鞮且鞮侯撑着自己面子的心理防线彻底崩溃了，他决定放弃对李陵残部的追击。恰在这时，李陵手下一名叫管敢的军侯，因受到校尉的欺辱投降匈奴，透露实情，驱散了挛鞮且鞮侯的沮丧，激发了他全歼李陵残部的斗志。于是，挛鞮且鞮侯下令发起对李陵残部最后的也是歼灭性的攻击。

殊死的血战中，李陵残部被逼在一个狭窄的山谷中，匈奴官兵布满四周山头，集中发箭，箭矢蔽天而下。李陵残部在匈奴的箭雨之中，硬是突围出来，抛弃辎重车辆，继续向南挺进。这一天，李陵残部向匈奴发箭五十万支，箭已尽，刀枪已折，官兵们砍下车轴当武器，军中文职人员拿着刻字的笔刀当武器，跟李陵退入狭谷。匈奴兵团的包围圈迅速缩小，挛鞮且鞮侯亲自守住谷口，从山上滚下的巨石声震天地，战士死伤骤增，部队已无力再战，也已无力突围了。

黄昏降临，李陵换上便衣，独自出营，他打算生擒单于，迫使匈奴给他让开一条生路。但他在仔细察看了敌情后黯然折回，他对急切等待他的官兵说："苍天啊苍天，再赐我数十支箭，我们就可以突围。如今我们没有武器，没有箭，天明以后，敌人进攻，我们势必全军覆没。"于是他下令解散部队，各自逃命。他对大家说，如果有人脱险逃回中国，就把情况奏报天子。

当天夜里，李陵率十多位壮士向南突围，匈奴数千名骑兵追击，马蹄刨起的沙尘蔽天遮月，跟随他的战友全部战死，他也被俘。李陵兵团有四百余名官兵侥幸逃回了边塞。

李陵兵团深入匈奴腹地，朝廷上下和武帝刘彻知道；被匈奴大部队包围，单于挈輓且鞮侯亲自率军督战，朝廷上下和武帝刘彻知道；李陵兵团拼死苦斗，今天击杀匈奴数千，明天又击杀匈奴数千，朝廷上下和武帝刘彻也知道，而且捷报传回后，朝野欢庆，上下赞颂。但是，唯有不足五千名徒步的步兵，与匈奴八万之众殊死苦战的兵力对比极其悬殊，需要派兵增援这一点，满朝文武大臣和武帝刘彻怎么也不知道。武帝刘彻的真实想法是，期望李陵战死，当他听说李陵被俘后，龙颜震怒，大发雷霆。就在这种情况下，一帮张嘴仁义孝悌、闭口效忠朝廷的文武臣僚，跟着武帝刘彻的震怒而震怒起来，异口同声地谴责起李陵来。

也站在文武臣僚中的史官兼天文台长司马迁，看到这种情形后非常痛心，他不明白这些稳坐高堂、拥妻抱子、享受荣华富贵之辈，为什么要对为祖国拼命战斗的李陵将军落井下石，栽赃构陷。

武帝刘彻大概看出了司马迁的情绪与众不同，就点名叫他发表意见。司马迁不假思索地陈述："李陵对父母至为孝顺，对士兵更有恩信，常常奋不顾身，赴国家急难。这都是他平日的志愿，有国士的风范。如今不幸失败，我们在后方的臣僚不思量战场的艰苦，反而落井下石，捏造构陷，实在使人痛心。"他接着说，"李陵率不足五千人的步兵深入匈奴汗国心脏，面对数万强敌，致使敌人抢死救伤不停，动员全国武装部队大举围攻。李陵兵团转战千里，箭尽路绝，战士们赤手空拳，冒着刀锋仍苦苦搏斗，李陵的部下如此效忠，即令古代名将也不能超过。现在，李陵身虽陷敌，然而他给敌人的创伤，仍足以激励天下。"司马迁特地强调，李陵所以不死，并不是真的投降，而是等待适当时机，报效国家。

司马迁这样一番入情入理、有据有证的陈述，完全出乎武帝刘彻的预料。于是，武帝刘彻震怒加震怒，下令对司马迁处以腐刑。

按照当时的法律规定，司马迁只要交出一笔赎金，就可以免罪。但是，司马迁倾全部积蓄也凑不起这样一笔赎金，只能以自己的血肉之躯去任人宰割……

司马迁无法接受这样一个残酷的现实，他从巨大的羞辱和无比的痛苦中醒来以后，对自己、对人生做了这样一番思考：最高贵的品格是不污辱祖先，其次是不屈辱自己，其次是不伤害自尊，其次是不讲卑躬屈膝的话，其次是下跪受辱，其次是穿上囚服受辱，其次是被酷刑拷打受辱，其次是剃光头发、脚戴镣、手戴铐受辱，其次是毁坏肌肤、砍断肢体受辱，而最为羞耻的，则是腐刑。人生到此，耻辱已到了尽头。

学识有多深，痛苦就有多深。司马迁这位编著中国古代史的巨匠，他的学识，他对历史特别是对朝代更替的深刻认识，决定了他在面对腐刑这种人生最大羞辱的刑罚时的痛苦比常人要巨大得多。他为此写道：猛虎在深山之中，百兽震恐，一旦落入牢笼，不得不摇尾乞怜，向人求食。为什么？因为在受到强制的压力之后，威严逐渐消失。所以，地上画个圆圈当作监狱，有品德的人都不愿进去；削一块木头当作审判官，有品德的人也不肯面对。宁愿在没有受到刑罚前，自杀一死。

但是，司马迁不能死，因为他的"罪过"只是讲了几句公道话。公道是天之道、是地之道、是人之道，眼下被扭曲的公道，终有一天会得到澄清，世间不得澄清的公道古来没有！还因为，他正在编著中华民族的历史宝典——《史记》。正如他所言：书稿未完成，就在这个时候遭受惨祸，惋惜白白浪费这番心血，这才使我面对酷刑，而坚持下来……

是的，是天之道、地之道、人之道决定了他司马迁承受这份痛苦，也正是这份痛苦决定了他的历史宝典《史记》通篇贯穿着天地之道、人性之道的主题。诸如赞美，诸如鞭挞，诸如讥讽，诸如鄙视，诸如期望，诸如等等，都在他的《史记》中活灵活现，都在他的《史记》中接受检阅、洗礼和审判！

司马迁就是这样，被武帝刘彻，被刘彻的臣僚，被历史，更被他自己，推上历史的正义舞台。

后
记

　　二〇〇八年十月，中国青年出版社首次出版《从〈史记〉出发》，次年再版。这次重印，我经过认真推敲，撤换了十多篇文章。这是我沉淀十多年、反复读《史记》所做的调整，目的是使《史记》所记载的重大历史节点、历史事件、历史人物等，在书中的涵盖面更广些，也更丰满些。

　　我读《史记》《资治通鉴》写了十多本书，之所以选择重印《从〈史记〉出发》，是因为书中所写的每篇文章都不长，读者朋友饭后茶余闲翻时，随时可看亦可放下。

　　从读《史记》到写《从〈史记〉出发》，我深切感到：古老的中国是百和之国、千和之国的大国，"天下共主"周天子一张嘴就封成百上千个诸侯国。而从春秋到战国、从战国到秦汉，是成百上千个诸侯国融入中华民族大家庭的重要历史时期。司马迁刀笔之下的春秋争霸、战国争雄、秦汉王朝天下一统、开疆拓土，便是中华各民族大融合的重大历史节点、历史进程。《从〈史记〉出发》虽没有专写这个进程，但分明能从中听到我们今天五十六个民族迈向融合的脚步声；分明能从中感受到中华民族强大的吸附力、包容性，特别是中华文明"文而化之"的强大感染力、渗透力！

　　史学巨匠司马迁早在两千多年前就告诉华夏后人，中国是百国千国统合起来的泱泱大国，中华文明是百国千国文明融合起来的伟大文明。这是中华民族特有的历史基因，已经成为历史的发展惯性和传承使命，向前走去，必将更加富强、民主、文明、和谐！

二〇二四年端午节

从《史记》出发